AF138692

GEORGE WIND

# DAS
# UNGESAGTE

VINDOBONA
VERLAG SEIT 1946

Bibliografische Information
der Deutschen Nationalbibliothek:

Die Deutsche Nationalbibliothek
verzeichnet diese Publikation in
der Deutschen Nationalbibliografie.
Detaillierte bibliografische Daten
sind im Internet über
http://www.d-nb.de abrufbar.

© 2024 Vindobona Verlag

ISBN 978-3-903574-44-1
Lektorat: Sandra Fantner
Umschlagabbildungen: George Wind;
Olga Kurbatova | Dreamstime.com
Umschlaggestaltung, Layout & Satz:
Vindobona Verlag

Gedruckt in der Europäischen Union
auf umweltfreundlichem, chlor- und
säurefrei gebleichtem Papier.

# Inhaltsverzeichnis

# Vorwort

Alle Ereignisse in diesem Buch sind nach meiner Erinnerung wirklich geschehen. Die Namen der Personen und die des Autors wurden geändert. Ich habe in einer Art Zeitraffer versucht darzustellen, was mein Denken geprägt oder beeinflusst hat. Vom Katholizismus über Nietzsche bis hin zum Schamanismus, zuletzt zum Taoismus. Von einer spielenden Kindheit in die beengende Schule, dann 45 Jahre Pfleger in der Psychiatrie und jetzt im Ruhestand.

Schon früh begleitet von der Lust auf Berauschtheit, erst Nikotin und Alkohol, später Cannabis und gelegentlich stärkere Halluzinogene, selten Kokain und Amphetamine.

Von einer anfangs verrückt machenden Sexualität, die sich später zu regulieren versucht, zeitweise in schlechter Esoterik verirrt, dann in taoistischen Techniken Erfüllung findet, die sie der Liebe opfert.

# Kindheit

## 1

Meine Mutter hatte 8 Schwestern und einen Bruder. Sie war das sechste Kind meiner Großmutter, die damals erst 26 Jahre alt war. Ihr erstes Kind bekam sie 1918 mit 17 Jahren, der Vater war nicht mein Großvater, sondern ihr Bruder. Dieses dunkle Geheimnis erfuhr ich erst als 16-Jähriger, als ich in den Sommerferien mit meinem 15-jährigen Cousin bei meiner Tante in den USA zu Besuch war. Sie stellte mir seltsame Fragen, wollte herausfinden, ob ich davon weiß und weil ich daraufhin nicht mehr aufhörte nachzufragen, gestand sie die Schmach: „Aber sag nichts meinem Mann, der weiß nichts davon."

Mein Großvater Ludwig stammte aus einer bäuerlichen Familie und er hätte seine Leni, deren Vater der dörfliche Schullehrer war, wohl nie bekommen ohne ihren Makel. Er liebte sie bis zu seinem Ende; als er mit 85 Jahren an Demenz erkrankte, streichelte er schamlos ihre Brust, während wir dabeisaßen.

Meine erste eigene Erinnerung, ich muss damals um die 3 Jahre alt gewesen sein und meine 62-jährige Großmutter sollte auf mich aufpassen. Sie wohnten in einem kleinen Bauernhof mit Kühen, Schweinen, Hühnern und Katzen. Es gefiel mir dort immer recht gut und sie war für mich der gute Geist, während mein Großvater entweder Späße trieb oder nörgelte, weil etwas nicht so war, wie er es wollte. Jedenfalls muss mir an diesem Tag irgendwas nicht gepasst haben und ich rannte davon, einmal um den Block; etwa 200 Meter entfernt stand unser Haus mit großem Garten, dort kletterte ich auf den Mirabellenbaum. Meine Großmutter kam hinterher gehechelt, grapschte mit ihren von der Gicht gekrümmten Fingern nach mir, kratzte mich dabei unter dem Auge, packte mich endlich am Handgelenk und zog mich hinter sich her. Nach der ersten Ecke stellte ich ihr ein Bein und sie schlug hart auf den Asphalt auf, hatte aber glücklicherweise nur Schürfwunden und Prellungen an Ellenbogen und Knien. Die Nachbarschaft lief zusammen und ich stand betroffen daneben. Im 600-Seelendorf hieß es: „Oma Leni ist zusammengebrochen", weil sie auf der Straße nur sagte: „Geht schon wieder", und nicht, dass ich der Verursacher war. Ich muss ein sehr lebhaftes Kind gewesen sein, weil die jüngeren Schwestern meiner Mutter nur ungern auf mich aufpassten.

Meine Strafe erhielt ich vermutlich nicht lange danach, als ich mich mit meinem Kinderrad überschlug und am Kinn geklammert werden musste. Ich sehe noch meine 4 Jahre ältere Schwester mit ihrem Roller vorrausfahren, bergab auf einem Betonweg in den Weinbergen und ich will sie einholen, dann kommt dieser kleine Erdhügel, den sie geschickt umfährt, ich aber nicht …

An einem sehr heißen Tag im Juni 1960 wurde ich um 12:30 Uhr, als schwere Hausgeburt in diese Welt gedrückt, wahrscheinlich auch gezogen, mein Kopf war angeblich zu dick. In unserem Dorf gab es damals noch keinen Kindergarten und außer diesen traumatischen Erinnerungen war damals alles Spiel und voller Leichtigkeit. Dazu bekam ich noch eine 4 Jahre jüngere Schwester und meine Mutter war Hausfrau und sowieso meistens da oder arbeitete in den nahegelegenen Weinbergen. Dementsprechend schwer war für mich der Schulbeginn. Es muss am 2. oder 3. Schultag gewesen sein, als ich aufstand, mit der Hand auf die Schulbank schlug und heulte: „Ich will heim." Der Lehrer, etwa Mitte 50, hatte kurz zuvor einem Jungen aus der 4. Klasse hinter der Tafel mit dem Stock den Hintern verprügelt, zeigte sich wider Erwarten verständnisvoll. Er bat mich zu sich, nahm mich auf den Schoß und fragte: „Was willst du denn zu Hause?" – „Heim spielen!" Er schaffte es, mich zu besänftigen und seitdem gelang es mir, meinen Bewegungsdrang zu bändigen.

Die Schule wurde zu einem neuen Spiel und beim Spielen war ich ehrgeizig und bin es immer noch, ich will gewinnen. Meine ältere Schwester hatte es ins Gymnasium geschafft und ich spürte den Druck. Meine 4 Jahre jüngere Schwester wurde als 3-Jährige von meiner Mutter aus dem elterlichen Bett vertrieben und weil sie nicht allein schlafen konnte oder wollte, schlüpfte sie zu mir ins Bett. Wir schliefen in Löffelchenstellung. Meine Eltern tolerierten es zunächst, ich glaube, meine Mutter wollte ihre Sexualität zurückhaben.

Meine beste Freundin war ein gleichaltriges Mädchen aus der Nachbarschaft. Wir liebten es, zu zweit zu schaukeln und dabei zu singen, gingen Hand in Hand zum ersten Schultag und auch bei den ersten Schulausflügen. Die anderen hänselten uns mit dem Lied: „Hänsel und Gretel gingen durch den Wald ..." Am Ende der 3. Klasse muss ich sie in der Schule geärgert haben, sodass sie wutentbrannt hinter mir herrannte und ich ließ heimtückisch kurz vor ihrem Zuhause meinen Ranzen fallen, worüber sie stürzte mit dem gleichen Ergebnis wie bei meiner Oma. Wir blieben trotzdem Freunde und vor allem Spielkameraden. In den Sommerferien brachte sie ihren 5-jährigen Cousin zum Spielen mit. Ich wollte angeben, nahm ihn auf meine Schultern und ritt mit ihm im Kreis immer schneller werdend, bis ich aus der Kurve flog und mit ihm vor dem Nebeneingang zur Garage landete. Er schlug mit dem Kopf gegen die hölzerne Tür, sein Gesäß landete auf meinem linken Unterarm, der dummerweise halb auf der niedrigen Stufe zum Eingang lag. Ich hörte es knacken und wusste sofort – gebrochen. Er trug außer einer Beule am Kopf keine Schäden davon. Als ich den Arm ansah, merkte ich, dass er zusammengerutscht war, ich zog instinktiv daran, meine Freundin schrie: „Hör auf!" Meine Eltern fuhren mich ins Krankenhaus, die Elle war durch, die Speiche angebrochen. Sie mussten unter Narkose wieder in die richtige Stellung gebracht werden; der Arzt sagte, „Zähle langsam bis 10", dann setzte er mir eine Atemmaske auf, bei 3 war ich schon eingeschlafen. Ich wachte in einem Bett auf, das links an der Wand stand und mein linker Arm hing eingegipst an einem Ständer, rechts hatten sie Bettgitter angebracht. Die erste Nacht war der Horror, ich heulte die meiste Zeit wegen der Schmerzen, wenn ich zur Ruhe kam, hatte ich Halluzinationen, ich sah meine Eltern ins

Zimmer kommen und war total verwirrt, litt vor allem an dem Festgebunden-Sein, der Ausweglosigkeit. Nach einer Woche durfte ich wieder nach Hause und bald wieder in die Schule, doch der Gips musste für weitere 5 Wochen bleiben. Mein Vater glaubte, dass der Arm nicht wieder gut werden würde, weil ich zu ungestüm war. Einmal, als ich einen Purzelbaum schlug, schalt er mich arg. Aber alles wurde gut.

# 2

Mein Vater hatte 4 Schwestern und 2 Brüder; er war der Jüngste, geboren 1930 in der Nähe von Königsberg im heutigen Polen; er war 3 Jahre jünger als meine Mutter. 1945 übernahmen die Russen das Gebiet und die ganze Familie zerstreute sich, er wurde zuerst nach Russland verschleppt und ein Jahr später in die DDR nahe der Grenze zur BRD geschickt. Dort wurde er zum Grenzposten ausgebildet. Seine Eltern sah er nie mehr, die Geschwister fanden sich später wieder. Als ihm die kommunistische Gehirnwäsche zu viel wurde, floh er mit 20 Jahren in den Westen. Zuerst kam er in ein Flüchtlingslager nach Bayern, aber bald machte er sich mit einem Freund auf den Weg, ohne bestimmtes Ziel. Schlug sich durch als Tagelöhner, bis er in der Südpfalz das Gefühl hatte, hier könnte er bleiben. Suchte nach einem Weinbauern, bei dem er längerfristig als Knecht arbeiten könnte und fand ihn schräg gegenüber dem Haus meiner Mutter. Der ehemalige Freund meiner Mutter war im Krieg gefallen und ich denke, sie war nicht die Einzige, die mit meinem Vater liebäugelte. Mit seinen blonden Haaren, blauen Augen, einem tiefen Grübchen am Kinn und muskulöser Statur war er nicht nur ansehnlich. Er hatte auch viel zu erzählen und war wortgewandt. Zudem wusste er, was er wollte, erstmal Ausbildung und Anstellung, dann Haus und Heirat, danach wenn möglich

2 Kinder. Er fand eine Ausbildungsstelle zum Krankenpfleger in der 3 Kilometer entfernten Nervenklinik und als er die Prüfung bestanden hatte und fest angestellt war, heirateten 1955 meine Eltern und wohnten zunächst in einem gemieteten Holzhaus nahe dem Wald. Ein Jahr später wurde meine Schwester geboren. Es war idyllisch, sie zogen sogar ein Rehkitz groß, mit dem die kleine Tochter spielte. Nur die Ratten machten meiner Mutter Sorgen, könnten sie doch dem Kind einen Finger abbeißen. Meine Mutter erhielt von ihren Eltern einen Bauplatz und so begannen sie, ihr Eigenheim zu bauen, das 1959 bezogen werden konnte. Ein Jahr später kam, wie geplant, ich zur Welt, dieser Schreihals, der zudem nichts essen wollte und im Schlaf gefüttert werden musste. Weil ich meinem Vater die Nachtruhe verdarb, soll er mich einmal auf dem Balkon angeschrien haben: „Wenn du jetzt nicht aufhörst, schmeiß ich dich runter!"

# 3

Im Herbst des 4. Schuljahrs wurde mir in der Schule übel. Ich konnte mich kaum auf den Beinen halten, fühlte mich nur noch schwach. Der damalige jüngere Lehrer fragte den einzigen männlichen Mitschüler, ob er mich nach Hause begleiten würde, was er gerne tat. Er musste mich führen und an der Ecke, wo ich meine Oma zum Stürzen brachte, erbrach ich mich. Mein Opa war gerade bei meiner Mutter und sagte: „Gelbsucht." Tatsächlich hatte ich bräunlich-gelbe Augen, wie überreife Bananen. Da mein Vater arbeiten musste, fuhr mich ein Onkel mit meiner Mutter zum Arzt, der gleich den Verdacht bestätigte und als er vom Krankenhaus in Karlsruhe sprach, weil es in der Nähe nichts für Kinder gab, warf ich mich auf seine Untersuchungsliege und weinte so herzzerreißend, dass er einlenkte und in dem nahen Krankenhaus anrief und mich bei den Erwachsenen auf der Isolierstation anmeldete. Ich weinte damals für 20 Jahre zum letzten Mal.

Später erfuhr ich, dass ich Hepatitis B hatte und noch später, dass ich höchstwahrscheinlich von meinem Vater angesteckt worden war. Er hatte selbst nichts davon gemerkt, dachte, er sei nur erkältet. Als es Jahre später festgestellt wurde, weil er diffuse Bauchschmerzen hatte, war es schon zur Leberzirrhose gekommen. Ich verstehe nicht, dass man nicht durch mich auf ihn als Ansteckungsquelle kam. Er wurde mit 51 Jahren frühberentet, 12 Jahre nach meiner Erkrankung und starb mit 73 Jahren daran.

Ich kam diesmal ins städtische Krankenhaus, vormals mit dem Armbruch lag ich im katholischen. Es war, wahrscheinlich wegen der Isolation, ein schönes Zweibettzimmer und mein Bett stand längs vor einem großen Fenster mit Blick auf eine große Rasenfläche, dahinter ein kleiner Wald. Mein Bettnachbar war zwischen 60 und 70 Jahre alt und ihm fehlte der rechte Unterschenkel, vom Krieg, wie er sagte. Er war aber trotzdem und trotz seiner kaputten Leber ein lustiger Mann. Manchmal machte er mit mir Kissenschlachten, was die Krankenschwestern nicht gern sahen, denn wir sollten wegen der Erkrankung Ruhe bewahren. Ich hatte keine Schmerzen, nur nach manchen Speisen wurde mir übel bis zum Erbrechen, was aber nur dreimal geschah. Beim Ruhebewahren half mir eine beständige Mattigkeit, sonst hätte ich dieses Stillliegen nie ausgehalten. Ich begann nachzudenken, was ich so vorher nicht kannte, oder sollte ich es Grübeln nennen?

In der Schule hatte zuvor der Religions- oder Beichtunterricht begonnen, er war die Vorbereitung zur Kommunion. Die 10 Gebote standen im Mittelpunkt und wir sollten uns fragen, in welchem Gebot wir gesündigt hatten. Bald dachte ich, der liebe Gott bestraft mich, weil ich meiner Mutter nicht gehorchte und ihr nicht die Verehrung erwies, die sie verdiente. „Du sollst Vater und Mutter ehren." Ich begann, Rituale zu entwickeln, um den lieben Gott zu besänftigen. Zuerst schlug ich das Kreuz, aber es musste mit Inbrunst und visueller Vorstellung geschehen. Beim Vater im Himmel sah ich einen älteren Herrn mit Rauschebart irgendwo zwischen den Wolken, beim Sohn Jesus am Kreuz und beim heiligen Geist war es ein Gefühl von Liebe zum Menschen. Wenn ich bei der Ausführung nicht richtig konzentriert war und abschweifte, musste ich von vorne beginnen. Danach ging es weiter mit dem Gebet „Vater unser im Himmel ...", dann noch ein „Gegrüßet seist du, Maria ...", und auch dabei musste jedes Wort gesehen, gefühlt oder zumindest begriffen werden, sonst musste ich nochmal beginnen. Am Schluss nochmalige Bekreuzigung. Dieses Ritual machte ich morgens, mittags und vor dem Schlafen. Keiner wusste davon, es war ein geheimer Dienst am lieben Gott, den ich am Ende mit eigenen Worten darum bat, mich wieder gesund zu machen und ihm versprach, vor allem meine Mutter besser zu behandeln.

Die einzigen, die mich besuchen durften, waren meine Eltern, einige Male sah ich meine Schwestern auf der Wiese vor dem Fenster. Meine Mutter kam anfangs täglich, meistens mit dem Bus, wenn mein Vater arbeitete. Die Ärzte sagten, ich müsse mit wenigstens 4 Wochen Aufenthalt rechnen und ich spürte, es wurde meiner Mutter zu viel, also sagte ich ihr, es reiche, wenn sie jeden zweiten Tag käme. Ich hatte mich geistig abgenabelt, hatte meinen eigenen Deal mit dem lieben Gott und im gewissen Sinn endete damals meine Kindheit.

Nach 3 Wochen wurde der ältere Mann entlassen und ein etwa 40-Jähriger, dunkelhaarig, aber mit voller Glatze wurde für die restliche Zeit mein Bettnachbar. Er lehrte mich das Schachspiel und ich hatte ein warmes, väterliches Gefühl zu ihm, wir kuschelten manchmal in seinem Bett. Er bemerkte als Einziger, dass ich bete – „Betest du, dass der liebe Gott dich wieder gesund macht?" Ich nickte nur mit dem Kopf. Jede Woche war Blutentnahme, anfangs voller Angst vor dem Schmerz, später tapfer ohne Gezeter und immer mit der Hoffnung, die Leberwerte würden besser, würden sich normalisieren, denn dann durfte ich nach Hause. Nach 7 Wochen und einem Tag wurde ich freudestrahlend entlassen. Mein Bettnachbar hat mich nach seiner Entlassung einmal zu Hause besucht, aber er fühlte sich fremd an, vielleicht auch, weil meine schüchterne Mutter zu überrascht war und kühl, fast abweisend reagierte.

# 4

Nach diesem Krankenhausaufenthalt nahm die katholische Religion einen großen Stellenwert in meinem Leben ein. Das Gebetsritual konnte ich aus Zeitmangel nur noch vor dem Schlafengehen einhalten und ich musste es einhalten, sonst konnte ich nicht einschlafen aus Angst, wieder zu erkranken. In der Kirche, bei der Sonntagsmesse, entwickelte ich eine tiefe Frömmigkeit. Ich vibrierte innerlich, wenn die Orgel spielte und spürte eine Verbundenheit zu den höheren Mächten, vor allem zu Jesus. Im Frühling 1970 ging ich zur ersten Beichte und darauf folgte die erste heilige Kommunion; es war eine Mischung aus Freude und der Angst, etwas falsch zu machen.

Die Beichte war immer eine bedrückende Angelegenheit, ich musste im Unrat meiner Seele wühlen, alles Schlechte – in Gedanken, Worten und Taten – aufspüren und dann den Mut aufbringen, es dem Priester im Beichtstuhl zu sagen. „Deine Sünden sind dir vergeben, zur Buße bete 10 Vaterunser und ein Ave-Maria." Nachdem ich gebüßt hatte und auf die Straße trat, begann ich vor Erleichterung bald zu hüpfen, spürte eine Befreiung von der Last der Sünden. Bald wurde ich Messdiener und ich hörte über mich reden: „Der andächtige Messdiener." Ich versuchte daraufhin, meine Frömmigkeit zu verstecken, um nicht verspottet zu werden, wie es meine ältere Schwester schon tat.

Die Hepatitis war ausgeheilt, mein Immunsystem hatte alle Viren eliminiert, trotzdem fuhr mich mein Vater zum Hausarzt, um „bestrahlt" zu werden. „Du musst dich ganz ausziehen, auch die Unterhose, sonst wirkt die Behandlung nicht", sagte der Arzt. Da lag ich nun auf dem Rücken, voller Schamgefühle, mein Vater saß daneben, der Arzt etwas entfernt hinter seinem Schreibtisch. Mein kleiner Schwanz begann durch die Wärme zu erigieren und mein Vater, dem es peinlich war, schnippte mit dem Finger nach ihm. Dies ist, glaube ich, meine früheste Erinnerung an einen sexuellen Kitzel, nicht das Schnippen, sondern das Entblößen, die Lust des Exhibitionisten. „Der Mensch wird polypervers geboren und nur durch Erziehung auf das reduziert, was das soziale Umfeld gutheißt" – diesen Satz sagte ein späterer Lehrer; noch später gab es das Gerücht, er hätte seine Adoptivtochter missbraucht.

## 5

Meine größte Lust war Fußball, da konnte ich meine Quirligkeit ausleben. Ich war aber auch sonst für jedes Spiel zu haben, war das Gegenteil von einem Spielverderber, ein Spielantreiber. Das Schuljahr ging zu Ende, ich hatte trotz meiner Ausfälle die Zusage fürs Gymnasium bekommen. Um diese Zeit kauften meine Eltern den lang ersehnten, ersten Fernseher. Aus dem gemeinsamen Spielen wurde gemeinsames Glotzen. Highlight war die Fußball-WM 1970.

Der Sprung von der dörflichen Volksschule in die städtische höhere Schule stand bevor, aus spielerischer Leichtigkeit wurde anstrengende Überforderung.

# Gymnasium

## 1

„Könnte ich wählen zwischen dem Ersten im Dorf und dem Letzten in Rom, würde ich das Zweite wählen" –, ich weiß nicht mehr, wer das sagte. Im Dorf war ich schulisch und sportlich einer der Besten, im Gymnasium ging ich in der Menge unter, war zudem einer der Kleinsten. Manche Lehrer verzogen das Gesicht, wenn sie meinen Dorfdialekt hörten.

In der 5. und 6. Klasse hatte ich noch großen Ehrgeiz und war mit ganzer Aufmerksamkeit dabei. Meine Leistungen waren guter Durchschnitt. Fast ein Drittel der Mitschüler mussten zurück zur Haupt- oder Realschule wechseln. Aus vier Klassen wurden drei. Ab der 7. Klasse kam Französisch als zweite Fremdsprache neben Englisch hinzu und die Ansprüche der Lehrkräfte stiegen.

## 2

Mein Gebetsritual hatte ich überwunden, aber es hatte sich in einen nervigen Kontrollzwang verwandelt. Vor allem die Haustür machte mir zu schaffen, manchmal musste ich dreimal zurücklaufen, um mich zu vergewissern, dass sie wirklich zu war. Das Gleiche passierte nach einem großen Geschäft auf der Toilette – „Hab' ich genügend abgespült?" Es hatte vielleicht mit meiner oft nörgelnden Mutter zu tun, sie hatte diesen Charakterzug von ihrem Vater geerbt oder nachgemacht. Zudem mussten ihr, Jahre zuvor, die Eierstöcke und die Gebärmutter entfernt werden, was sie hormonell aus dem Gleichgewicht brachte.

Ich durchschaute, dass es krank war, diesem unsinnigen Zwang zu gehorchen und ich begann, ihm zu widerstehen, was mit sehr unangenehmen Gefühlen verbunden war, vor allem der Angst, es könnte dadurch etwas Schlimmes geschehen. Dagegen halfen Rauchen und Bier trinken. Im Winter 1972, ich war zwölfeinhalb Jahre alt, verführte mich meine fast 17-jährige Schwester zu der ersten Zigarette, zeigte mir, wie man auf Lunge raucht. Nach dem ersten tiefen Zug fiel ich rückwärts aufs Bett. Sie wollte es vor den Eltern verheimlichen und hatte Angst, ich würde sie verraten, deshalb nahm sie mich mit ins Boot. Ich verführte die gesamte Dorfclique, wobei einige bald wieder aufhörten, aus Unverträglichkeit oder elterlichem Gehorsam. Bald folgten die ersten Partys mit Bier und Wein, später auch sämtliche härtere Getränke, auf die ich durch den widerlichen Geschmack beim Erbrechen einen Ekel entwickelte. Was blieb, waren Bier und Jägermeister, der schmeckte beim Erbrechen noch nach frischen Kräutern.

Der Klassenkamerad, der mich damals nach Hause führte, hatte zwei ältere Brüder, in deren Partykeller durften wir am Wochenende feiern, wenn er frei war. Zudem gab es noch eine Hütte im Wald, gut versteckt. Sie war von älteren Jungen gebaut worden und wir hatten einen Schlüssel für sie. Dort trafen wir uns über die kältere Jahreszeit, es gab darin einen Holzofen. Die ersten Küsse hatte ich mit einem ein Jahr jüngeren Mädchen, sie sah aus wie eine Italienerin, schwarze lockige Haare, große braune Augen und ein voller Mund, verhältnismäßig klein mit großem Busen und breiten Hüften. Wir waren uns in der katholischen jungen Gemeinde nähergekommen, die der neue, erst 40-jährige Priester gegründet hatte. Er soll an Herzschwäche gelitten haben und deshalb unsere sehr kirchentreue Gemeinde erhalten haben. Die KJG, wie wir die neue Einrichtung abgekürzt nannten, brachte frischen Wind in die Gemeinde.

Das Schulgebäude diente als Gemeindehaus, weil die Kinder inzwischen im Nachbardorf zur Schule gingen. Wir konnten ungestört im Erdgeschoß unsere Treffen und Veranstaltungen abhalten. Benno war 4 Jahre älter als ich und wurde die rechte Hand des Priesters. Er ging auch in der Stadt aufs Gymnasium und hatte intellektuell einen weiten Vorsprung zu den anderen Jugendlichen in unserem Dorf. Seine Begeisterung übertrug sich auf meine Altersklasse und alle folgten seinen Vorschlägen mit großer Initiative. Die nächsten Jahre waren angefüllt mit den verschiedensten Veranstaltungen. Wöchentlich gab es Spiele- und Bastelnachmittage, Tanzkurse und Lesezirkel mit dem Priester, wir besprachen zum Beispiel die Texte von Jesus Christ Superstar. In den Sommerferien machten wir ein Zeltlager oder Ausflüge zu Jugendherbergen. Wir führten an Fasching Theaterstücke auf, verkauften Kastanien und neuen Wein im Herbst und an den Weihnachtsfeiern Selbstgebasteltes. Dazu machten wir noch Fußballspiele gegen andere KJG's. Dann wurde ich noch Gruppenleiter der Unterzehnjährigen und musste einen Nachmittag für sie gestalten. Es machte mich anfangs stolz, wurde aber bald zur lästigen Pflicht und es war nicht leicht, die Interessen der Kinder unter einen Hut zu bringen.

## 3

Die Schule und auch die Kirche wurden zur lästigen Pflicht. Dementsprechend fielen meine schulischen Leistungen ab, sodass ich die 7. Klasse wiederholen musste, wie meine ältere Schwester, was die Sache erleichterte. Sie verließ mit mittlerer Reife das Gymnasium und begann bald eine Ausbildung zur Krankenschwester in einer psychiatrischen Klinik in Bonn. Sie hatte auf dem hiesigen Weinfest einen 23-jährigen Bonner „näher" kennengelernt, so fiel ihr der Absprung leicht. Sie war von der Art meines Vaters – zu wissen, was man will und es angstfrei oder trotz der Angst durchzuziehen. Unser Haus war für zwei Kinder gebaut worden und ich glaube, mein Vater begrüßte deshalb den Auszug seiner 17-jährigen Tochter. Außerdem dachte er, dass ihm sein früher Verlust des Elternhauses nicht geschadet hat.

In der neuen Klasse bildeten wir eine Viererclique der Sitzengebliebenen. Die Lehrer hatten uns besonders im Auge und ich hatte zweimal Tränen des Zorns wegen ungerechter Behandlung, stand auf und beschwerte mich lautstark. Jedes Mal mit Erfolg und gleichzeitig erkannte ich durch die Einwürfe der Mitschüler, welche davon soziale Idioten waren. Es war eine Zeit mit viel psychosomatischem Bauchweh, immer wenn ich unvorbereitet zur Testung musste. Eine Zeitlang hatte ich richtige Migräne mit großer Übelkeit, stechende Schmerzen um ein Auge und Lichtempfindlichkeit, konnte nur still im Dunkeln liegen und warten, bis ich erbrechen kann, dann war ich erlöst. Ich stellte bald fest, dass es an der Unterdrückung meiner Darmentleerung lag. Ich musste zur Toilette, aber weil die Freunde schon warteten, ließ ich es bleiben und spielte ungeleert stundenlang Fußball, wonach die Migräne begann.

Wir schwänzten zunehmend Sport- und Kunststunden, gingen in Kneipen, spielten Billard, Fußballkasten und Flipper, rauchten, tranken anfangs Cola, später Bier. Bald kam der Direktorratsverweis meinen Eltern ins Haus geflattert, wegen unentschuldigten Fernbleibens vom Unterricht. Ich beugte mich wieder den Rahmenbedingungen.

Die Sexualität spielte in der Schule nur verbal unter den Jungen eine Rolle, ich habe in der Schule kein Mädchen geküsst, während in unserem Dorf die Partys immer heißer wurden. Zuerst war es nur Flaschendrehen um Zungenküsse, später softer Gruppensex mit Petting. Der schamloseste von uns war ein gutes Jahr älter als ich. Er war ohne Vater aufgewachsen und hatte alle Freiheiten, gestaltete sein außerhalb des Wohnhauses liegendes Spielzimmer zum Partyraum um. Dort konnten wir uns ungestört erforschen. Er zeigte mir, wie er onaniert und ich machte es ihm nach, aber es fehlte die Sahne. So sehr ich mich auch abmühte, ich kam nicht zu dem spritzenden Höhepunkt. Ich weiß nicht, wann ich den ersten Orgasmus mit Samenerguss hatte, wahrscheinlich im Schlaf. Mein erster Versuch, in eine Frau einzudringen, gelang nicht. Mein lüsterner Freund hatte es organisiert, er wusste, dass jüngere Jungen von der KJG im Wald zelten und an diesem Abend auf Nachtwanderung gehen und die Zelte verlassen waren. Er überredete zwei ältere Mädchen mitzukommen und mit einem Kondom bewaffnet schlüpfte ich mit einer ins dunkle Zelt. Doch ich konnte die Erregung nicht finden, um das Kondom überstreifen zu können, es war wieder zu früh und sie war zudem die Falsche. Das ungeschickte Probieren endete, als einer der Jungen den Reißverschluss vom Zelt aufriss und sich schreiend über die Schweinerei beschwerte. Das erste Mal war zwischen den Weinbergen im Nachbarsdorf. Wir waren dort auf dem Weinfest und sie war für ihre Freizügigkeit bekannt. Ich lag total besoffen im Gras und sie ritt auf mir, ich sehe es noch, war aber zu betäubt, kann mich an kein Gefühl, auch keinen Orgasmus erinnern. Ich hatte noch einige Freundinnen, in die ich verliebt war, aber zu anständig oder unsicher, sie zu verführen. Sexuell bin ich ein Spätstarter.

## 4

In den Sommerferien nach der 9. Klasse flog ich mit meinem um ein Jahr jüngeren Cousin nach Chicago. Meine Tante, die Schwester meiner Mutter, holte uns mit ihrem amerikanischen Ehemann vom Flughafen ab. Wir fuhren dann noch gut drei Stunden zu ihrer Farm in der Nähe von St. Louis. Es war amerikanisches Landleben mit riesigen Feldern, größeren Maschinen und meilenweitem Abstand zur nächsten Farm. Ich freute mich auf meine 13-jährige Cousine, waren wir doch 2 Jahre zuvor, als sie bei uns zu Besuch war, sehr eng miteinander. Doch sie begrüßte mich sehr kühl und ich spürte, dass die kindliche Nähe vorbei war, die Pubertät hatte einen Sicherheitsabstand.

Die Kinder und Jugendlichen trafen sich jeden Nachmittag auf einem zwei Kilometer entfernten Sportplatz und spielten Football oder Baseball und, wie sie sagten, nur selten Fußball. Als ich erzählte, dass ich fast nur Fußball spiele, rannte einer nach Hause und holte seinen Fußball. Bald wurde fast nur noch Fußball gespielt und sie riefen mich Pele, später nannten sie meinen Cousin Pele 2, aus Höflichkeit, denn er hatte zwei linke Füße und konnte mit Fußball nie viel anfangen. Ich spürte meine körperliche Überlegenheit gegenüber den Einheimischen, hatte mehr Kraft und Biss. Selbst beim Football tanzte ich sie mühelos aus, nur beim Baseball versagte ich. Nachts schaute ich bis 2 oder 3 Uhr fern, „The CBS Late Movie". Da meine Tante wusste, dass ich rauche, hatte sie eine Stange Marlboro in den Kühlschrank gelegt, wegen der trockenen Luft, wie sie sagte. Ich qualmte hemmungslos die ganze Nacht deren Wohnzimmer voll. Schlief am nächsten Tag bis zum Mittagessen, während mein Cousin meinem Onkel auf den Feldern half. Ich redete viel mit meiner Tante über die Verwandtschaft und die Leute vom Dorf, sie erzählte von früher und wie ich als Kleinkind war – „Du hast nicht in die Windel gemacht, hast egal, wo du warst die Hose runtergezogen und gepinkelt." Die 6 Wochen vergingen und wir wären gerne länger geblieben.

Vor der 10. Klasse war mir klar, dass ich die Schule verlassen wollte, um eine Ausbildung zu beginnen. Alle meine Freunde vom Dorf verdienten schon Geld. Also gab ich Gas, um ein gutes Halbjahreszeugnis zu erreichen. Mein Jahrgang ist einer der zahlreichsten, die es je in der BRD gegeben hat, ich bewarb mich „überall", auch in der Klinik, wo mein Vater sich zum Bereichsleiter hochgearbeitet hatte. Es war Tradition, dass die Töchter und Söhne bevorzugt eingestellt wurden, so bekam ich die Ausbildungsstelle zum Krankenpfleger, obwohl der damalige leitende Professor mich für zu jung befand. Zurecht, wie ich später selbst feststellte. Kaum 17 Jahre alt war zu früh für die Psychiatrie.

# Lehrjahre

## 1

Nach der Einführung in der Krankenpflegeschule und dem Besichtigungsrundgang durch die Klinik wurde ich mit weißer Kleidung und einem Essgeschirr ausgestattet, dann führte der Lehrer mich auf meine erste Station. Psychiatrische Aufnahmestation nur für Männer, Schwerpunkt Schizophrenie, aber auch bipolare Störungen, Depressionen und vereinzelt Suchterkrankungen. Es war eine bizarre Welt voller schräger Typen und ich fühlte mich wie ein Hase, der im Zickzack durch den Stationsflur rennt, um keinem zu nahe zu kommen. Meine Kollegen, 2 Frauen und 8 Männer, waren auch gewöhnungsbedürftig. Der Stationsleiter war ein nervöses Bündel, immer unter Anspannung, er hatte schon einen Herzinfarkt hinter sich. Seine Vertretung war zuvor im Kloster gewesen und sie wäre lieber dortgeblieben, musste wegen einer Erkrankung der Eltern zurück nach Hause. Sie hatte eine gütige, verzeihende Art und passte gar nicht in diese raue Männerwelt oder schaffte dadurch den nötigen Ausgleich. Die jüngere Frau kam aus dem gleichen Dorf wie ich, hatte sich ein Hochdeutsch mit teilweisen Rückfällen ins Pfälzische angewöhnt, wodurch sie unecht wirkte. Sie umgarnte den Chef und weil sie noch unverheiratet war, gab es Gerüchte. Ich glaube, sie war nur scharf auf seinen Posten, den sie später auch bekam. Die meisten der männlichen Kollegen waren Hobbypfleger, ihr eigentlicher Beruf war Winzer oder Handwerker. Sie arbeiteten viel nebenbei und benutzten die Klinik, um körperlich auszuruhen. Da ich froh war, wenn ich etwas zu tun hatte und mich nicht mit den Patienten beschäftigen musste, entwickelte ich einen vorauseilenden Gehorsam, der mir viel Lob eintrug. Zudem hatte ich durch die Stellung meines Vaters sowieso einen Sonderbonus. So überstand ich die Probezeit mit sehr guter Beurteilung.

Meine anfängliche Scheu vor den Kranken wich langsam meiner Neugier. Was bedeutet schizophren? Es gab unterschiedliche Formen mit verschiedenen Symptomen. Der katatone Architekt, der die Nahrung verweigerte, weil er alles für vergiftet wähnte. Er lag die meiste Zeit voller Anspannung und Angst im Bett. Einmal sprach er mich im Flur flüsternd an: „Gehen Sie mal mit!" Er lief voraus ins Raucherzimmer, dann schloss er die Tür und stellte sich vor sie mit ausgebreiteten Armen und rief: „Jetzt haben wir ihn!" Andere Patienten kamen mir zu Hilfe – „Lass doch den Jungen in Ruhe!" Es wurde darüber diskutiert, ob er eine Elektrokrampftherapie erhalten sollte, dann hatte ich eine Woche Unterricht. Als ich wiederkam, begrüßte er mich mit einem „Guten Morgen" und blickte mir lächelnd ins Gesicht. Er war völlig wahnfrei, noch eingeschränkt in Mimik und Gestik durch die Medikamente, konnte aber bald entlassen werden.

Ein jüngerer, sogenannter Hebephrener, lief den ganzen Tag auf dem Flur hin und her, lachte mit sich selbst redend vor sich hin. Einer schien schmerzfrei zu sein, drückte sich seine Zigaretten auf dem Handrücken aus. Neben diesen Schwerstkranken gab es noch jammernde Depressive und Suchtkranke. Trockene Alkoholiker, die den Entzug hinter sich haben, waren meistens die Hilfsbereitesten, sie mutierten zu Workaholics. Heroinsüchtige kooperierten am schlechtesten, waren gerissen und schmuggelten öfters Tabletten. Einer entwischte uns auf dem Weg zum Zahnarzt, ein anderer sprang, als ich hereinkam, gegen die Stationstür und schlüpfte an mir vorbei. Ich konnte ihn nach 5 Metern einfangen und umklammern, bis mir geholfen wurde.

Die brenzlichste Situation erlebte ich, als ich Nachttische in einem engen Dreibettzimmer reinigte. Im ersten Bett lag ein Patient, der seiner Mutter ein Ohr abgerissen hatte, er starrte mit offenen Augen zur Decke. Ich putzte gerade in der hintersten Ecke, als er roboterhaft seinen Oberkörper aufrichtete, die

Beine herausschwenkte, aufstand und mit ausgestreckten Armen zeitlupenartig auf mich zulief. Ich schrie so laut ich konnte und die Kollegen waren rechtzeitig da.

# 2

Nach 6 Monaten wurde ich auf die Aufnahmestation für männliche Suchtkranke versetzt. 90 Prozent waren Alkoholiker, die anderen tablettenabhängig, nur wenige heroinsüchtig. Bei den meisten verlief die Entgiftung problemlos, vor allem wegen einem Medikament namens Distraneurin. Alle 3 Stunden bei Bedarf 2 Tabletten an den ersten 3 Tagen. Die Patienten kamen zitternd ins Dienstzimmer und holten sie sich selbst. Das Wichtigste war, ein schweres Entzugssyndrom, das sogenannte Delirium, zu vermeiden, denn dies war lebensbedrohlich und hatte möglicherweise Folgeschäden fürs Gehirn. Manche kamen zu spät zur Aufnahme und waren schon delirant, an einen Todesfall kann ich mich erinnern. Es war ein Zustand großer Verwirrung, desorientiert und halluzinierend, zitternd, schwitzend, manchmal mit Fieber. Die Gefahr war, dass das Herz diese Unruhe nicht lange aushält. Hatte ein Delirium begonnen, war es nicht mehr zu stoppen, die Betroffenen blieben für 3 bis 5 Tage in diesem Durchgangssyndrom. An arbeitsreichen Tagen lagen bis zu 5 delirante Patienten im Wachsaal oder es mussten innerhalb weniger Stunden 6 Neuaufnahmen versorgt werden. Dazwischen war es stressfrei, an manchen Sonntagen spielte ich den ganzen Tag Karten oder Scrabble mit den Kollegen. Manche Patienten waren schon mehr als 20-mal hier, sie kannten sich gut aus und die älteren Kollegen vertrauten ihnen, gaben ihnen den Stationsschlüssel und sie sorgten für die Essensausgabe und reinigten anschließend die Küche. Die meisten waren nach 3 Tagen ohne körperliche Entzugssymptome, dann bekamen sie eine gesunde Unruhe, sie wollten etwas tun. Sport war sehr beliebt, aber auch jede Art von Haushaltsarbeit. Die Kollegen auf dieser Station waren viel lockerer als jene zuvor. Wenn nichts mehr zu tun war, entspannten sie sich und die meisten waren leidenschaftliche Spieler.

# 3

An meinem 18. Geburtstag durfte ich meinen Führerschein abholen, den ich 2 Wochen zuvor bestanden hatte. Mein gebrauchter R4 stand schon in unserem Hof, bisher war ich mit dem Mofa unterwegs. Es war ein Gefühl von mehr Freiheit, schneller und weiter, der Spielraum in der Freizeit wurde riesig. Heute denke ich, wir waren überall und nirgends, in jedem Tanzsaal, auf jedem Weinfest, in jeder Diskothek und vielen Kneipen. Das Problem war, dass einer fahren musste und sich beim Saufen zurückhalten sollte. Ein älterer Freund aus der Nachbarschaft nahm mich mit zum Weinfest im Nachbarsdorf. Wir fuhren durch die Weinberge auf einem Feldweg, deshalb trank er hemmungsloser. Als wir zurückfuhren, war ich so besoffen, dass ich vornübergebeugt auf meinen Knien schlief; ich erwachte kurz, als er stoppte, weil uns 2 Freunde mit ihrem Auto entgegenkamen. Sie überredeten ihn, nochmal mitzufahren, er wendete und raste ihnen hinterher. Mein Kopf lag die ganze Zeit auf meinen Knien, dann spürte ich einen Schub nach vorne, hob den Kopf, im nächsten Moment knallte ich mit der Stirn durch die Windschutzscheibe. Seine Bremsen hatten auf dem schlammigen Weg versagt, er prallte auf den Wagen der Freunde. Ich hatte eine Schnittverletzung unter den Augenbrauen über der Nasenwurzel, 1 Zentimeter tiefer und ich wäre blind. Die anderen Freunde, deren Auto noch fahrtüchtig war, fuhren mich ins Krankenhaus, wo ich genäht wurde und 5 Tage bleiben musste.

Der gleiche Freund, der den Unfall verursachte, hatte mir Jahre zuvor den Minigolfschläger an die Oberlippe geschlagen. Ich stand etwa 1 Meter hinter ihm und er zog beim eisernen Herz so unerwartet durch; mit 2 Stichen genäht blieb kein sehr sichtbarer Schaden. Nach dem Autounfall fühlte ich mich entstellt und die Reaktion der anderen bestätigte dies. Aber man gewöhnt sich an vieles und Monate später spielte es keine Rolle mehr.

# 4

Der Einsatz in der Suchtstation wurde unterbrochen durch den 3 Monate langen Schüleraustausch im Allgemeinkrankenhaus auf einer chirurgischen Station. Dies war eine ganz andere Arbeit, von Glocke zu Glocke, von Verbandswechsel zu Verbandswechsel, Essensausgabe und Rücknahme. Es war alles eng getaktet und es gab wenig Spielraum für längere Gespräche mit den Patienten. Ich wusste, dass ich in der Psychiatrie mehr zu Hause bin. Ich war froh, als ich diesen Einsatz hinter mir hatte, zunächst zurück auf die Suchtstation. Als ich erfuhr, dass ich in die Geriatrie versetzt werde, dachte ich, ich müsse die Lehre abbrechen. Ich war ein halbes Jahr zuvor als Aushilfe dort gewesen und es war die Hölle. Sie hatten einen Darminfekt mit heftigen Durchfällen und die dementen Patienten gingen sehr freizügig damit um. Ich hatte noch nie und später auch nicht mehr so viel Scheiße gesehen, gerochen und beseitigt. Deshalb dachte ich: „Das halte ich nicht lange durch." Aber ich konnte meinen Ekel überwinden und es gefiel mir, dass ich hier wirklich gebraucht werde. Wir mussten viel „improvisieren", um die Arbeit überhaupt zu schaffen. Das heißt, wir nahmen es bei der Hygiene nicht so genau.

Füttern, waschen, rausführen oder fahren, Infusionen oder Magensonden versorgen, Verbände wechseln, Angezogene, die sich eingenässt hatten, frisch anziehen. Tagsüber war alles weitgehend in Ordnung, aber der Nachtdienst zu zweit gestaltete sich mit manchen älteren Kollegen unglaublich. Hatte ein Patient im Bett eingenässt, rief er einen mongoloiden Langzeitpatienten, der warf ein Leintuch auf den Boden und der kleine, aber kräftige Patient hob den Bettlägerigen aus dem Bett und legte ihn auf das Leintuch am Boden. Wir machten das Bett frisch und er hievte ihn zurück. Morgens nahm ein anderer Langzeitpatient, er war nach einem Kopfschuss im Krieg dauerhaft wesensverändert, eine Schüssel mit einem Waschlappen und wusch damit allen Schwerkranken das Gesicht. Die älteren Kollegen drückten sich gerne vor der körperlich schweren Pflege, sie ließen uns Jüngere rennen, verweilten sich mit Dokumentation, Medikamenten und Dienstplänen. Aber es gefiel mir sowieso besser, mit jungen Krankenschwestern zu arbeiten, als mit alten Brummbären. Ein Tag in der Geriatrie ging viel schneller vorbei als auf den anderen Stationen; zudem kam, dass wir uns über alles mögliche unterhalten konnten, die meisten Patienten lebten in ihrer eigenen Welt und bekamen nur wenig mit. Oft sang ich während der Arbeit.

## 5

Mein letzter Einsatz war in der Psychoendokrinologie, kurz PE. Es war eine Station aus dem Bereich der Forensik, die Straftäter mit verminderter Schuldfähigkeit langfristig behandelt. Hier waren es die Sexualstraftäter, die meist jahrelang untergebracht waren. Die Patienten verhielten sich unauffällig, versorgten sich selbst und putzten die Station, gegen 9 Uhr war die pflegerische Arbeit getan. Den Rest des Tages war das Lästigste die Eingangstür aufzuschließen. Das Interessanteste waren die Krankengeschichten, man sah den Patienten ihre Untaten nicht an und sie wussten ihre Störung zu verstecken. Einige von ihnen hatten einen Gendefekt und waren geistig beeinträchtigt, aber auch das merkte ich nicht auf Anhieb. Jedenfalls war dies der langweiligste Arbeitsplatz, den ich je hatte und ich schaute ständig zur Uhr, weil die Zeit schlich.

Abwechslung brachte ein dreimonatiger Einsatz in der Beschäftigungstherapie, heute nennt man sie Ergotherapie. Dort betreute ich die gleichen Patienten wie auf meiner ersten Station. Mein Anleiter war Grundschullehrer und hatte keine Anstellung gefunden, ein sogenannter Quereinsteiger. Wir halfen den Patienten, eine angemessene Beschäftigung zu finden, die sie nicht überfordert. Mandalas ausmalen, freies Zeichnen und Malen, mit Pappmaschee oder Ton Objekte formen und Körbe flechten waren im Angebot und bei den meisten gelang es, sie zu motivieren. Ich entdeckte meine eigene Kreativität, flocht eine Korbpyramide aus 3 kleiner werdenden Körben, verband sie mit geflochtenen Ringen, sodass man sie aufhängen konnte. Mit einem aufgeblasenen Luftballon, den ich mit Pappmaschee beklebte, ergab sich nach dem Trocknen und Zerplatzenlassen des Luftballons ein Lampenschirm. Als Halterung ein geflochtener Ring und viele kleine zur Deckenbefestigung. Mit dem 28-jährigen Kollegen hatte ich viel Spaß, wir foppten uns gegenseitig auf nette und witzige Art, machten in den Pausen kleine sportliche Wettkämpfe, Klimmzüge und Liegestütze, beschossen uns mit Minischleudern aus Gummiringen. Es war sehr kurzweilig und viel zu schnell vorüber.

Zurück auf der PE hatte ich vor der Examensprüfung den Vorteil, dass ich mich während der Dienstzeit vorbereiten konnte. Ich bestand die Prüfung mit Sehr Gut und durfte einen Wunsch äußern, auf welche Station ich wollte; zur Überraschung vieler entschied ich mich für die Geriatrie. Irgendwie fühlte ich mich dort am meisten zu Hause, die schwere Arbeit schweißte die Jüngeren zusammen und die Älteren hatten trotz ihrer Trägheit und vieler Marotten doch ihren Witz. Es gab immer etwas zu tun, kein dummes Herumstehen oder Sitzen und warten, bis der Feierabend kommt. Am 01.09.1980 bekam ich meinen unbefristeten Arbeitsvertrag als examinierter Krankenpfleger und kehrte auf die geriatrische Station zurück.

## 6

Während meiner Lehrzeit wurde ich mit 18 Jahren für die Bundeswehr gemustert. Die Ärzte befanden mich für tauglich – T2, das bedeutet, nicht für alles, aber für vieles verwendbar. Nach der Ausbildung bekam ich einen Brief mit dem Datum der Einberufung. Ich schrieb sofort zurück, dass sich mein Gesundheitszustand verschlechtert hätte, da mein Arzt derzeit in Urlaub sei, würde ich ein Attest nachreichen. Ich wurde erneut zur Musterung einbestellt. Mein Hausarzt schrieb mir ein Attest mit der Diagnose essenzielle Hypertonie, Bluthochdruck ohne erkennbaren Grund. Er verordnete einen Betablocker, der meine leicht erhöhte Pulsfrequenz senkte, um den dortigen Ärzten die Behandlungsbedürftigkeit zu zeigen. Er war voll auf meiner Seite und verstand, dass ich als Krankenpfleger nicht Soldat werden wollte. Die Nacht vor der Musterung machte ich durch und trank ununterbrochen Kaffee. Bevor ich losfuhr, nahm ich noch 2 Tabletten Novadral retard, die in der Geriatrie bei niedrigem Blutdruck verordnet wurden.

Ich saß im Wartezimmer und spürte meinen rasenden Puls, glaubte, mein Brustkorb wird gleich explodieren. Auf der Untersuchungsliege hatte ich einen Puls von 160 und mein Blutdruck war bei 190 zu 110, ich sagte, dass ich den Betablocker heute noch nicht genommen habe. Die Ärzte reagierten besorgt und sagten: „Gehen Sie nach Hause und nehmen Sie ihre Tabletten, Sie bekommen einen Termin bei unserem Vertrauensarzt." Vor der Untersuchung bei ihm nahm ich nochmal eine Tablette. Er machte verschiedene Untersuchungen und befand, dass ich durch eine Nierenerkrankung den erhöhten Blutdruck hätte. Er bescheinigte mir die Untauglichkeit für den Wehrdienst. Mein Hausarzt sagte: „Alles Quatsch, bei Ihnen sind die erhöhten Werte stressbedingt und durchs Rauchen verursacht." Er untersuchte mich trotzdem zur Sicherheit nochmal genauer, ohne Befund. Ich setzte danach das verordnete Medikament ab.

Die Vorstellung, in Uniform zu salutieren, löste in mir die Angst aus, lachen zu müssen. Ich hätte den Wehrdienst auch verweigern können, sah aber nicht ein, für wenig Geld die gleiche Arbeit zu machen, wie ich es als Krankenpfleger schon tat.

# Geriatrie

## 1

Die Station hatte 5 Langzeitpatienten, sie waren teilweise schon Jahrzehnte als Hilfskräfte eingeteilt und erhielten dafür ein Taschengeld. Der Älteste davon war für das Kleiderdepot verantwortlich. Bei vielen der inkontinenten Patienten reichte die private Versorgung mit Wäsche nicht aus und einige waren mittellos und ohne Verwandtschaft. Er war im höheren Alter aus der Forensik zu uns verlegt worden, hatte im Wahn mehrere Häuser in seinem Heimatort in Brand gesteckt, verweigerte die Medikation und war chronisch produktiv, was bedeutet, dass er Stimmen hörte und sich mit fiktiven Personen unterhielt. Er hatte zudem die Wahnidee, er hätte ein Mittel gegen Krebs entdeckt und der leitende Professor hätte es ihm gestohlen. Trotz allem vertraute man ihm, doch einmal, als er abends um den Schlüssel bat, um die Garderobe zu öffnen, verschwand er und lief Richtung Heimatdorf. Am nächsten Tag wurde er von der Polizei zurückgebracht, er wollte nur mal sehen, wie es zu Hause aussieht.

Der Nächstälteste war ein ehemaliger Arzt, der für verschiedene Ärzte der Klinik Botengänge und andere Hilfsarbeiten übernahm, er war nur zu den Mahlzeiten auf der Station. Sein Problem war der Alkohol und man toleriert es, dass er sich heimlich in Maßen damit versorgte. Den Küchendienst übernahm der Kriegsveteran mit dem Kopfschuss, er war Anfang 60, zusammen mit einem etwas jüngeren weiteren Alkoholiker mit beginnendem Korsakow. Es war ein seltsames Paar, der mit der Gehirnverletzung hatte wenig Frustrationstoleranz und wenn er wutentbrannt durch die Station marschierte, hielt jeder Abstand. Der andere hatte sein Gedächtnis versoffen und kannte keine starken Emotionen mehr. Der Jüngste war der 40-jährige Mongoloide, seine Mutter hatte ihn als Jugendlichen nackt in der Kneipe auf dem Tisch tanzen lassen, bevor er in die Klinik kam. Er wurde als Putzhilfe und Hilfspfleger eingesetzt, war ein ganz lieber und streichelbedürftiger Mensch.

Der damals 47-jährige Stationsleiter war ein großer Pedant, man sah es schon an seiner Handschrift, die makellos ohne Abweichungen schien; er saß auch deshalb meistens an seinem Schreibtisch, kam nur bei Notfällen aus dem Dienstzimmer gerannt. Er hatte eine korrekte, sehr auf Gerechtigkeit ausgerichtete Art und gab uns die wohlverdiente Anerkennung. Der 40-jährige zweite Chef war einer der ersten Absolventen der Fachkrankenpflegeschule für Psychiatrie, diese 2-jährige Weiterbildung hatte die Klinik neu eingerichtet. Er war ein Hüne von über 190 cm und geschätzte 120 kg. Er hatte eine warme, tiefe Stimme, berührte gerne mit den Händen und war sehr beliebt, auch weil er die Zeit fand, bei der Pflege mitzuhelfen. Der dritte vertretungsweise Chef war das Gegenteil, 48 Jahre, 170 cm und bestimmt auch 120 kg, mit 2 Klumpfüßen geboren und nach mehreren Operationen einigermaßen gehfähig. Er war die personifizierte Wut, warf zum Beispiel Geschirr aus dem Fenster, weil jemand das Falsche, nicht seines, hingestellt hatte. Ich glaube, dass seine Füße mehr schmerzten, als er zeigte und er betäubte sich bei der Arbeit mit Tabletten, danach mit Alkohol. Ich fragte mich, warum sie einen Gehbehinderten in der Geriatrie einsetzten, hatte er aus diesem Grund doch zuvor Schneider gelernt.

Die anderen 5 männlichen Kollegen waren alle über 40, dazu kamen 2 frisch examinierte Krankenschwestern 1 Jahr älter als ich und eine 27-jährige Pflegehelferin. Diese 3 Schwestern wurden meine Lieblingskollegen, mit ihnen konnte man jeden Blödsinn machen, Kollegen oder Patienten Streiche spielen. Trotz des großen Arbeitsaufwands ging uns durch unsere Jugend die Arbeit leicht von der Hand, unsere Beine tolerierten die Belastung und rannten manchmal mehr, als sie gingen.

Wir hatten ständig mehrere Krankenpflegeschüler und -schülerinnen. Letztere waren der Grund, dass dieser Arbeitsplatz trotz seiner sinnlichkeitsfeindlichen Umgebung doch sexuell attraktiv für mich war. Katja war meine erste längere sexuelle Beziehung. Sie war im letzten Lehrjahr, 1 Jahr jünger als ich, brünett, braune Augen, sehr schlank, aber weiblich geformt. Die Zeit mit ihr war eine Hetzerei von Ereignis zu Ereignis, von der Party zur Diskothek und zurück zur Party, endlos schien sie getrieben von der Jagd nach neuen Erlebnissen. Sie rauchte, wenn möglich, täglich mehrere Joints, ohne sie war ihre Unruhe unerträglich. Sexuell war sie selten bereit dazu, aber wenn, ritt sie mit viel Genuss auf mir und ich entwickelte zum ersten Mal ein längeres und tieferes Gefühl. Wir schliefen öfters auf dem Boden der Partys, weil wir zu besoffen waren, um noch zu fahren. Wenig Schlaf, Saufen, Rauchen und Kiffen, bald protestierte mein Körper und ich bekam eine schwere Bronchitis. Der Arzt sagte nach dem Abhören des Brustkorbs, ich sei gerade an der Grenze zur Lungenentzündung. Nach 2 Tagen Antibiotika war ich wieder gesund, aber Katja, die noch miterlebt hatte, dass ich keinen Atemzug ohne Hustenanfall machen konnte, hatte sich schon ihrem Exfreund zugewandt.

Ich hatte schon mit 13 oder 14 Jahren das erste Mal gekifft, aber es waren seltene Gelegenheiten, meist auf Open-Air-Konzerten, vielleicht 3-mal im Jahr. Durch Katja kannte ich die Dealer in unserer Lieblingsdiskothek und wurde zum Dauerkiffer.

# 2

Es muss kurz nach meinem 18. Geburtstag gewesen sein, als ich am Dorfbrunnen einen unbekannten jungen Mann sitzen sah. Ich fragte ihn, was er hier mache, und erhielt auf Englisch die Antwort, dass er nichts verstand. Wir unterhielten uns auf Englisch und verstanden uns erstaunlich gut. Er hatte ein Lehramtsstudium für Biologie und Chemie abgeschlossen, wollte erstmal reisen. War per Anhalter durch Frankreich und dann entlang der Weinstraße bis hierher gekommen. Er liebte den Wein, war aber Nichtraucher. Nachdem ich ihm von mir erzählt hatte, gesellte sich ein Freund zu uns, der gegenüber vom Brunnen wohnte. Er lud uns zur Weinprobe ein. Seine Eltern lebten vom Weinverkauf, deshalb hatten sie einen Raum außerhalb des Hauses nur zur Weinprobe. Bald gesellten sich noch 2 Freunde dazu und es wurde ein feuchtfröhlicher Abend, wobei Englisch zu sprechen eine neue Herausforderung war. Im Laufe des Abends fragte mein Freund den Engländer, ob er Lust hätte, ein paar Tage hier zu wohnen, dafür in den Weinbergen und auf dem Hof mitzuhelfen für ein zusätzliches Taschengeld. Nachdem er sich sehr interessiert zeigte, besprach er es mit seinen Eltern, die gleich zur Begrüßung der neuen Hilfskraft mitkamen. Er blieb am Ende über 1 Jahr, hatte dann in Karlsruhe eine Stelle als Sprachlehrer gefunden und konnte sich deshalb ein Zimmer in der Stadt leisten, von wo aus er mit dem Zug nach Karlsruhe fuhr.

Paul, der Engländer, und ich wurden die besten Freunde, wir trafen uns jede freie Minute und ich entfernte mich immer mehr von den alten Freunden. Am Ende wurde ich ein Fremder im eigenen Dorf oder jedenfalls fühlte ich mich so. Mein Englisch profitierte sehr, wir hörten nachts im Auto noch stundenlang Musikkassetten, sangen mit und er erklärte mir jedes Wort.

Paul war damals 23 Jahre alt, meine jüngere Schwester war 15. Irgendwann wurden sie ein Paar und meine Eltern tolerierten, dass er die meiste Zeit bei uns schlief. Die Anhänglichkeit meiner Schwester wurde ihm nach einem Jahr zu viel und er distanzierte sich mehr und mehr, bis er das Verhältnis beendete, was für sie sehr schmerzhaft war. Später nahm er sich ein Zimmer in Karlsruhe und unsere Freundschaft kühlte auch ab. Er befreundete sich mit einem australischen Kollegen, mit ihm reiste er über Land nach Australien. Wir fuhren ihn zur Verabschiedung zum Bahnhof; ich sehe noch das weinende Gesicht meiner Schwester. Ich hielt noch lange Briefkontakt mit ihm, sie ließen sich viel Zeit auf dem Weg durch Asien; er teilte mir mit, wohin ich postlagernd schreiben konnte. Nach einem nicht sehr langen Aufenthalt in Australien begann er in Japan wieder als Sprachlehrer zu arbeiten und fand bald eine japanische Partnerin. Heute lebt er, wie ein gemeinsamer Bekannter erzählte, in den USA mit einer Amerikanerin, aber ich selbst habe den Kontakt vernachlässigt.

## 3

Die Geriatrie bescherte mir Narrenfreiheit. Da die meisten Patienten nicht wussten, wo sie waren und noch weniger wussten, wer ich war, erlaubte ich mir oft noch mit Restalkohol zur Arbeit zu erscheinen, kiffte in der Mittagspause und wenn ich Nachtwache hatte auf der Besuchertoilette, die außerhalb der Station lag.

Paul riss eine große Lücke, zurück zu meinen Dorffreunden konnte oder wollte ich nicht. Mit 21 Jahren lebte ich immer noch im Elternhaus; meine jüngere Schwester begann mit 17 Jahren auch eine Ausbildung zur Krankenschwester in einem 10 km entfernten Allgemeinkrankenhaus, dort nahm sie sich ein Zimmer im Schwesternwohnheim. Also war ich der Letzte im Nest und ich spürte, ich muss hier raus, aber es dauerte noch 2 Jahre, bis ich den Sprung wagte. Es war die Zeit, in der ich anfing, exzessiv zu lesen. Die Romane von Herrmann Hesse hatte ich schon gelesen, dann begann mich die Philosophie zu fesseln. Nach einem Buch über verschiedene Philosophen mit Auszügen aus ihren Werken kaufte ich mir das Gesamtwerk von Friedrich Nietzsche, das ich komplett las, manche Bücher mehrfach. Für mich, aufgewachsen unter moralheuchelnden Katholiken, war er geistige und sexuelle Befreiung. „Ich bin der Mörder meines Gewissens und Lust ist mein Gott", schrieb ich damals. Es war das erste Mal, dass ich mich einsam fühlte, ich hatte keine engeren Freunde und versank im inneren Dialog mit Büchern. Nach

Nietzsche las ich noch einige Philosophen – Kant, Sartre, Camus und die alten Griechen, Platon, Epikur und Epiktet. Viele andere streifte mein Geist nur. Aber keiner berührte mich so tief wie Nietzsche. Ich weiß noch, wie der Himmel voller neuer Werte zu leuchten schien, nachdem ich den Zarathustra beendet hatte. Ich empfand eine Leichtigkeit und ein grenzenloses Freiheitsgefühl, nachdem die alten katholischen Fesseln zerbröselt waren. Meine Befreiung war gleichzeitig die Aufforderung, das Leben als Experiment zu sehen und so viele Versuche wie möglich wahrzunehmen. Ich hatte in dieser Zeit viele One-Night-Stands und probierte alle möglichen Halluzinogene.

Meine Erfahrungen mit Frauen zeigten mir aber, dass mein Gewissen nicht totzukriegen war, ich war und bin ein mitfühlendes Wesen. Ich bereute, dass ich Frauen ausgenutzt hatte und mich danach kühl distanzierte. Fortan hielt ich mich sexuell weitgehend zurück, dadurch entwickelten sich Freundschaften zu Frauen.

Jede Leere entwickelt einen Sog, um sich wieder zu füllen, so fand ich einen neuen Freund, Uwe, der 2 Jahre jünger war und kurz vor dem Abitur stand. Er war Extremkiffer und weil er Einzelkind reicher Eltern war, hatte er genug Geld. Durch dieses Dauerkiffen wurde unsere Aktivitätslust stark gebremst. Wir hörten Musik, debattierten darüber und über Literatur. Er war Sprachfetischist, schätzte seine elaborierte Ausdrucksweise über alles, es wirkte pseudointellektuell. Oft fehlte mir die Botschaft oder der Inhalt hinter den Worten, schön verpacktes, leeres Gerede. Außer seiner Liebe zur Sprache und zur Musik war er voller Verachtung für die meisten Menschen, er wähnte sich geistig weit überlegen. Den ersten LSD-Trip oder die Hälfte eines Paperacids nahm ich mit ihm zusammen. Wir fuhren nachts zu einer Burgruine, dort saßen schon Bekannte ums Lagerfeuer. Er mutierte zum Sméagol, dem Gollum aus „Der Herr der Ringe", alle seine Empfindungen musste er mitteilen und er hing unangenehm penetrant mit seiner Aufmerksamkeit an mir. Mein Verhältnis zu ihm wurde sehr ambivalent. Allein mit ihm konnte ich gut mit ihm umgehen, vielleicht war ich ein Großer-Bruder-Ersatz, er schätzte mich mehr als ich ihn. Wenn ich aber mit anderen zusammensaß und er dazustieß, war er durch seine Arroganz und Abwertungen ein Störenfried.

Ich fand eine neue Clique, deren Kern aus 6 Frauen und einem Mann bestand. Es war eine lustige Gruppe mit viel Lachen, aber auch tiefsinnigen Gesprächen und die meisten liebten es, zu kiffen. Wir feierten viele Partys, immer dort, wo sturmfrei war, sexuell blieb alles noch harmlos. Etwa 3 Jahre später wurde Moni, eine davon, zu meiner ersten langjährigen Beziehung. Eine andere wurde noch später die Ehefrau von meinem Cousin, mit dem ich in den USA war.

Trotz der fragwürdigen Charakterzüge von Uwe fuhr ich mit ihm im August 1982 nach Spanien. Sein Vater hatte uns einen großen Peugeotbus geliehen und wir hatten Glück, dass wir ankamen. Wir nahmen die Route National Richtung Mittelmeer. Eine Tankwärtin füllte unseren Dieselmotor mit Benzin, wir merkten es erst 1 Kilometer später, als er stehenblieb. Zwei junge Franzosen fragten uns, ob sie helfen könnten, sie kannten sich mit dem französischen Model gut aus, zapften das Benzin ab, öffneten den Vergaser und gossen Diesel hinein, starteten durch und wiederholten das so oft, bis der Motor ansprang. Ich war beim Tanken der Fahrer gewesen, deshalb machte mich Uwe zum Schuldigen, obwohl ich sitzengeblieben war und er mit der Tankwärtin gesprochen hatte. Wir erreichten trotz der Unstimmigkeit spät am Abend den Ort, den uns eine Bekannte empfohlen hatte.

# España

## 1

Es war der Gipfel der Hochsaison und der Ort war überfüllt, der ganze Plaza, etwa halb so groß wie ein Fußballfeld, war voll von auf dem Boden sitzenden Späthippies. Es dauerte lange, bis wir für den Bus einen Parkplatz fanden, der lag bestimmt 2 Kilometer entfernt vom Zentrum. Unseren Haschischvorrat hatten wir auf der Fahrt verbraucht und gierten danach. Wir fragten den ersten, der vorbeilief und danach aussah. Wir waren auf einer Anhöhe über dem Meer und er zeigte auf eine kleine Insel, die nicht weit vom Ufer entfernt lag, „Da drüben gibts wahrscheinlich was", sagte er und man kann durchs Wasser hinlaufen. Ich fragte ihn, ob er mitgehen würde, er bejahte, aber Uwe machte einen Rückzieher, dies sei ihm zu abenteuerlich. Also watete ich ihm allein hinterher, nackt, mit meinen Hosen auf dem Kopf. Es wurde in der Mitte an der tiefsten Stelle brenzlig, nur mein Kopf ragte noch aus dem Wasser und das Meer drohte, mich mitzureißen. Am Ende war alles umsonst, sie hatten nichts. Es war schon weit nach Mitternacht und wir waren todmüde, deshalb verschoben wir die Suche auf den nächsten Tag.

Als wir am nächsten Morgen aus der Dunkelheit des Busses stiegen, wurden wir geblendet von dem Licht des Südens. Es blies dieser trockene Wind, den sie Tramontana nennen, weil er sich über den Pyrenäen bildet und dann Richtung Meer fällt. Seine Trockenheit lässt die Farben extrem leuchten und in der Nacht sah ich mehr Sterne als je zuvor. Nach einer schlampigen Morgentoilette zogen wir los in Richtung Plaza. Wir mussten dort nicht lange suchen, um was zu rauchen zu finden, die meisten der Hippietouristen waren Deutsche und die Dealer waren jedem bekannt. Nur die Wucherpreise ärgerten uns, dachten wir doch, hier sei es billiger. Egal, nachdem wir high waren, strahlte alles noch intensiver und alle hatten leuchtende Augen.

Abends spielte in einer Kneipe eine Jazzband, 2 Gitarren und 1 Klarinette, das Stück „Take Five" war der bekannteste Hit. Wir wiegten uns in bequemen Sesseln zur Musik und die Joints kreisten. Genau um Mitternacht begann eine Rockband in einer Bar um die Ecke zu spielen. Dort spürte ich seit Langem wieder die Lust zu tanzen, traute mich aber nicht. Ich hatte in meinen ersten Räuschen so wild und unbefangen getanzt, dass sich ein Ring von Leuten um mich scharte und mich anstarrte. Irgendwann begann ich mich dafür zu schämen und verbot es mir. Wir blieben nur eine Woche und die verrauschte schnell, beschlossen aber schon dort, dass wir nächstes Jahr wieder herfahren.

2

Zu Hause hörte ich weitgehend auf, Billard, Fußballkasten oder Flipper zu spielen, wendete mich mehr der Tanzfläche zu und startete die ersten zaghaften Versuche. Im Paartanz habe ich nie so große Freude empfunden, wie wenn ich alleine mit der Musik meinen Freestyle tanzen kann. Ich tanzte bald, wann immer es die Gelegenheit gab und befreite mich von den Fesseln der Scham. Beim Lesen verfiel ich Carlos Castaneda, dieser indianische Schamanismus faszinierte mich, eröffnete eine neue Denkweise. Ich begriff, dass die Welt, wie ich sie wahrnehme, durch meine gewohnheitsmäßige Interpretation beschränkt wird. Der Schlüssel zur Magie ist das Nicht-Denken und trotzdem wahrnehmen, dann öffnen sich neue Welten.

Ich übte das Verschmelzen mit der Wahrnehmung im Tanz, saß aber auch öfters still und versuchte, alles wahrzunehmen. Irgendwann bildete sich eine Lichtspirale, die sich drehte. Ich sah sie mit offenen und geschlossenen Augen. Irgendwie konnte ich die Drehbewegung anhalten und es erschienen zweifarbige Visionen, schattenhafte Menschen bewegten sich darin. Manchmal tauchten auch Gesichter auf, aber nicht so, dass ich sie erkannte.

## 3

Uwe lehnte Castaneda ab, alles gelogen und zusammengeklaut, behauptete er, weil er es irgendwo gelesen hatte. Mir war es gänzlich egal, ob es real oder Fiktion ist, nur die Botschaft zählte. 1983 fuhren wir erst Ende August mit meinem R16 nach Spanien. Wir nahmen die Autobahn und die Fahrt war viel entspannter. Da wir 3 Wochen bleiben wollten, mieteten wir einen Platz auf dem Campingplatz, hatten ein Zweimannzelt, aber einer konnte auch bequem im Auto schlafen.

Auf dem Campingplatz lernten wir einen 30-jährigen Pfälzer kennen, der den ganzen Sommer hier verbrachte, er wusste, wo man günstigeren und besseren Haschisch bekommt, zudem zeigte er uns ein 10 km entferntes Kap, wo es traumhafte kleine Buchten gab. Tagsüber waren wir oft dort, meist mit dem Pfälzer und einem Freund von ihm. Saßen nackt auf unseren Badetüchern, das Felsgestein unter uns glühte, die Sonne warf heiße Küsse und der Wind streichelte. Ich glaube nicht, dass es meinen Kameraden genauso ging, aber mich machte das zusammen mit dem entspannenden Rauch extrem geil. Ich musste oft meine Erektion verbergen, einmal blieb mir nur, ins Wasser zu springen und um eine Felsenecke zu schwimmen, kaum war ich aus dem Wasser, hatte ich einen Orgasmus, ohne mich zu berühren. Wahrscheinlich befriedigen sich die meisten Männer vorzeitiger und regelmäßiger selbst, bevor es zu dieser verrückten Geilheit kommt. Ich liebe das Gefühl, voll von Sperma zu sein und dehnte es damals schon so lange wie möglich aus.

Onanie bis zum Samenerguss war die Notlösung, wenn der innere Druck anfing, wehzutun. Außerdem wollte ich viel lieber ficken und ich glaube, dass ich mit voller Ladung magnetisierender auf Frauen wirke.

# 4

Tagsüber trank ich nach einem Kaffee am Morgen, besser gegen Mittag, nur Wasser. Nach dem Sonnenuntergang trank ich zuerst ein Pils, dann eine kleine Mahlzeit mit Vino Tinto und stillem Wasser, danach einen Carajillo – Espresso mit Weinbrand. Meine Energie sprudelte wieder und meine Stimmung war Freude. Eine größere Mahlzeit macht normalerweise müde, wenn ich aber leer gehungert bin und dann mengenmäßig nicht übertreibe, fühlt es sich an, als löse die Nahrung einen energetischen Springbrunnen im Gehirn aus.

Gegen 9 Uhr fing die Jazzgruppe an zu spielen, es fühlte sich mehr wie zu Hause an als im eigenen Wohnzimmer. Genau um Mitternacht trat die Rockband 50 Meter entfernt auf, anstelle von Sesseln gab es dort eine Tanzfläche. Ich wusste, dass ich so früh wie möglich meinen Tanz wagen musste, sonst würde ich mich beim Nachdenken in die Angst vor Ablehnung verstricken. Also verknüpfte ich meine Ohren mit meiner Lende und ließ die Musik sie bewegen, anfangs noch ohne Beine, die flogen aber bald hinzu. Bei den Armen dauerte es am längsten bis ich mich traute, sie auszubreiten. Wenn genug Platz war, begann ich mich zu drehen. Mein Körper öffnete sich wie eine Blume und die Sonne war die Musik. In der Freakdisco in unserem Heimatort wurde sehr individuell und wild getanzt, dort fiel ich nicht sonderlich auf, aber hier war ich ein Alien, doch sie bewunderten mich.

Nach einigen Nächten entstand eine Dynamik, die der Erfahrung meiner frühen Jugend ähnelte. Die Gruppe begann ein

Stück zu spielen, ich ging auf die Tanzfläche und tanzte allein in der Mitte. Es bildete sich ein Kreis um mich und alle klatschten. Nach vielleicht der Hälfte des Songs zog ich mich auf einen Sessel im Hintergrund zurück und der ganze Raum tanzte. Die meisten der Tanzenden wirkten in ihrer Bewegungsfreiheit sehr eingeschränkt, trauten sich nicht, sich der Musik zu überlassen. Ich war die personifizierte Lebendigkeit und konnte zumindest teilweise die Lebendigkeit der anderen befreien.

## 5

Uwe wurde zunehmend zur Last, er klebte tagsüber an mir und starrte mich beim Tanzen penetrant an. Seine Anwesenheit wurde mir unangenehm und bald fühlte ich mich so erdrückt von ihm, dass ich ihm sagte, er solle bitte eigene Wege gehen. Er war sichtlich gekränkt und teilte mir bald mit, dass er mit einem Karlsruher nach Hause fährt. Im restlichen Urlaub wurde ich zunehmend paranoid, ich glaubte, dass Uwe auf dem Campingplatz Stimmung gegen mich machte, fühlte mich unwohl und beschloss, nach Hause zu fahren. Ein anderer Deutscher, dessen Hund sehr an mir hing, fragte, ob er mitfahren könnte, was ich begrüßte. Ich nahm ihn für eine Nacht mit zu meinen Eltern und fuhr ihn am nächsten Tag zum Bahnhof.

Uwe sah ich danach nur noch in der Disco, später versuchte er wieder Kontakt aufzunehmen, aber ich spürte, er tut mir nicht gut. Ich zog mich mehr zurück, ging für 1 Jahr auf Dauernachtwache, das bedeutet 7 Nächte arbeiten von 18:30 bis 6:30, dann 1 Woche frei. Ich las noch mehr und schrieb viel, vor allem, um das zu verdauen, was ich gelesen hatte. Zudem verfiel ich mehr und mehr der Mystik Castanedas, malte mir einen großen orangenen Kreis, den ich anstarrte und das Kreisen des Lichts suchte; wenn ich es anhalten konnte, hatte ich schattenhafte Visionen.

In der freien Woche ging ich von Mittwoch bis Sonntag tanzen oder jemand von der Clique hatte sturmfrei. Ich lernte noch eine andere Clique kennen, von der die meisten zusammen in einem großen Haus wohnten, dort fanden viele spontane Partys statt. Es wohnten darin 3 Frauen und 3 Männer. Mit allen 3 Frauen hatte ich irgendwann Sex.

# 6

Ich fand endlich den Mut, eine eigene Wohnung zu suchen und fand sie auch gleich beim ersten Versuch in einem 5 km entfernten Dorf unterhalb der Klinik, in der ich arbeitete. Ich fühlte mich sofort wohl darin, eine 25 qm große Dachwohnung mit kleinem Schlafzimmer. Die Decke und die Schrägen aus Holz mit halbrunden Fenstern vorne und hinten, es war mein hölzernes Raumschiff. Als ich einzog, öffnete sich ein großes Gefühl der Freiheit in meiner Brust.

Es war kurz vor Weihnachten, Anna war die Erste, die mich in meiner Wohnung besuchte. Sie war 20 Jahre alt, wohnte in dieser WG und arbeitete als Gärtnerin. Ihr großes Idol war Goethe, weitere waren Hesse und Rudolf Steiner. Trotz ihrer geringen schulischen Bildung war sie sprachlich sehr schlagfertig und liebte endlose Debatten. Die Küche in der Wohnung hatte ich übernommen, sonst hatte ich nur eine Matratze und meine Stereoanlage. Naheliegend, dass wir uns näherkamen, wir waren ohne feste Beziehung und dies war ein wichtiger Teil meiner neuen Freiheit. Als ich sie von ihrer Bluse und ihrem BH befreite, konnte ich mein Entsetzen nicht verbergen. Ihr rechter Busen war deformiert, er war geknickt.

Sie erklärte, dass sie in der Pubertät von einem Schulkameraden einen Schlag darauf bekommen hatte und dann sei er schief weitergewachsen. Mit meinen 23 Jahren war ich zu heiß, um nicht trotzdem mit ihr zu schlafen und sie war genauso heiß. Aber im Hinterkopf dachte ich, nur für einmal. Als sie auf mir ritt, fragte ich sie, wann sie ihre letzte Periode hatte. Sie antwortete verzögert, „so ungefähr vor 2 Wochen" – „dann ist das ein Volltreffer, geh' runter!", sagte ich, aber nicht nachdrücklich genug, denn sie ritt umso leidenschaftlicher weiter und redete auf mich ein, dass ihre Periode sowieso sehr unregelmäßig komme und selbst wenn etwas passieren sollte, hätte ich nichts damit zu tun.

Ich sah sie noch einmal, aber hielt Distanz, bald nervte sie mit ihrer Unruhe. Ich konnte keine 2 Minuten still sein, ohne dass sie mit den Fingern auf dem Tisch trommelte. 6 Wochen später rief sie an, sie sei schwanger und sei sich sicher, dass ich der Vater bin. Sie sagte, sie musste mich benennen, weil ihr Vater drohte, sie nicht mehr zu unterstützen. Nach dem Telefonat versank ich in dem traurigen Gefühl, meine Freiheit verloren zu haben.

# 7

Als Dauernachtwächter konnte ich, wenn mein Chef zustimmte, 2 Wochen arbeiten und dann 2 Wochen frei machen. Ich hängte noch 3 Wochen Urlaub daran und flog Anfang Mai für 4 Wochen nach Griechenland. Mein erster Urlaub allein, ich hatte nur Hin- und Rückflug gebucht.

Nach einer Nacht in einem billigen Hotel in Athen fuhr ich am nächsten Morgen mit dem Taxi zum Hafen und dann mit der Fähre zur Insel Ios. Sie galt als Hochburg des Hedonismus. Ich zeltete auf dem Campingplatz und lief dann zum nahegelegenen Dorf. Auf der Anhöhe zwischen Campingplatz und Dorf war eine große Open-Air-Disco, die erst um 20 Uhr öffnete, deshalb lief ich weiter ins Dorf. Im Zentrum war alles für die Touristen gemacht, Tanzbars, Fressstände und Restaurants. Es fühlte sich an wie auf dem Jahrmarkt. Die anderen Touristen waren meistens als Paar oder Gruppe unterwegs, wodurch es schwerfiel, Kontakte zu finden. Keine Hippies, keine Freaks, nur anständige Bürger, kein Haschisch, ich fühlte mich als Außenseiter. Trotzdem tanzte ich abends in der Open-Air-Disco und mit zunehmendem Alkoholspiegel wild und ausgelassen, bis ich die ganze Tanzfläche umkreiste.

Am dritten Tag lernte ich eine US-Amerikanerin kennen, sie war etwas älter als ich und mit einer Freundin unterwegs. Sie hätte auch gerne gekifft und hielt Augen und Ohren dafür offen. Wir waren eine Nacht zusammen unterwegs und ich glaube, so wie sie mich am Ende umarmte, dass sie gerne mit mir geschlafen hätte. Doch ich war zu verklemmt oder wollte den Trennungsschmerz nicht, weil ich wusste, dass sie am nächsten Tag abreist. Nach 5 Tagen hatte ich genug von Ios und nahm die Fähre nach Naxos, dort war das Nachtleben zerstreuter, aber die Touristen waren die gleichen. Nach 4 Tagen floh ich nach Kreta. Nach einer Nacht im Hotel an der Nordostküste, inmitten der Schickeria, fuhr ich mit dem Bus an die Nordwestküste, verbrachte eine Nacht im Zelt und dann mit der Fähre zur Peloponnes. Zurück nach Athen, nach Paros, nach Santorini, zuletzt wieder Athen, noch eine Nacht in dem gleichen Hotel, bevor mein Flieger ging. Ich lernte dort einen Schweizer kennen, der mit dem Fahrrad hier war. Er hatte vorher viele Probleme durch seine Sucht, er nahm alles, auch Heroin. War jetzt 6 Wochen clean, hatte sich sein Verlangen weggestrampelt. Ich hatte mir eine Flasche Ouzo zum Abschied gegönnt und er konnte nicht widerstehen. Als die Flasche leer war, zogen wir durch die Stadt, tranken weiter, wurden öfters aufgefordert zu gehen, wenn wir irgendwo hineinwollten. Am nächsten Morgen hatte er einen schlimmen Kater, mir ging es gut, ich musste los zum Abflug. Griechenland war 4 Wochen blauer Himmel, ich war dunkelhäutiger denn je. Wenige Menschen, viel Meditation, ich lag oft auf dem Rücken und ließ das Licht auf dem blauen Hintergrund des Himmels kreisen oder saß auf einer Anhöhe und tat Gleiches mit dem Meer. Im Himmel sah ich Gesichter, im Meer tanzende Figuren. Oft dachte ich, wäre ich doch nach Spanien gefahren, wo ich mich verbundener und freier fühlte.

## 8

Den restlichen Sommer fieberte ich meinem nächsten Urlaub entgegen. Ich wollte allein mit dem Auto wieder zu diesem Ort in Spanien. In der letzten Augustwoche fuhr ich los, nach dem Tanken bei Lyon nahm ich ein Tramperpaar mit. Sie stammten aus Lyon und wollten nach Barcelona. Sie fragten bald, ob sie kiffen dürfen, nachdem ich bejahte, verrauchten wir ihren gesamten Vorrat vor der Grenze. Wir unterhielten uns auf Englisch, kurz vor der Grenze sagte er, das ist wie ein Sonntagnachmittagsausflug und dass sie gerne erstmal mit zu meinem Ort fahren würden. Wir zelteten auf dem Campingplatz nebeneinander, ich zeigte ihnen das Nachtleben und am Tag die stilleren Plätze am Meer. Ich fühlte mich von ihr sehr angezogen und ich glaube, ihr ging es genauso. Ich denke, dass er es bemerkte und sie darüber geredet hatten. Jedenfalls wollten sie am nächsten Tag weiter und ich fuhr sie zum Bahnhof.

# Morbus Mystikus

## 1

Wieder allein erinnerte ich mich, dass ich eine Art Feldforschung betreiben wollte. Ich hatte mir 3 Sätze aus den Büchern von Castaneda vorgenommen; erstens: alles Unnötige weglassen; zweitens: den inneren Dialog anhalten und mit der Wahrnehmung verschmelzen; drittens: bei Unruhe – Gehen. „Alles Unnötige weglassen" ist eine Aufforderung, jeden Handlungsimpuls zu prüfen – ist diese Zigarette nötig? Dieser Kaffee? Essen? Trinken? Zähneputzen? Duschen? Usw.

Einiges empfand ich als nötig, aber mir wurde bewusst, wieviel Unnötiges ich aus Gewohnheit tue. Durch dieses Nicht-Tun und Selten-Tun erhielt ich eine ungeahnte Energie.

„Den inneren Dialog anhalten" war anfangs unmöglich, zu viele Gedanken und Handlungsimpulse störten, doch nachdem ich diese Unruhe durch „Gehen" loswerden konnte, gelang es immer besser. Ich erkannte, dass ich mich mehr aufs Hören konzentrieren musste und die Augen breit stellen, sodass sie alles sehen, aber nicht die Einzelheiten. Wenn ich einzelne Dinge betrachtete, fing ich an, zu interpretieren. Tagsüber aß ich nichts, ich war nur mit einer großen Flasche Wasser am Meer unterwegs oder sitzend dem Meer lauschen und die leuchtende Welt betrachten.

Abends eine kleine warme Mahlzeit mit Brot. Auf Rotwein und Carajillo wollte ich nicht verzichten, ich rauchte noch, aber sehr reduziert. Nachts verbot ich mir zu tanzen – unnötig?

Irgendwann war meine körperliche Kraft derart, dass wenn ich mit einem bestimmten Ziel losging, mein Körper anfing zu rennen, ohne dass ich vorher daran dachte zu rennen.

Die Menschen waren mir meistens gut zugewandt, ich spürte ihre Sympathie, ich blieb aber distanziert und ließ nur kurze Kontakte zu.

Meine eigentlichen Gedanken waren so fremdartig, dass ich sie nicht mitteilen konnte und zum Smalltalk hatte ich noch nie lange Lust. Ich driftete mehr und mehr in eine magische Welt, ließ mich von Zeichen steuern.

## 2

Noch 3 Tage, dann war mein Urlaub zu Ende. Ich fuhr nochmal zum Kap, meine Lieblingsbucht war leider besetzt. Ich suchte nach einer anderen, fand aber keinen Wohlfühlort.

Als ich das Auto startete und die Musik anmachte, bekam ich so große Lust zu tanzen, dass ich lauter aufdrehte, hinaussprang und ums Auto tanzte. Nach einem Lied fuhr ich los, mein Auto tanzte auf der Straße, ich versuchte, das Motorengeräusch mit der Musik abzustimmen – nach etwa 2 Kilometern soff der Motor ab. Ich schob den Wagen auf den Seitenstreifen und ging zu Fuß die restlichen 6 Kilometer. Trotz der Panne hatte ich beste Laune; als ich am Rand des Ortes ankam, lief ich an einem kleinen Strand ins Meer. Abgekühlt lief ich weiter, erreichte den Plaza kurz vor Sonnenuntergang.

Ich hatte heute nach dem Aufstehen nur eine Zigarette geraucht, ein bekannter Deutscher vom Campingplatz fragte mich, ob ich noch Geld hätte, er wüsste, wo er was Gutes zu rauchen bekommt. Ich gab ihm 20 DM, er kam bald zurück und wir rauchten 2 Joints am Strand, danach gingen wir in die Kneipe, wo die Jazzband spielte.

Ich wollte erstmal aufs Essen verzichten, hatte noch keinen Alkohol getrunken und weil ich nicht wieder dem Rauchen verfallen wollte, bestellte ich ein stilles Wasser und aß das restliche Stück Haschisch auf. Danach brauchte ich einen Drink – Gin Tonic.

Die Jazzmusik erzeugte ein Gefühl, als würde ich schweben, ich wiegte mich sanft, fast unmerklich im Sessel. Als mein Drink leer war, überkam mich ein Bewegungsdrang, sodass ich gehen musste, bevor die Musik zu Ende war. Es war etwa 23:30 Uhr, um Mitternacht würde die Rockband spielen, ich ging trotzdem schon in die Bar und bestellte einen Bacardi-Cola. Es waren nur wenige Gäste da, die Musiker trafen ein und begannen, ihre Instrumente zu stimmen. Ich machte es mir bequem im Sessel, zog meine Sandalen aus. Ich fühlte mich wie eine Saite an einer Gitarre, die Musik ließ meine Nerven vibrieren. Der Schlagzeuger kam als Letzter, als er sich setzte und seine Schlagstöcke hochhielt, hörten die anderen mit dem Einspielen auf. Kurz war es still.

Beim ersten Schlag stand ich wie fremdgesteuert auf und begann, wild zu tanzen. Der Sänger trat ans Mikrofon: „So we got a devil in here" (so wir haben einen Teufel hier drin).

Dieser Satz traf mich, ich rannte sofort hinaus, rannte so schnell, ich konnte bergauf, am Meer entlang. Dann erinnere ich eine seltsame Spaltung, ein Teil von mir fand alles nicht so schlimm und lief zurück, der andere wollte nur weg und rannte weiter.

Danach fehlt ein Stück Erinnerung, die nächste Erinnerung ist, dass ich mir den Hinterkopf anschlage und dann von den Klippen etwa 3 Meter tief ins Meer falle. Ich drehte mich zur Seite und spannte alle Muskeln an. Leider war das Wasser nur knietief und der Untergrund felsig. Ich schlug hart auf, vor allem mit den Rippen, als ich aufstand, sah ich noch ein blutendes Loch am Schienbein. Ich war barfuß, wusste nicht, wo ich war, ich stand am Ende einer kleinen Landzunge, sah nur das Meer und jeder Schritt im Dunkeln auf den Felsen war schmerzhaft und gefährlich.

Es war eine unbekannte Stille in mir, aber meine Ohren wurden von Geräuschen überflutet. Das Knattern der Motorräder machte mir Angst, ich drehte mich dem Meer zu, sein Rauschen beruhigte. Dann tauchte am Horizont ein Licht auf und bewegte sich schlängelnd auf mich zu, flog knapp an mir vorbei und traf auf die Wand aus Fels. Ich drehte mich um und wie wenn ich den Fernseher angemacht hätte, sah ich eine leuchtende Vision. Als ich ganz nah bei der Vision war, sah es aus wie eine kleine Felsspalte und dahinter war die Bar, in der ich vorher getanzt hatte. Ich erkannte die Bardame und der Sänger saß am Tresen und winkte mir sogar zu. Und wenn es die Hölle ist, da versuch ich jetzt reinzuschlüpfen, ich weiß sowieso nicht, wohin. Ich drückte meine Füße in die Vision, dann die Beine. Es fühlte sich an, als ob diese Welt eine große Gebärmutter wäre und ich in eine andere schlüpfte. Als ich mit der Hüfte darin steckte, verlor ich das Bewusstsein. Im nächsten Augenblick sitze ich auf einem Waldweg im Schneidersitz. Ich dachte, ich bin tot.

Ich flehte zum Himmel: „Doch nicht jetzt schon, ich bin erst 24!"

Mein akustischer Sinn war immer noch weit aufgerissen, die Insekten ließen die Nacht brummen. Der Weg ging leicht bergauf, ganz am Ende glaubte ich, eine Helligkeit zu erkennen, wie wenn die Sonne bald aufgehen würde. Ich dachte, wenn ich den Sonnenaufgang erreiche, dann lebe ich. Also stand ich auf und schleppte mich ein Stück, musste mich aber bald wieder setzen.

Plötzlich tauchte hinter mir ein schweißgebadeter Deutscher auf. Er fragte sofort: „Was ist denn los heute Nacht?" Ich erhob mich, zeigte auf meine geprellten Rippen und das Loch im Bein – „Ich bin los." Er wohnte nicht weit weg, aber ich konnte momentan nicht weiter. Bald lief er in den Wald und umkreiste mich. Dann sagte er, er gehe schon mal vor, würde Hilfe holen.

Als ich ihm nachschaute, spürte ich die Kraft, aufzustehen und trotz der Schmerzen loszulaufen. Bald wurde der Horizont heller und als ich das Ende des Anstiegs erreichte, war die Sonne im Meer aufgegangen.

# 3

Nach rechts zweigte ein Weg ab, eine ältere Spanierin kam mir entgegen, sah sofort, was mit mir los war – „Momento", sie gestikulierte, dass ich warten sollte, lief voraus und kam nach wenigen Minuten zurück mit einer anderen Frau. Sie stützten mich und führten mich zu deren Haus, am Eingang wartete ein älterer Herr mit einer großen, braunen Dogge.

Drinnen setzte ich mich, weil ich so blutverschmiert und dreckig war, auf den Boden, doch die Frau bat mich auf die Terrasse, wo ich auf einer kleinen Mauer Platz nahm. Es war ein französisches Ehepaar. Der Mann hatte schon telefonisch Hilfe gerufen, die Frau fragte, ob sie mir was anbieten kann – „Ein Whisky würde helfen", scherzte ich, sie erkannte sofort meinen Dialekt und fragte, wo ich wohne; sie wohnten nicht weit von meinem Heimatort im Elsass. Sie sprachen wenig Deutsch, deshalb einigten wir uns auf Englisch. Sie reichte mir eine Flasche Wasser und als ich aus ihr trinken wollte, sagte sie: „No, only fools drink out of bottles" (nur Deppen trinken aus Flaschen), reichte mir dabei ein Glas. Es klingelte und ein Arzt und 2 Polizisten betraten die Terrasse. Ich fröstelte, weil meine zerrissenen Kleider noch feucht waren; sie fragten, ob ich nicht in der Sonne sitzen wolle und als ich zögerte, fragte der Arzt, ob ich Angst vor der Sonne hätte. Ich schüttelte den Kopf und setzte mich auf eine andere Mauer in die Sonne. Der Arzt schaute sich meine Rippen an, sagte, soweit ich es verstand, dass sie geröntgt werden müssen, dann betupfte er mit einer Desinfektionslösung meine Wunde am Schienbein.

Die Polizisten fragten, was passiert sei; ich konnte nur sagen, dass ich die Klippen hinabgestürzt war und vorher einen Blackout hatte. Inzwischen war der Krankenwagen gekommen, 2 Sanitäter kamen auf die Terrasse, sie unterhielten sich auf Spanisch mit dem Arzt und den Polizisten, dann wandte sich einer der Frau zu und sagte: „I think he's a Don Juan."

Dieser Satz verwirrte mich, meinte er den Liebhaber, der vom Rivalen Prügel bezogen hat, oder den indianischen Schamanen? Ich verlor mein Vertrauen, legte mich auf dem Weg zum Krankenwagen auf den Boden und rief: „I stay here." Die Frau kam zu mir, streichelte zärtlich mein Kopfhaar und sagte: „I think you need some help." Mein Misstrauen verflog, ich stieg in den Wagen, bedankte mich bei den anderen und wir fuhren los. Bald fragte der Beifahrer, ob ich mich hinlegen will und ich nahm dankend an.

# 4

Sie fuhren mich nach Gerona ins Krankenhaus, ich weiß nicht, warum sie mich nicht ins nähere Figueres brachten. Auf der Untersuchungsliege im Behandlungszimmer blickte ich auf eine weiße Wand, augenblicklich sah ich das Kreisen des Lichts, es nahm die ganze Wand ein. Gleichzeitig bekam ich eine deutlich sichtbare Erektion, ich trug nur dünne kurze Hosen. Der Bluterguss an den Rippen hatte sich bis zum Schritt ausgebreitet, konnte es sein, dass ich deshalb diese peinliche Dauererektion hatte?

Die Ärztin, die den Raum betrat, war eine spanische Schönheit, schwarze Haare und große braune Augen. Ihr Blick streifte die Beule an meiner Hose, sie stellte mir auf Englisch einige Fragen. Dann machte sie kleine Tests, ich sollte die linke Hand heben, dann die rechte, dabei berührte ich mit meinem Mittelfinger ihren, es knisterte und sie zuckte zurück. Sie gab der Krankenschwester Anweisungen und bald fuhren sie mich zum Röntgen. Ich stand eine Weile auf dem Flur, links wurde ein Bett an mir vorbei geschoben, ich hörte das finale, schwere Atmen im Todeskampf. Als das Bett auf meiner Höhe war, schaute ich nach links und sah den überstreckten Oberkörper des alten Mannes. Ich musste husten, traute mich aber wegen meiner Rippen nur zu hüsteln. Ich schaute nochmal nach links, der Mann war tot.

Nach dem Röntgen lag ich wieder im Behandlungsraum; während ich wartete, wurde noch ein Sterbender an mir vorbeigefahren, ich hüstelte und wieder war er erlöst.

Meine Erektion ließ nicht nach und wenn männliches Personal den Raum betrat, bekam ich Kastrationsängste. Die Ärztin kam aber bald zurück, erklärte, dass sie mich am Bein nähen müssen und dass die Rippen nur Zeit bräuchten. Sie nähten mich ohne Betäubung mit nur einem Faden, danach führte mich ein Pfleger zum Ausgang – Adios!

Ich lief, auch aus Stolz, einfach los, vergaß, dass ich meinen Pass abgegeben hatte. Es war früher Nachmittag und die ganze Stadt schien Siesta zu machen. Ich betrachtete mein zerrissenes Hemd und warf es in den nächsten Mülleimer. Ich setzte mich auf den Bürgersteig, lehnte mich an eine Gartenmauer, ich war hungrig und durstig. Im Garten hörte ich Geräusche und sah einen Mann, der Äpfel geerntet hatte. Ich stand auf – „Perdón, una?", zeigte dabei auf die Äpfel. Er antwortete mit „Momento", anstelle mir einen zu geben. Ich setzte mich wieder, nach etwa fünf Minuten öffnete er das Gartentor und reichte mir eine Tortilla und eine Flasche Wasser – „muchas grazias!"

Gestärkt schätzte ich nach dem Lauf der Sonne die Richtung ab, in die ich trampen wollte. Ich lief ans Ende der Stadt, stellte mich an den Straßenrand und hielt den Daumen raus. Das erste Auto, das kam und anhielt, war die Polizei. Sie stellten ihren Wagen links von mir auf den Parkplatz und stiegen lächelnd aus – „Hola!" Der Beifahrer telefonierte gerade und machte eine beruhigende Handbewegung; ich dachte, er spricht mit der Ärztin. Als er fertig war, fragte er, wohin ich will. Nachdem ich Figueres geantwortet hatte, stellte er sich mitten auf die rechte Fahrbahn und hielt den nächsten Wagen an. Es war ein deutsches Paar um die 30 Jahre mit einem 3-jährigen Sohn, der Polizist sprach mit dem Fahrer, dann öffnete er die hintere Tür. Ich stieg ein, sagte „Hallo" und fragte, ob es okay sei; sie nickten. Sie waren auf der Rückfahrt nach Deutschland, konnten mich in Figueres rauslassen. Unterwegs überlegte ich, ob ich mit nach Deutschland fahren sollte, dann fiel mir ein, dass ich keinen Pass habe und 1984 wurde noch oft kontrolliert. Ich stieg in Figueres aus, bedankte mich und merkte, dass sie erleichtert waren, mich loszuwerden.

Ich hatte nur meinen Geldbeutel mit einigen Peseten, meine Bankkarte, Führerschein und Fahrzeugschein. Autoschlüssel und andere Kleinigkeiten waren in dem Rucksack, den ich wie meine Sandalen in der Bar zurückgelassen hatte. Es begann zu dämmern, als ich in Richtung Bahnhof lief. Ich war todmüde, deshalb versuchte ich es im ersten Hotel, trotz meines Aussehens, barfuß, nur mit kurzer Hose, Loch im Bein und basketballgroßer, schwarzblauer Bluterguss an der Seite. Sie begrüßten mich überraschend freundlich, ich erklärte kurz, was passiert war und dass ich morgen mit dem Bus weiterwollte. Ich zahlte das Zimmer im Voraus, bekam den Schlüssel, setzte mich aber erstmal auf die Terrasse und bestellte ein Bier. Nach dem zweiten ging ich ins Zimmer, duschte vorsichtig und kroch danach ins Bett. Ich lag total erschöpft auf dem Rücken, zur Seite drehen war unmöglich und obwohl ich 30 Stunden nicht geschlafen hatte, konnte ich nicht einschlafen. Meine Ohren waren immer noch übermäßig geräuschempfindlich, irgendwie hatte ich durch den Schock oder das gegessene Haschisch eine Art Filter verloren. Ich hörte tief in die Nacht hinein und wenn ich gerade beim Absacken war, ließen die banalsten Geräusche mich wieder aufwachen. So verbrachte ich eine Nacht in Ruhe, aber ohne Stille.

Am Morgen frühstückte ich auf der Terrasse, schleppte mich zum Bahnhof und nahm den nächsten Bus zu meinem Urlaubsort.

# 5

Ich erreichte den Plaza um die Mittagszeit, die Bar war noch geschlossen, ich ging in die nächste Boutique und kaufte lockere Hosen mit Gummizug, ein Hemd und billige Stoffschlappen.

Auf dem Plaza traf ich einen bekannten Bolivianer, der schon lange in Spanien lebte. Er fragte, was passiert sei und ich erzählte kurz, auch dass mein Auto noch am Kap stand und ich noch nicht weiß, ob ich den Schlüssel wieder bekomme. Er sagte auf Englisch, „Wenn nicht, dann brauchst du einen Dieb", und schlug sich dabei auf die Brust. Ich lud ihn zum Kaffee ein und wir warteten mit Sichtkontakt auf die Bar. Bald öffnete der Besitzer die Türen und ich lief auf ihn zu; er wusste gleich, was ich will, ging hinter den Tresen und brachte mir meinen Rucksack – ohne Inhalt. Ich bedankte mich trotzdem und lief zurück zum Bolivianer, der sagte: „No problem", und strahlte mich an. Er sagte, ich solle warten, er besorge uns einen Fahrer. Durch seine kindliche Lebensfreude verflogen meine Sorgen und die Schmerzen waren erträglich.

Nach etwa 20 Minuten stieg er aus einem Auto vor dem Café und hielt mir die hintere Tür auf. Ich stieg ein und begrüßte den Fahrer, der auch Südamerikaner war. Wir fuhren in Richtung Kap, bis wir mein Auto erreichten.

Mein Bekannter nahm einen großen Schraubenschlüssel, legte ihn flach auf das Schloss am Kofferraum, schlug einmal fest darauf und der Kofferraum sprang auf. Er krabbelte durch den Wagen und öffnete die Fahrertür. In wenigen Minuten war die Zündung kurzgeschlossen und er zeigte mir, wie ich den Wagen starte. Als ich losfahren wollte, merkte ich, dass es noch ein Lenkradschloss gab. Ich stieg wieder aus und die beiden hängten sich ans Lenkrad, um es zu knacken. Wir waren alle 3 etwa im gleichen Alter und wogen um die 60 Kilo, ich konnte wegen meiner Rippen sowieso nicht helfen und die beiden schafften es nicht. Beim nächsten Auto, das vorbeikam, winkten sie, ein kräftiger Spanier saß am Steuer und sie erklärten ihm das Problem. Er stieg aus, griff nach dem Lenkrad, ein beherzter Ruck und das Schloss war auf. Ich fuhr als Erstes zum Campingplatz, schaute nach, ob ich noch Sachen im Zelt habe, nur eine Decke warf ich ins Auto. Das Zelt abzubauen, war mir in meinem Zustand zu viel. Ein bekannter Karlsruher sah mich und fragte, ob ich nach Hause fahre. „Morgen Früh", antwortete ich, ich müsse aber erst nach Gerona im Krankenhaus meinen Pass holen. Er wollte gerne mitfahren und wir verabredeten uns für 8 Uhr. Ich zahlte den Campingplatz und parkte den Wagen davor, wollte die Nacht darin schlafen. Ich lief noch einmal ins Dorf, aß eine Kleinigkeit in der Jazzbar, dann ging ich zur Rockbar und unterhielt mich mit der Bardame, die vorgestern auch gearbeitet hatte. Sie sagte, ich sei irgendwann rausgerannt, aber bald wiedergekommen und ich solle mich doch in den Sessel, nicht auf den Boden setzen.

Ich war nun noch verwirrter, lief zurück zum Wagen, in dem ich noch eine schlaflose Nacht verbrachte. Der Karlsruher war pünktlich, wir fuhren nach Gerona, ich erhielt problemlos meinen Pass an der Rezeption. Die Fahrt nach Hause war wegen meiner Rippen schmerzhaft, der R16 hatte noch keine Servolenkung. Nachdem ich den Karlsruher heimgefahren hatte, war ich gegen 23 Uhr zu Hause, nach einer Dusche konnte ich endlich einschlafen.

# 6

Am nächsten Morgen wachte ich gegen 9 Uhr auf, es war Montag, abends hätte ich wieder zur Nachtwache gemusst. Ich rief meinen Chef an, erzählte kurz, was passiert war und dass ich zum Arzt fahren und später die Krankmeldung vorbeibringen würde.

Der Arzt verschrieb mir Heparinsalbe für den Bluterguss, besorgt äußerte er sich wegen der klaffenden und eitrigen Wunde am Schienbein. Die Arzthelferin versorgte die Wunde mit einer gummiartigen Auflage. Ich soll in 2 Tagen zum Verbandswechsel kommen.

Ich hatte meine Eltern schon telefonisch informiert, jetzt musste ich mich ihren Fragen und Vorwürfen stellen. Die Reparatur des Wagens hatte mein Vater bereits organisiert, er würde ihn morgen Früh holen und wieder zurückbringen. Wir aßen zu Mittag, danach war die Stimmung versöhnlicher.

Meine Arbeitsstelle, die geriatrische Station, lag auf dem halben Weg nach Hause. Ich gab meine Krankmeldung ab, sprach kurz mit den Kollegen, zeigte meine blauschwarzen Rippen und den Verband am Schienbein. Sie versorgten mich mit etwas Verbandsmaterial und wünschten, das ich bald wieder fit bin.

Danach fühlte ich mich organisiert und besuchte gleich meinen Haschischdealer.

Zu Hause fiel ich in eine träumerische Grübelei. Was war wirklich geschehen, bin ich in eine Vision geschlüpft, oder in Trance den Waldweg hochgelaufen, aber dann hätten meine nackten Füße anders aussehen müssen.

Die Erinnerung an dieses Erlebnis drängte sich über Jahre zwanghaft auf. Aber auch die Tage davor und danach erinnere ich viel leuchtender, als ich es gewohnt bin. Irgendwann akzeptierte ich, dass ich das, was damals wirklich passierte, nie wissen werde.

Ich wurde 4 Wochen krankgeschrieben, hatte Zeit, um das Erlebte zu verdauen. Beim Verbandswechsel sagte ich, dass die Kupplung treten schmerzhaft wegen der Wunde ist und ich den Verbandswechsel selbst machen könne, wenn sie mir die Wundauflagen mitgeben. So wurden die 4 Wochen noch stressfreier.

# Moni

## 1

Am 21.09.1984 wurde meine vermeintliche Tochter geboren, ich erfuhr es ein paar Tage später, war noch krankgeschrieben. Eine WG-Mitbewohnerin hatte Zweifel in mir gesät: „Vielleicht bist du gar nicht der Vater, sie hatte in der Zeit auch Besuch von ihrem Ex." Als ich meine Tochter später das erste Mal sah, dachte ich, das bin ich, der gleiche große Kopf wie auf meinen Babybildern. Ich besuchte sie dann jeden zweiten Sonntagnachmittag. Als sie etwa ein halbes Jahr alt war, sagte ich der Mutter, dass ich nicht mehr kommen möchte, wenn die Kleine aber irgendwann wissen will, wer ihr Vater ist, stünde meine Tür offen.

Ich spürte, dass solange ich den Wochenendvater geben würde, die Mutter auf mich fixiert blieb und immer mit der Hoffnung, dass ich die ganze Vaterrolle übernehme. Außerdem begann die Kleine, meine Zärtlichkeiten zu suchen und sichtlich zu genießen. Ich musste mich losreißen, konnte in dieser Halbherzigkeit nicht verweilen.

## 2

Die Wunde am Schienbein war gut verheilt, die Rippen waren noch eine Zeitlang empfindlich, der Arbeitsalltag hatte mich wieder. Nach dieser verrückten Reise, in der ich fast nur monologisierte, keinen richtigen Kontakt zu den Menschen suchte, wusste ich, dass dies der Weg in den Irrsinn ist und ich eine

Beziehung brauche. Moni war eine aus der Frauenclique, wir feierten Silvester, es knisterte in allen Ecken, ich kam zuvor 2 anderen Frauen kurz nahe, bis sie auf meinem Schoß landete. Wir knutschten die restliche Nacht, trennten uns erst beim Morgengrauen.

Sie wohnte bei ihren Eltern, darum bat ich sie, mich anzurufen, was sie am späten Nachmittag tat und einverstanden war, dass ich sie abhole, sie hatte kein Auto. Der erste Abend zu zweit bei mir zu Hause gestaltete sich schwierig, sie wusste noch nicht, ob sie sich sexuell mit mir einlassen wolle. Ich suchte vor allem eine verbale Beziehung, dadurch war ich ein sehr geduldiger Liebhaber, der es verstand, den Dialog am Laufen zu halten. Irgendwann zeigte sie ihr Verlangen und wir verschmolzen. Danach war der sexuelle Damm gebrochen und wir taten es oft mehrmals täglich.

Sie studierte in Erlangen Theaterwissenschaft und Amerikanismus, musste Mitte Januar wieder zur Uni. Ich besuchte sie in meiner nächsten Freiwoche. Nach gut einer Woche Trennung verbrachten wir 4 Tage und Nächte im sexuellen Rausch.

Moni hatte ein Durchschnittsgesicht, sie wäre mir in der Menge nie aufgefallen, aber im Gespräch mit ihr bekam sie strahlende, ausdrucksstarke Augen und ihr weiblich betonter, schlanker Körper schien perfekt zu meinem zu passen.

Als ich Sonntagabend nach Hause fuhr, fühlte ich mich das erste Mal angekommen, verbunden und glücklich. Wir telefonierten täglich und oft über Stunden, wenn ich sie nicht erreichen konnte, schrieb ich Briefe der Sehnsucht. Diese Fernbeziehung war ein Wechsel zwischen Wiedersehensfreude und Trennungsschmerz, Ausschweifung und Askese. In der Trennungszeit entwickelte sich ein sexueller innerer Druck, der mich verrückt machte und weil sie unerreichbar war, gefährliche Fantasien erzeugte, fremdzugehen. Als ich es ihr einmal gestand, überredete sie mich zur Selbstbefriedigung und trieb mich mit ihrer Stimme an.

In den ersten Tagen des Wiedersehens trieben wir es bis zum Überdruss, ich fühlte mich dann leer, antriebsarm und gefühllos.

Moni hatte diese Probleme nicht, ihre sexuelle Energie war scheinbar unerschöpflich, aber sie spürte, wenn meine zur Neige ging. „Wenn ich deinen Penis anschaue und er reagiert, ist alles gut, wenn nicht, bist du auch nicht lieb zu mir."

Meine Stimmung hing sehr von meiner sexuellen Energie ab, auch meine Tanzlust. Aus dem Jünger des Dionysos war einer des Eros geworden, oder wurde ich zum Satyr?

Ich suchte nach Techniken, meine Ejakulation zu beherrschen, um vielleicht sogar mehr Sex zu haben ohne Energieverlust. Probierte einiges aus, was aber das freie Liebesspiel zerstörte, es wurde zum Psychodrama. Ich hatte mich in eine Zwickmühle manövriert, „Ich will es, aber nicht bis zum Ende", war ein Gefühl, das an meine kindlichen Zwänge erinnerte.

Moni litt mit, aber ich spürte auch zunehmend Verärgerung. Zu Recht, denn ich begann ihr die Schuld zu geben, wenn ich trotz anderer Vorsätze zum Orgasmus kam.

# 3

Trotz allem planten wir nach eineinhalb Jahren Beziehung eine Rundreise in Italien, die ihre Eltern angeregt hatten, weil sie selbst davon begeistert waren. Ihre Eltern waren beide Lehrer, er sogar Schuldirektor in der Sonderschule, sie Grundschullehrerin. Ich wusste, dass sie mich ablehnen, hatten sich jemand anderes als Schwiegersohn vorgestellt, nicht einen halbgebildeten Krankenpfleger mit unehelichem Kind. Ich betrat ihr Haus ungern, wartete im Auto, wenn ich sie abholte.

In den Sommerferien, ich hatte 3 Wochen Urlaub, fuhren wir nach Italien. Florenz, Mailand, Rom, Neapel, Rimini und Venedig. Italien war optisch schön, aber akustisch tot, jede Nacht sehnte ich mich nach Spanien. Zudem waren die Preise in den Lokalen Wucher und die Qualität des Essens mäßig. Wir versorgten uns meistens im Supermarkt und kochten auf dem Campingplatz mit dem Gaskocher.

Ich las gelegentlich in einem sexuellen Ratgeber, darin fand ich eine Technik, die den Orgasmus verhindern soll. Bevor der Mann kommt, soll er ihn herausziehen und fest die Penisspitze zusammendrücken. Ich versuchte es, aber es klappte nur, wenn der Druck nicht schon zu groß war, sonst floss es danach heraus, ohne dass ich den Orgasmus spürte. Unsere Sexualität wurde frustrierend.

Auf der Fahrt von Neapel nach Rimini bekam ich drückende Schmerzen in der rechten Leiste. Von einem Leistenbruch war nichts zu sehen, ich untersuchte meine Hoden, auch dort fand ich den Schmerz nicht, er saß tiefer. Dieser Schmerz begleitete mich 3 Jahre und hat unsere Beziehung öfters zum Wanken gebracht. Schon in Venedig beschlossen wir, uns zu trennen. Ich war sehr verunsichert, wusste nicht mehr, ob Sex gut oder schlecht für mich ist. Solange ich mit ihr zusammen war, konnte ich nicht widerstehen, deshalb dachte ich, ich kann nur allein gesunden.

Schon auf der Rückfahrt versöhnten wir uns wieder, ich wollte zum Arzt gehen und hoffentlich bald vom Schmerz befreit sein.

# 4

Ich lag schon mit nacktem Unterkörper auf der Untersuchungsliege, als der Urologe hereinkam; nachdem er mich begrüßt hatte, schaute er auf mein Geschlecht und sagte zu dem Krankenpfleger: „Alles andere als jungfräulich." Ich konnte nicht widersprechen, fragte mich aber, woran er das sah. Er betastete meine Leisten und Hoden, sagte: „Alles normal" und fragte nach meinem Beruf und Liebesleben. „Krankenpfleger, Dauernachtwächter, unregelmäßig, Fernbeziehung."

„Ihre Beschwerden sind meistens psychosomatisch, ich rate Ihnen, wieder in den Tagdienst zu gehen und sexuell regelmäßiger vorzugehen."

Ich glaubte nicht, dass dies die Lösung für meine Schmerzen sei, befolgte aber den Rat, wieder in den Tagdienst zu wechseln. Nach über einem Jahr hatte ich genug von Stille und Rückzug und mein Körper quälte sich durch die Nacht. Als nach 4 Wochen keine Besserung eintrat, suchte ich einen anderen Urologen auf. Er untersuchte mich im Stehen, nannte meine Schmerzen diffus und dass er keine Ursachen erkennen könne.

Meine Beschwerden reichten von einem leichten Druckgefühl in der Leiste bis zu einem stechenden Schmerz. Nach dem Sex hatte ich öfters dieses heftige Stechen, diese Verknüpfung verdarb alles, ich hatte schon währenddessen Angst vor dem Schmerz hinterher. Ärger bis zur Wut bestimmte meine Stimmung. Moni ertrug meine unberechtigten Vorwürfe nicht lange, wenn es zu viel wurde, sagte sie: „Tschüss."

Ich weiß nicht mehr, wie ich auf die Idee kam, dass die Schmerzen von der Prostata ausstrahlen, las in meinen Lehrbüchern und fand dort die genaue Beschreibung meiner Beschwerden. Ringförmig zur Leiste hin ausstrahlende Schmerzen. Wieso hatten die Ärzte meine Prostata nicht untersucht? Ich hatte die Beschwerden genauso geschildert. Trotz der Schlamperei machte ich nochmal einen Termin beim ersten Urologen – „Könnte es sein, dass es an der Prostata liegt?"

Als er seinen Finger in den Anus einführte, wäre ich fast von der Liege gesprungen. Er machte noch Ultraschall, die Größe war normal. „Prostatitis, chronische Entzündung der Prostata, kommt bei jüngeren Männern nicht selten vor." „Soll ich auf Sex erstmal verzichten?" „Übertreiben Sie nicht, mäßig und regelmäßig."

Er verschrieb mir etwas Pflanzliches, das die Prostata entspannen sollte. Ich müsse aber Geduld haben, es könne einige Wochen dauern. Nach 3 Monaten war das Druckgefühl zeitweise verschwunden, kehrte aber täglich für Minuten oder Stunden zurück. Nach dem Sex fühlte ich mich öfters besser und entspannter, manchmal hatte ich aber dieses heftige Stechen.

# 5

Moni fuhr inzwischen einen VW Golf und war nach München umgezogen, hatte dort einen Studienplatz bekommen. Sie wollte Regisseurin werden und machte in den Semesterferien ein Praktikum als Regieassistentin. Die Welt des Theaters faszinierte sie, ich fühlte mich manchmal wie eine lästige Nebensache, oder hatte sie sich verliebt? Auf Nachfrage verneinte sie, „Aber dort sind andere und sehr interessante Menschen."

Vom Nachtleben in Erlangen hatte ich nichts mitbekommen, wenn wir in München ausgingen, hatten wir uns geeinigt, zwischen Theater oder Kino und Konzert oder Disco abzuwechseln. Es gab wieder unbeschwerte Zeiten, aber unsere Sexualität war noch belastet. Ich gab mir selbst die Schuld, hatte durch das Drücken der Penisspitze einen Rückstau provoziert, der die Symptomatik auslöste. Meine Stimmung hing sehr von dem Gefühl in meiner Leiste ab, wenn sie zwickte, war ich gereizt, streitsüchtig und wurde ungerecht. Sie konnte verbal gut mithalten und brachte mich mit ihrem bösartigen Zynismus manchmal so sehr in Wut, dass ich aufpassen musste, nicht gewalttätig zu werden.

Im Sommer 1986 fuhren wir nach Spanien, zuerst an den Ort, wo ich von den Klippen gefallen war. Es fühlte sich in Begleitung von ihr fremd an, ich fand keinen Bezug, als würde ich mit Scheuklappen herum laufen. Wir blieben nur 2 Nächte, fuhren dann weiter zu einem Campingplatz bei Valencia. Unser Zelt stand sehr nah am Wasser und wurde über Nacht feucht, ich bekam eine Erkältung. Nach 5 Tagen fuhren wir nach Südfrankreich und trauten uns erstmalig auf einen FKK-Campingplatz.

Dieser Kitzel der Zeigelust begleitete mich, wir gingen sogar nackt in den Supermarkt. Es bestand jederzeit die Gefahr, eine Erektion zu bekommen, was das Ganze aufregend und spannend machte. Der Wind streichelt, die Sonne küsst, nachts im Zelt blühte meine Lust und Moni war allzeit bereit. Wir blieben den restlichen Urlaub dort und fuhren nach einer Woche nahtlos braun nach Hause.

# 6

Da ich damals ein sehr bewegtes Nachtleben pflegte und fast jeden Abend unterwegs war, fiel mir das frühe Aufstehen zunehmend schwer, deshalb beschloss ich, wieder in den Nachtdienst zu gehen. Außerdem reizte mich, alle 3 Wochen für eine Woche nach München zu fahren.

Wenn sie an der Uni war, hielt ich mich gerne im Englischen Garten auf, las und schrieb. Abends trafen wir uns oft mit ihren zwei Freundinnen von der Uni. Es gab eine Disco, die zweimal pro Woche von den Anhängern Bagwans gemietet wurde. Dann legten sie mehr von unserem Musikgeschmack auf und tanzten ausgelassen. Sonst war München wie sein Ruf, viel Schickeria.

Mein sexuelles Selbstvertrauen hatte einen Knacks bekommen, deshalb begann ich misstrauisch zu werden, wenn sie männliche Mitstudierende erwähnte. Ich bohrte endlos nach, ob nicht doch mehr war. Am Telefon war es leicht zu lügen, ich konfrontierte sie erneut bei der ersten Begegnung. Dann hatte sie ein hintergründiges Lächeln, was in mir noch mehr Zweifel erzeugte. Heute denke ich, sie amüsierte sich wegen meiner Eifersucht.

Wir telefonierten manchmal endlos, weil ich nicht loslassen konnte. Ich wurde ungesund anstrengend. Gleichzeitig begann ich zu flirten, meistens mit Krankenpflegeschülerinnen. Vielleicht wollte ich mein sexuelles Selbstvertrauen damit wieder aufbauen, aber noch blieb ich treu.

# 7

Im nächsten Sommer fuhren wir teils mit der Fähre nach Korsika. Wir hatten uns schon auf der Karte einen FKK-Campingplatz ausgesucht. Neben uns zeltete ein Paar so Mitte 30, wir befreundeten uns bald mit ihnen und unternahmen viel zusammen. Längere Ausflüge machten wir allein, Moni wollte alle Sehenswürdigkeiten sehen. Einmal wateten wir spontan einen größeren Bach stromaufwärts und fanden eine riesige Kaskade, entstanden durch einen Wasserfall. Ich bewundere das Bild, das ich davon machte, heute noch.

Zum Abschluss des Urlaubs umrundeten wir die Insel, besichtigten die Kreidefelsen an der Südküste und verbrachten die letzte Nacht nahe dem Hafen, von wo aus die Fähre ging. Wir gingen Essen an der Strandpromenade und danach in eine Musikbar. Irgendwann hatten wir Streit, ich glaube, weil ich schon besoffen war und sie rannte einfach davon. Frustriert bestellte ich noch ein Bier an der Bar und bemerkte, dass der Gast neben mir viel weniger für das Gleiche bezahlte.

Verärgert trank ich schnell aus und bestellte noch eins, als er es hinstellte, drehte er sich um und lief weg. Ich drehte mich auch um, ohne zu bezahlen und wollte weglaufen, aber hinter mir standen 2 Türsteher, die packten mich an den Ellenbogen und führten mich vor die Tür, dort stand noch ein Dritter und jeder schlug auf mich ein. Nach 3 Fausthieben rannte ich weg, das Blut lief mir von der Stirn in die Augen. Ich fand eine Pfütze aus Meerwasser am Kai, wischte mir damit das Blut ab. Im nächsten Moment standen die 3 um mich herum. Ich hatte nicht gedacht, dass sie mich verfolgen. Sie versuchten mich ins Meer zu werfen, doch ich klammerte mich unverrückbar am Boden fest. Einer nahm meinen Geldbeutel aus der hinteren Hosentasche, dann zogen sie ab.

Gegenüber des Tatorts war ein Restaurant, der Besitzer hatte alles beobachtet und kam auf mich zu. Er nahm mich mit, versorgte meine Wunde und gab mir einen Eisbeutel. Er wusste, dass sie mein Geld genommen hatten und fragte, wieviel es war. Dann sagte er, ich soll warten und ging in die Bar, kam bald mit dem Geldbeutel und dem meisten Geld zurück. Zu guter Letzt fuhr er mich noch zum Campingplatz. Ich bedankte mich mehrfach. Zum Abschied zeigte er auf seinen Hut, daran erkennst du die Guten.

Als ich ins Zelt schlüpfte, knipste Moni die Taschenlampe an – „Oh mein Gott, was ist passiert?" Mein linkes Auge war schon zugeschwollen, über ihm war ein 2 cm langer Riss. Ich erzählte schnell das Wichtigste, dann versuchten wir zu schlafen, weil wir früh losmussten.

Am nächsten Morgen wusste ich, dass ich eine Gehirnerschütterung habe, jede Bewegung mit dem Kopf schmerzte, als würde das Gehirn innen an den Schädel anschlagen. Moni war sehr verständnisvoll und fürsorglich, sie baute fast alleine das Zelt ab und packte das Auto.

Als ich mich telefonisch krankmeldete, log ich, dass ich mir den Kopf an einer sich öffnenden Autotür angeschlagen hätte. Der Arzt schrieb mich für 2 Wochen krank, ich müsse unbedingt Ruhe halten, mich so wenig wie möglich bewegen. Moni war schon wieder in München, ich genoss 2 Wochen Lesen und Rauchen, abends Bier trinken und Fernsehen oder Telefonieren. Danach war ich schmerzfrei.

# 8

Mitte Januar begann ich die Weiterbildung zum Fachkrankenpfleger für Psychiatrie. Ich hatte das Ziel, mit 30 Jahren nicht mehr in der Geriatrie zu arbeiten und das konnte ein Sprungbrett in ein anderes Tätigkeitsfeld sein.

Gleichzeitig wollte Moni dieses Jahr ihr Studium abschließen, musste ihre Magisterarbeit schreiben und sich für die Prüfung vorbereiten. Ich musste wieder in den Tagdienst, dadurch reduzierten unsere Besuche sich aufs Wochenende und wir verzichteten auf einen Sommerurlaub, planten nach ihrer Prüfung einen Flug nach Gran Canaria im Februar nächsten Jahres.

Durch die Schule wurde ich gut abgelenkt von meinen Eifersuchtsgedanken und auch meine Prostata schien sich zu entspannen, vielleicht auch, weil wir weniger Gelegenheit zum Sex hatten. Ich öffnete wieder die Augen für andere Frauen und eines Nachts passierte es. Ich fuhr mit einer langbeinigen Brünetten, die in meiner Stammkneipe bediente, nach Hause.

Ich genoss es sehr, von ihren langen Beinen beim Sex umklammert zu werden, aber das schlechte Gewissen hämmerte schon im Hinterkopf.

Ein Kollege sagte mal, es gibt eine selbstzerstörerische Ehrlichkeit. Ich denke, die Lüge hätte mich mehr zerstört. Ich gestand Moni bald alles und das Gefühl der Eifersucht fiel ihr zu.

Unsere Beziehung war vergiftet, ich versuchte krampfhaft, den Lieben und Guten zu spielen, ihr Verhalten war unterkühlt und ich spürte ihre Rachsucht.

Trotz des Tagdienstes hatte ich alle 6 Wochen für 1 Woche Nachtdienst.

Moni kam schon freitags von München, obwohl ich noch 3 Nächte zu arbeiten hatte, wollte aber die nächste Woche bleiben, in der ich frei hatte. Abends hatte sie geplant, mit Freundinnen auf ein Dorffest zu gehen. Sie weckte mich mit der Türklingel am Samstagnachmittag. Als sie die Treppe heraufstieg, wunderte ich mich, dass sie bei diesen Sommertemperaturen ein Halstuch trug. Ich war noch nackt, legte mich wieder ins Bett und wollte, dass sie zu mir schlüpft.

Sie zögerte und stöhnte: „Muss dir erst was sagen, hab' gestern Mist gebaut", wickelte dabei ihren Schal ab. Der Hals war mit Knutschflecken übersät.

Ich erstarrte, während sie erzählte, dass sie 3 Engländer auf dem Fest kennengelernt hätten und mit einem hätte sie die Nacht in seinem Zelt verbracht. „Du willst es sowieso wissen, wir hatten Sex, aber er hat ein Kondom benutzt."

Ich spürte, dass ein bösartiges Feuer in mir zu brennen beginnt, sprang aus dem Bett, ging kurz ins Bad, zog mich an und lief hinaus in Richtung Wald den Berg hinauf. Irgendwann sah ich sie 50 Meter hinter mir, lief trotzdem weiter; weil ich in 2 Stunden arbeiten musste, blieb ich bald stehen und ließ sie kommen, sagte: „Ich will heute nichts mehr reden!" Wir liefen stumm zurück. Ich bekam dabei Angst, sie könnte sich heute Abend wieder mit ihm treffen; als wir zurück waren, wollte ich mit ihr schlafen und sie verweigerte sich nicht. Wir hatten uns fast 2 Wochen nicht gesehen.

Meine Gefühle wurden schon von einer ungekannten Wut durchdrungen, ich liebte sie nicht, ich benutzte sie und sie spürte es. Ich musste zum Nachtdienst, vielleicht hätte ich mich krankmelden sollen.

# 9

Geplagt von Fantasien, wie sie es gerade mit dem Engländer im Zelt trieb, verbrachte ich die nächsten beiden Nächte und am Tag, wenn ich schlafen sollte, brannte das Bett. Durch die Anspannung meldete sich dieser Dauerdruck in der Leiste zurück.

In meiner Freiwoche suhlte ich mich im Schmerz, in dem ich ihr unnötige Detailfragen stellte. Zuviel Adrenalin und Cortisol vergifteten mein Denk- und Sprachvermögen, ich konnte nur beschimpfen oder jammern. Einmal ohrfeigte sie mich und ich trat ihr in den Hintern. Meistens suchte sie oder ich rechtzeitig den Abstand.

Als sie wieder in München war, spürte ich erst richtig, dass ich ihr nicht mehr vertraue. Wenn sie keine Knutschflecken gehabt hätte, hätte sie es mir dann gesagt? Wer weiß, wie oft sie in München ... Meine Telefonate wurden zum Psychoterror, oft legte sie irgendwann auf und blieb unerreichbar. Ich rauchte zeitweilig Kette und trank abends mehr als sonst, was meine Nervosität noch steigerte. Meine Konzentration oder Aufmerksamkeit war von diesen inneren Plagegeistern so gestört, dass ich vor allem beim Autofahren öfters Glück hatte.

Ich fing an zu joggen, obwohl ich es in der Schule oder beim Fußballtraining gehasst hatte. Ich musste erst lernen, sehr gebremst und kleinschrittig zu laufen und nur durch die Nase zu atmen. Als ich so weit lief, dass ich zu schwitzen begann, fühlte ich, dass der innere Druck mitschmolz. Unter der Dusche fühlte ich mich körperlich besser und die bösen Gedanken waren etwas geordneter.

Mit abnehmender Vehemenz zog sich dieser Zustand oder diese Krise durchs restliche Jahr. Moni schaffte trotzdem ihren Magister und ich meine Zwischenprüfung.

Sie zog wieder zu ihren Eltern und wollte sich nach unserem Urlaub erstmal einen Job suchen. Wir flogen im Februar nach Gran Canaria und hatten uns wieder fast richtig lieb.

Als wir zurück waren, wollten wir uns eine Wohnung suchen, es blieb aber bei einer einzigen Besichtigung. Immer wieder bekamen wir heftigen Streit und auch ihre Freundinnen stellten sich auf ihre Seite und machten Politik gegen mich.

Trotzdem nahmen wir das Angebot an, ein befreundetes Paar in den Urlaub zu begleiten. Mit Werner war ich zur Krankenpflegeschule gegangen, wir machten schon Anfang 20 nach dem Examen zweimal Kurzurlaube, einmal in Amsterdam, das andere Mal in Irland. Er lebte sehr instinktiv, um nicht zu sagen triebgesteuert, verstand es, ausgelassen zu feiern.

Seine Freundin Esther war Ergotherapeutin in der gleichen Klinik, sie hatte den vernünftigen Part in ihrer Beziehung und mäßigte Werners Konsumverhalten. Ihr Onkel besaß einen kleinen Bungalow nahe Alicante, in dem wir umsonst wohnen konnten.

Der Rhythmus, mit dem jeder mit muss, war nicht mein Urlaubsgefühl. Ich fühlte mich bedrängt und überfahren von den anderen und begann, mich abzugrenzen, saß lieber auf der Dachterrasse, las und schrieb. Wenn sie von ihren Ausflügen zurückkamen, schwärmten sie von dem Erlebten, versuchten, mich neidisch zu machen. Die Stimmung kippte, zu viel Unausgesprochenes erzeugte eine ungute Spannung und das Ausgesprochene wurde verletzender. Werner und ich gerieten in eine bösartige Rivalität, für Moni war das ein gefundenes Fressen und sie mischte ihren feineren Zynismus hinzu. Esther versuchte erst, zu schlichten, geriet aber selbst bald mehr unter Anspannung und wurde wortkarg.

Unsere vorletzte Nacht feierten wir in einer Bar am Hafen. Ich trank zu jedem Bier einen doppelten Whisky, anstatt meinen Frust zu betäuben, entfesselte er meine angestaute Wut und ich wurde verbal provokant, am meisten gegenüber Moni. Als sie mit spitzer Zunge zurückschoss, schlug ich ihr mit dem Handrücken auf die Wange. Erschrocken von mir selbst, lief ich sofort hinaus, erkannte erst jetzt, wie betrunken ich war, konnte nicht geradeaus gehen und musste mich bald auf den Bürgersteig setzen. Es dauerte nicht lange, bis die 3 auf mich zukamen, Werner fragte eher beiläufig, ob ich mitkomme, sie wollten noch zum Strand. Ich schüttelte den Kopf und sie liefen weiter.

Mit einigen Pausen schaffte ich den Weg zum Bungalow, verschloss von innen die Tür und ließ dummerweise den Schlüssel stecken.

Ich wurde vom Klopfen wach, dann klirrte es, als ich die Schlafzimmertür öffnete, stürmte Werner auf mich zu und schlug mir mit der Faust ins Gesicht. Ich, noch schlaftrunken, trat nach ihm ins Leere und landete barfuß in einer Scherbe. Er hatte ein kleines Fenster an der Haustür eingeschlagen, entschuldigte sich gleich und war besorgt wegen meines blutenden Fußes – „Wollte einmal den Rambo spielen."

Auf der Heimfahrt wurde nur das Nötigste gesprochen und zwischen Werner und mir blieb es seitdem so.

# 10

In den folgenden Wochen geriet ich mit Moni schneller und heftiger in Streit als zuvor. Sie distanzierte sich mehr, unternahm viel mit ihren Freundinnen und zog mit zweien davon in eine WG. Ihre Kälte machte mich noch wütender und ich bin froh, dass nichts Schlimmeres passierte.

Aus Rachsucht oder um sie aus ihrer Gleichgültigkeit zu locken, schlief ich mit einer türkischen Kollegin. Als sie mich wieder besuchen wollte, stand Moni mit dem Auto hinter ihrem, sprang zu dem Wagen und beschimpfte sie, bis sie wegfuhr.

Unsere Beziehung wurde von gegenseitigem Misstrauen geprägt, unser Umgang war kalt oder aggressiv. Es endete, als ich mehrere Tage bei einer 20-Jährigen verbrachte und es Moni telefonisch mitteilte.

# Fachkrankenpflegeschule

## 1

Im Januar 1988 war mein erster Schultag als Fachkrankenpflegeschüler. Der Kurs lief über 2 Jahre, wir hatten 2 Tage pro Woche Schule, 1 Tag musste aus der Freizeit erbracht werden. Am ersten Tag wurden uns die Lerninhalte des Unterrichts erklärt und wir bekamen unsere Einsatzpläne.

Ich sollte am nächsten Montag für 8 Wochen in die Tagesklinik – „Tagesklinik?", fragte ich, hatte noch nie davon gehört. „Ist eine neue Behandlungsform, bei der die Patienten zu Hause wohnen und nur tagsüber von Montag bis Freitag in die Klinik kommen", antwortete der Lehrer.

Die Psychologin, die die Tagesklinik gegründet hatte, begrüßte mich zusammen mit einer Sozialpädagogin. Sie erklärten mir zuerst einige Regeln der TK, dann die Krankheitsbilder. Die meisten hatten die Diagnose Schizophrenie. Die Psychologin erklärte mir die höhere Verletzlichkeit der Patienten und forderte einen respektvollen Umgang.

Es waren nur 10 Behandlungsplätze als Modellprojekt genehmigt worden, deshalb hatten wir maximal 12 Patienten. In meiner ersten Gruppensitzung mit der Sozialpädagogin stellte ich mich kurz vor, dann erlebte ich die Patienten als überraschend offen. Sie erzählten von ihrem Wochenende und klagten über verschiedene Symptome – Schlaflosigkeit, Panikattacken, Verfolgungsängste und Stimmenhören. Ich geriet in dieser ungewohnten Situation anfangs sehr unter Anspannung, was sich durch die lockere Art der Patienten bald legte.

Die Woche gestaltete sich in der Tagesklinik sehr abwechslungsreich. Vormittags betreute ich 2 Patienten beim Kochen, die anderen gingen in die Ergotherapie. Nachmittags war einmal ärztliche Visite und zweimal psychotherapeutische Gruppengespräche, dazu sportliche Aktivitäten – Volleyball, Tischtennis, Schwimmen oder Waldspaziergänge.

Durch die intensive Betreuung der Patienten entwickelte sich zu einigen ein fast freundschaftliches Verhältnis. Dazu gehörte eine sorgfältige Beziehungsgestaltung auf Augenhöhe.

„Wir können von den Patienten keine Offenheit erwarten, wenn wir selbst von uns nichts preisgeben", ermutigte mich die Psychologin zur weitgehenden Offenheit und auch, zu meinen Schwächen zu stehen. All dies war in der restlichen Klinik nicht oder noch nicht der Standard.

In dieser familiären Atmosphäre fühlte ich mich nicht nur sehr wohl, ich begriff auch, dass dies ein Projekt zur besseren Zukunft unserer Psychiatrie werden könnte.

# 2

Die Schulklasse bestand nur aus 7 Frauen und 5 Männern, den Unterricht erlebte ich als sehr intensiv, fühlte mich stets im Fokus von Lehrern und Mitschülern. Meine Lieblingsfächer wurden Psychologie und Psychiatrie. Die Psychologie erschien mir wissenschaftlich gesehen strenger und sorgfältiger als die Psychiatrie, die im Wandel der Zeit viele Annahmen wieder verwerfen musste. Die 8 Wochen in der Tagesklinik waren schnell vorüber. Mein nächster Einsatz war auf einer geschlossenen psychiatrischen Aufnahmestation nur für Männer. Viele wurden von der Polizei gebracht, waren durch Gewalttätigkeit aufgefallen. Vom Himmel in die Hölle.

Mein neuer Chef war der typische Pykniker, 165 cm groß und 120 Kilo schwer, dazu rauchte er Kette und trank auch gerne. Er bewegte sich ungern, wollte es jedem rechtmachen und verstand es, Konflikte zu schlichten. Er stand kurz vor der Rente, erlebte sie entsprechend seiner Lebensweise nicht sehr lange.

Seine Vertretung war das Gegenteil, 190 cm groß und etwas über 100 Kilo, Anfang 50. Ein Hüne mit aufbrausendem Temperament und sehr konservativen Ansichten, manchmal offenbarte er seinen Rassismus. Den Bock zum Gärtner gemacht. Er diskriminierte auch mich, hatte was gegen die Fachkrankenpflegeschule – „Nur neuer Mist, der die Leute vom Arbeiten abhält." Wenn Patienten die Medikamente verweigerten, packte er sie am Nackenhaar, riss ihnen den Kopf zurück und wenn sie dann den Mund nicht öffneten, musste ein anderer Pfleger die Nase zuhalten. Ich stand ohnmächtig daneben, hätte am liebsten den Patienten geholfen, erstarrte aus falschem Gehorsam.

Einige Patienten wurden in Handschellen von der Polizei gebracht und gleich im Bett mit Ledergurten fixiert. Vorbeugend, obwohl sie einen friedlichen Eindruck machten. Manche Pfleger hatten eine sadistische Art, provozierten einzelne Patienten, bis sie ausrasteten und es einen Grund gab, über sie herzufallen und sie zu fixieren. Damals musste nur der Arzt die Anordnung absegnen, heute ist bei Fixierung eine richterliche Anhörung Plicht.

Es gab auch Schwerstkranke, die, von beschimpfenden oder befehlsartigen Stimmen fehlgeleitet, wirklich gefährlich waren und im Wahn Schlimmes getan hatten.

Der Ton auf dieser Station war rau, die Atmosphäre wie in einer Familie mit strengem, gewalttätigem Vater. Ich fühlte mich zwischen den Welten, gehörte weder zum Pflegeteam, noch zu den Patienten. Ich überstand diese lieblose Zeit, weil ich wusste, dass sie endlich ist und meine Strategie war „kontrollierte Torheit" – nach Castaneda, mitzuspielen, aber zu wissen, dass vieles schlecht, böse oder unsinnig ist.

Am letzten Tag verkündete ich den Patienten beim Mittagessen im Speisesaal, dass heute mein Einsatz endet und ich mich verabschieden möchte. Einer stand auf und rief: „Nein, Sie müssen bleiben, Sie sind die Mitte!", einige stimmten murmelnd zu. Die anwesenden Pfleger schauten sich betroffen an, ich spürte eine große Genugtuung.

## 3

In der Schule bekamen wir die Aufgabe, eine längere Abhandlung über einen unserer Einsätze zu schreiben. Wir sollten uns einen Mentor suchen, der uns unterstützt, vorzugsweise einen Arzt, es könne aber auch ein Psychologe sein. Ich dachte gleich an die Tagesklinik und fragte die Psychologin. Sie konnte sich das vorstellen, wollte erst nochmal länger darüber sprechen.

Im Gespräch warnte sie vor ihrer streng wissenschaftlichen Art und fragte, ob ich mich darauf einlassen will. Ich bejahte und sie fragte, um was es in meiner Arbeit gehen soll. Ich holte meinen Entwurf einer Gliederung hervor und gab ihn ihr. Sie las und begann, den Kopf zu schütteln: „Nein, du musst dein Thema mehr eingrenzen. Wenn du allgemein über die Rahmenbedingungen der TK berichten willst, erzählst du nichts Neues, das gibt es schon zu oft." Sie fragte, was das Besondere in der TK war, ich überlegte kurz – „Der bessere Umgang mit den Patienten"; „Vor allem schizophren Erkrankten", ergänzte sie. „Und das wird dein Thema: Umgang mit schizophren Erkrankten am Beispiel der Tagesklinik." Ich nickte – „Gut, gefällt mir, aber erscheint mir schwer."

„Bis zum nächsten Mal überlegst du dir eine neue Gliederung, die sich mehr mit dem Krankheitsbild und seinen Besonderheiten befasst als mit der TK."

Wir vereinbarten in 2 Wochen den nächsten Termin. Begeistert, aber auch von der schweren Aufgabe belastet, setzte ich mich zu Hause sofort daran, merkte aber bald, dass ich mich erstmal mehr belesen musste. Versorgte mich mit Büchern aus der Ärztebibliothek, suchte nach hilfreichen Behandlungsansätzen, die an eine mögliche Besserung glaubten.

Die Psychiatrie war damals in 2 Lager gespalten, das genetisch-biologische und das psycho-soziale. Heute haben sich die Lager vermischt und jeder denkt, dass wir von beiden Faktoren beeinflusst sind. In meiner Abhandlung versuchte ich die Vorteile des psycho-sozialen Ansatzes herauszuarbeiten, vor allem, weil er an eine bessere Prognose glaubt.

Wir brauchten noch einige Sitzungen und ich verwarf mehr als die Hälfte meines Geschriebenen, weil sie es ablehnte oder ich bekifft wie ein Professor schrieb und es selbst später merkte.

Auf das Ergebnis bin ich immer noch stolz, auch wenn vieles aus heutiger Sicht banal erscheint.

Die Zusammenarbeit mit der Psychologin hat mich viel gelehrt und eine Vertrautheit geschaffen, in der sie mir irgendwann das Du anbot.

# 4

Meinen nächsten Einsatz hatte ich auf der Aufnahmestation für Frauen, die weibliche Variante der vorherigen Station. Auf der Männerstation arbeitete nur eine Krankenschwester, der Rest waren Pfleger. Hier war das Verhältnis 2 Pfleger zu 9 Schwestern.

Die Station war schon äußerlich viel liebevoller gestaltet. Hier und da ein Deckchen mit Blümchen, dazu farbenfrohe Bilder an den Wänden, ich fühlte mich wie bei Mutter in der Küche, nicht wie beim Vater im Keller.

Der Stationspfleger war in meiner Jugend der Fußballtrainer und wohnte keine 100 Meter von uns entfernt. Er hatte aufgehört zu rauchen und die anderen warnten mich vor seiner zeitweise gereizten Stimmung, aber ich denke durch die Nachbarschaft zu meinen Eltern spürte ich wenig davon.

Die Frauen, die wegen akuter Psychose aufgenommen wurden, verhielten sich extrovertierter als die Männer. Häufig kam es zu hysterischen Anfällen und sexueller Enthemmung. Manche musste ich auf Abstand halten, weil sie mich umarmen wollten, eine war scharf darauf, mir den Hals zu knutschen. Einige Patientinnen waren schon monatelang hier, weil sie trotz Medikation immer wieder ins Psychotische abrutschten, ihre Emotionen nicht mehr kontrollieren konnten.

Die Psychose ist eine Art Rausch, bei dem das Denken beschleunigt bis ins Sprunghafte ist, alles Wahrgenommene bedeutungsvoll wird, bis die dazugehörigen Emotionen uns überfluten und ins Paranoide treiben. Die damaligen Medikamente waren noch nicht so fein justiert wie die heutigen, sie blockierten viele verschiedene Rezeptoren und lösten dadurch nicht selten erschreckende Nebenwirkungen aus. Manche bekamen Krämpfe am Hals und mussten zur Decke starren, andere hatten Krämpfe am ganzen Körper und wanden sich vor Schmerzen. Neben den kleineren Übeln – Zittern, Verstopfung, Sabbern, Steifheit und Müdigkeit.

Die älteren Krankenschwestern hatten eine mütterliche Art, wenn eine Patientin in den Ausnahmezustand kam, konnten sie mit warmer Stimme besser deeskalieren als ihre männlichen Kollegen. Sie sahen auch, wenn eine medikamentöse Überdosierung vorlag und meldeten es dem Arzt. Ich hatte das Gefühl, hier versuchen die meisten nach bestem Gewissen zu helfen und nicht wie auf der Männerstation die Machtposition auszunutzen. Dieses halbe Jahr verging gefühlt schneller als das vorherige.

Als Nächstes musste ich für 9 Monate auf eine Station für geistig Beeinträchtigte. Ich wusste von kurzen Einblicken, das ist eine andere Welt und war unsicher, ob ich mich hineinfinden werde.

# 5

Die Station bestand aus 2 Stationen, die zusammengelegt waren, weil deren Räumlichkeiten renoviert wurden. Deshalb waren es fast 40 männliche Patienten und bei meinem Dienstantritt fühlte ich mich im Chaos. Auf dem Flurboden saßen oder lagen einige herum, andere liefen auf und ab. Im Speisesaal dämmerten einige vor sich hin, ein paar schliefen mit dem Kopf auf dem

Tisch, bei zweien war ein Handgelenk mit einem Ledergurt an der Heizung angebunden.

Die Schlafzimmer waren verschlossen, nur der sogenannte Wachsaal mit 6 Betten stand offen, weil 2 bettlägerige Patienten darin lagen. Immer wieder mussten wir Patienten verscheuchen, die sich in die frisch gemachten Betten gelegt hatten. Auch auf den Toiletten lagen einige herum, einer onanierte dabei schamlos, später berichtete er stolz: „Ein bisschen ist gekommen."

Am Ende des Flurs gab es noch ein Zimmer für den aggressivsten Fall. Geistig schwerstens beeinträchtigt, ohne Sprachvermögen, versuchte er, sich gegen jede Annäherung durch Kratzen und Beißen zu wehren. Wir sollten das Zimmer nur im Notfall betreten, er wurde von 2 Erziehern im Wechsel betreut, um ein Vertrauensverhältnis aufzubauen.

Durch die sexuelle Enthemmtheit der Patienten war die Station für weibliches Personal gefährlich, deshalb arbeitete nur 1 Krankenschwester dort, die es selbst wollte. Die meisten anderen waren Pfleger um die 50, ein eingeschworenes Team, das seine eigenen Regeln aufgestellt hatte und die oberste war: Es darf nichts nach draußen dringen.

Die Pflegeleitung wusste, wen sie hierher versetzt hatte und warum. Es gab Spiegeltrinker, die irgendwo im Personalzimmer immer eine geöffnete Bierflasche stehen hatten, sie wären auf anderen Stationen nicht tragbar gewesen.

Wenn die Patienten nicht gehorchten, wurden schnell Prügel angedroht und manchmal auch ausgeführt, aber so, dass es keine Spuren hinterließ. Auch mit den Medikamenten wurde nach Gutdünken umgegangen, meistens wurden die vom Arzt verordneten Schlafmittel einfach verdoppelt. Ein Teil, etwa ein Viertel der Patienten, war nur leicht beeinträchtigt und sehr gutmütig. Sie halfen auf der Station mit, hatten freien Ausgang und erledigten Botengänge. Wenn ich ihnen mit dem Auto auf dem Klinikgelände begegnete, winkten sie mir überschwänglich zu.

Essen war für viele dieser Patienten das Wichtigste, sie gierten danach und bei der Essensausgabe mussten wir aufpassen, dass sie sich nicht gegenseitig bestahlen. Ein Bettlägeriger, auch körperlich mehrfach beeinträchtigter Patient saß in seinem Bett, das auf dem Flur stand, weil das Zimmer geputzt wurde. Als ich mit einem Wagen, auf dem Kuchen zur Ausgabe gerichtet war, vorbeifuhr, griff er blitzschnell danach und stopfte sich das ganze Stück in den Mund. Bald begann er zu röcheln und lief blau an, ich rief nach der Schwester, mit der ich Dienst hatte. Wir kämpften über eine halbe Stunde um sein Leben, ich versuchte von hinten mit dem Heimlich-Griff den Kuchen hochzudrücken, sie griff in seinen Mund und holte den Kuchenbrei heraus. Wir schafften es, dass er wieder atmen konnte, ich musste danach mein durchgeschwitztes T-Shirt wechseln.

Als mein Einsatz zu Ende war, wusste ich, dass dies nicht der Arbeitsplatz war, den ich anstreben sollte. Die kommunikativen Möglichkeiten waren zu reduziert, ich hätte befürchtet, sprachlich zu verarmen.

# 6

Inzwischen erfuhren wir in der Schule, dass für die Tagesklinik ab 01.01.1990 eine Fachkrankenpflegestelle genehmigt wurde und das Interessierte sich bewerben sollen. Die Psychologin von der TK, mit der ich immer noch an meiner Facharbeit feilte, beschwor mich, dies zu tun, sie würde sich für mich einsetzen.

In der Tagesklinik hatte man geregelte Arbeitszeiten, kein Nachtdienst, keine Wochenenden oder Feiertage, das war einerseits attraktiv, andererseits bedeutete es einen Verlust im Einkommen, deshalb gab es außer mir nur einen Bewerber. Er hatte einen guten Draht zum Pflegeleiter, deshalb setzte der sich für ihn ein.

Die Psychologin setzte sich durch, ich bekam die Stelle. Später erfuhr ich, dass sie mit dem anderen Bewerber während seines Einsatzes heftigen Streit hatte.

Zunächst musste ich zurück in die Geriatrie, als ich erfuhr, dass ich zum 01.01. versetzt werde, überkam mich ein Gefühl, wie wenn ich meine Familie verlasse. Selbst die knurrigsten Kollegen zeigten ihr Bedauern, es waren halbväterliche Gefühle, die uns verbanden.

Die jüngeren Kolleginnen, mit denen ich noch viel vertrauter war, wussten, dass ich eine Veränderung brauche, oft hatte ich ihnen meinen Überdruss geklagt. Die Offenheit, mit der wir unsere Probleme besprechen konnten, war größer als zu meinen Schwestern, trotzdem war der Abschied endgültig, wir hielten keinen Kontakt.

# 7

Ich schaffte die Prüfung mit der Gesamtnote 2, obwohl ich durch den Beziehungsstress mit Moni kaum in der Lage war, mich aufs Lernen zu konzentrieren. Es gab aber auch keine schlechtere Note als 2 in diesem Kurs.

Es war ein doppelter Umbruch, 10 Jahre Geriatrie und 5 Jahre Beziehung endeten.

Mein Einstieg am 02.01 1990 in die Tagesklinik wurde getrübt durch eine neue Sozialpädagogin, sie hatte diesen belehrenden Ton und verhielt sich gegenüber den Patienten unnachgiebig hart.

„Dann bekommen sie eine Abmahnung", drohte sie am Telefon, wenn einer sich ohne richtigen Grund entschuldigen wollte. Ihre disziplinierte, strenge Art passte nicht zu meiner lockeren, fast schon liederlichen. Mein Alkoholkonsum wurde nach dem Beziehungsende bedenklich, anfangs hielt ich mich noch zurück, wenn ich arbeiten musste, aber sobald es wärmer wurde, feierte ich am Wochenende oft durch und kam montags mit einer dicken Fahne zum Dienst. Manchmal musste ich mein Zittern verbergen. Keiner sprach mich darauf an, obwohl es beide Kolleginnen gerochen und gesehen haben müssen.

Die Räumlichkeiten der Tagesklinik bestanden damals aus einem großen Raum für die Patienten, daneben war ein kleines Büro mit 2 Schreibtischen für die Sozialpädagogin und mich. Die Küche und das Personalzimmer mussten wir uns mit der angrenzenden Station teilen, dort war die Stationsleiterin meine Patentante, mit deren Sohn ich mit 16 Jahren in den USA war. Wir hatten ein sehr vertrautes Verhältnis, sie kannte mich besser als meine Mutter. Einerseits erleichterte dies mir vieles, andererseits bekam ich ihre mütterliche Besorgnis über meinen Alkoholkonsum auch im Privatleben zu spüren.

Im Nachhinein empfinde ich die Psychologin und meine Tante als haltgebende Bezugspersonen, die mich nicht verurteilten und weil sie an mich glaubten, ich sie nicht länger enttäuschen wollte.

Meine emotionalen Turbulenzen und Eskapaden zogen sich aber durch das ganze Jahr und gipfelten darin, dass ich im Oktober den Führerschein für 7 Monate verlor. Auch dies mussten die Kolleginnen mittragen, weil wir auch Ausflüge mit einem Kleinbus unternahmen und ich nicht fahren durfte. Ich kann mich nur für den Beistand bedanken.

# Chaotische Zeiten

## 1

Als ich fast 30 Jahre alt war, beziehungslos, also wieder frei, wurde ich zum Getriebenen und stürzte mich ins Nachtleben. Meine Frustration über das Scheitern der Beziehung trug ich noch in mir und projizierte sie auf andere Frauen. Ich entwickelte einen subtilen Frauenhass, der sich darin auslebte, dass ich sexuell jede Gelegenheit ausnutzte, ohne mich emotional zu binden. Ein paar Monate hatte ich 3 Affären nebeneinander und dass alle 3 es wussten, war auch nur ein Teil meiner Verachtung.

Irgendwann rief mich Moni an und wollte vorbeikommen, weil sie mir etwas sagen musste, was sie am Telefon nicht wollte. Als wir am Tisch saßen, begann sie gleich, ein Freund von uns hätte sie gebeten, es mir zu sagen. Er hätte mich zusammen mit einer Frau gesehen, von der er weiß, dass sie HIV-positiv ist. Sie hätte es ihm vertraulich gesagt und er begehe einen Vertrauensbruch.

Ich hatte zweimal ungeschützten Sex mit ihr und beim letzten Mal hinterließ sie tiefe Kratzspuren auf meinem Rücken.

Meine Hände begannen zu zittern, ich schaffte es kaum, eine Zigarette zu drehen. Moni saß besorgt gegenüber, aber ich sah in ihren Augen auch Schadenfreude.

Am Telefon bestätigte sie, dass sie positiv ist, wollte sich aber mit mir treffen, um ihr Verhalten zu erklären. Wir trafen uns in meiner Stammkneipe. Sie sagte gleich, dass sie normalerweise nur noch geschützten Sex habe. Ich sie aber durch meine herablassende, frauenfeindliche Art dazu getrieben hätte. Wir hatten nach dem Gespräch noch einmal geschützten Sex. Ich hatte mich nicht angesteckt.

# 2

Im Sommerurlaub fuhr ich mit meiner Schwester, ihrer 2-jährigen Tochter und ihrem neuen Freund nach Spanien. Sie hatte sich kurz zuvor vom Vater ihrer Tochter getrennt. Ich kannte den neuen Partner aus meiner Stammkneipe, wo er zeitweise arbeitete.

Schon bei Belfort streikte der Motor, nach einem Telefonat brachte ein Freund von ihm am nächsten Morgen einen Ersatzmotor, wir übernachteten auf der Raststätte.

Es dauerte bis zum Nachmittag, bis wir den Motor ausgetauscht hatten, doch der andere Motor funktionierte auch nicht. Sie fuhren wieder nach Hause und schleppten den Wagen ab, ich trampte allein weiter. Nach über 2 Stunden hielt endlich ein LKW, der französische Fahrer sprach ein wenig Deutsch und suchte das Gespräch. Da ich die letzte Nacht kaum geschlafen hatte, konnte ich kaum die Augen aufhalten, ich versuchte, es dem Fahrer zu erklären und hoffte, dass er mich ein wenig schlafen lassen würde. Wir waren keine 20 Kilometer gefahren, zu meiner Überraschung fuhr er schon wieder auf eine Raststätte. Er zeigte hinter sich, wo eine Liege war – „Komm, ficki, ficki", sagte er. Ich schüttelte heftig den Kopf. Danach sagte er: „Geh, du nur müde, nichts reden, kein Fick."

Ich beeilte mich beim Aussteigen und knallte die Tür zu.

Es war ein Rastplatz ohne Tankstelle mit wenig Verkehr und weil es schon dunkel wurde, suchte ich mir einen Schlafplatz. Durch die ständigen Autogeräusche war diese Nacht wieder kurz und unruhig. Mit viel Geduld und Glück erreichte ich gegen 22:00 Uhr den Campingplatz in meinem Urlaubsort. Nach 3 Tagen und 2 Nächten Autobahn fühlte ich mich kraftlos und ausgehungert. Zu allem Überfluss begann es zu regnen, ich konnte nicht mehr, stellte meinen Rucksack auf der Toilette ab und lief zum Plaza. Beim ersten Essensstand kaufte ich mir ein paar Würstchen, die ich schon beim zweiten Bier bereute, ich bekam stechende Bauchkrämpfe, schaffte es noch bis zum

Meer, wo ich mich übergab. Danach hatte ich einen Schweißausbruch, worauf ich klatschnass im Wind zitterte. Ich schleppte mich in einen offenen Hausflur und schlief bald auf dem Boden ein. Ich erwachte früh, frierend, aber ohne Krämpfe. Das Casino war schon offen, ich trank einen Kaffee und aß ein Croissant, mein Bauch blieb ruhig.

Ich lief zurück zum Campingplatz und war wenig überrascht, dass mein Rucksack nicht mehr da war. Ich hätte ihn an der Rezeption abgeben sollen. Im Nachhinein dachte ich, etwas Besseres hätte mir nicht passieren können, ich hatte im Hotel den ersten Urlaub, nachdem ich ausgeschlafen nach Hause kam.

## 3

Ich nahm ein Zimmer nahe dem Plaza, etwa 100 Meter zum Meer. Am Nachmittag kaufte ich einen zweiten Satz Kleidung, danach hatte ich das Gefühl, dass mein Urlaub beginnt.

In einer Ecke des Plaza war eine Kneipe, in der sich die Hippies trafen. Ich bestellte ein Bier und fragte vorsichtig den Nachbartisch, ob sie wüssten, wo ich was zu rauchen kaufen könnte. Sie zeigten auf eine Bank am Plaza – „Frag mal dort."

Ich bekam Haschisch für umgerechnet 50 DM, setzte mich auf eine andere leere Bank und drehte mir einen Joint. Ein blonder Langhaariger mit Rauschebart fragte, ob es okay sei, wenn er sich neben mich setzt, ich nickte. Er war US-Amerikaner und verbrachte den ganzen Sommer hier. Ich steckte meinen Joint an und reichte ihn ihm, er roch mit einem skeptischen Gesichtsausdruck daran, zog zweimal und sagte: „Zeig mir deinen Hasch." Ich gab es ihm und er schüttelte den Kopf – „Das ist nichts für dich." Er holte sein Haschisch aus der Tasche und sagte: „Ich gebe dir das für deines."

Es sah aus wie der reinste Pollen, gold-gelb-grünlich, war weich und wenn man es knetete, wurde es schwarz. Ich fragte, warum er das mache – „Ich verkaufe dein Stück an Arschlöcher."

Nach den ersten Zügen an seinem Stoff begann die Welt zu leuchten, ich fühlte mich vereint mit allem, spürte die Erde unter mir, konnte Sonne und Wind intensiver genießen. Meine Ohren waren mit meinen Augen verbunden, ich musste im Dunkeln nur mit der Zunge schnalzen, um scheinwerferartig zu sehen. Die Stimmungsschwankungen ins Gereizt-Aggressive verschwanden, ich wandelte in einer magisch-märchenhaften Welt.

Der Amerikaner versorgte mich den ganzen Urlaub mit seiner Ware. Das war das Beste, was ich je bekommen habe, der absolute Highmacher, man rauchte sich nicht zu, sondern ging immer mehr auf. Nach Tagen des Konsums hörte ich eine weibliche Stimme, die von oben aus dem Himmel zu sprechen schien, aber ich wusste, dass nur ich sie höre. Sie sprach Englisch, kommentierte meine Sprache und meine Handlungen, begann immer mit: „The real Master of Communication would ..." Dann sagte sie, wie er es sagen oder machen würde. Ich empfand sie als hilfreich, wie ein guter Engel, der mir den besseren Weg zeigt. Wenn ich zum Beispiel um 14:00 Uhr ein Bier trinken wollte, sagte sie, dass der wahre Meister um diese Zeit kein Bier trinken würde und ich folgte ihr. Mein Handeln wurde immer mehr von ihr beeinflusst, aber ich fühlte mich nicht fremdbestimmt, eher gut beraten.

Ich ging wieder auf dem Weg des tanzenden Kriegers, tagsüber reduzierte ich meinen Konsum, fastete und trank nur Wasser, um beim Sonnenuntergang mit dem Rausch zu beginnen. Durch das Hotelzimmer war ich gut ausgeschlafen und hatte die Energie, jede dritte Nacht bis zum Sonnenaufgang durchzumachen. Ich genoss ihn mit einer Flasche Milch und frischem Weißbrot, dann schlief ich bis in den Nachmittag.

# 4

Das Nachtleben hatte sich musikalisch verändert, in der Jazz-
kneipe sang ein katalanischer Bob Dylan, sein englisch mit spanischem Rhythmus hatte einen besonderen Charme.

In der Bar, wo die Rockband gespielt hatte, gab es keine Livemusik, der Besitzer legte selbst auf und hatte einen erlesenen
Geschmack. Er mischte alte und neue Hits, brachte den Raum
auch durch die maximale Lautstärke zum Tanzen.

Das musikalische Highlight der Nacht war in einer Disco
etwa 200 Meter vom Zentrum entfernt. In einem Nebenraum
spielte eine Band eigene und gecoverte Stücke. Außer den üblichen Instrumenten, Gitarren und Schlagzeug, verzauberte ein
Flügel und über allem flog eine elektrisch verstärkte Violine.
Ärgerlich, nicht nur für mich, zum Tanzen gab es keinen Platz,
der Raum war voller Stühle und Tische. Trotzdem drang diese
Musik tief in mich hinein und ich erwachte oft mit einem Song
von ihnen im Kopf: „Close your eyes and let it all begin, we are
all allone, we are all allone."

# 5

Ich fühlte mich seit längerer Zeit glücklich und ich strahlte es
auch aus, öfters wurden meine leuchtenden Augen bewundert.
Am Strand lernte ich beim Fußball eine Südspanierin kennen.
Sie hatte einen knabenhaften Körper, dunkelbraune Augen, umrandet von schwarzen, krausen, kurzgeschnittenen Haaren. Ihr
Gesichtsausdruck hatte etwas Spitzbübisches und obwohl wir
uns kaum unterhalten konnten, hing meine Aufmerksamkeit an
ihr fest. Als ich sie nachts in der Disco traf, fragte ich sie, ob wir
einen rauchen gehen, sie nickte und ich nahm sie mit in mein

Hotelzimmer. Ich setzte mich aufs Bett, um einen zu drehen, da fiel sie schon über mich her, entkleidete sich und mich. Bevor ich in sie eindrang, sagte sie mit spanischem Akzent: „Langsam hombre, langsam!" Ich bereue heute noch, dass ich nach wenigen Sekunden kam und sie mir keine zweite Chance gab. Mein Nervensystem war von ihrem Verhalten zu überrascht und weil ich längere Zeit keine Ejakulation hatte, gab es kein Halten. Sie verließ dann fluchtartig das Zimmer, angeblich, weil sie mit dem Besitzer keinen Ärger bekommen wollte.

Ich suchte noch zwei Tage ihre Nähe, sie reagierte kühl und distanzierte sich bald. Dann war sie verschwunden, eine Bekannte erzählte mir, dass sie heim nach Extremadura gefahren ist. Ich war mehr erleichtert, als verzagt, weil ich mich selbst nervte mit einer Verliebtheit, die aussichtslos war. Losgelöst von Einer, war ich wieder verbunden mit allem. Unglückliche Verliebtheit fühlt sich an wie eine psychische Krankheit, bei der unsere Wahrnehmung sehr eingeengt wird.

Mit neuer Leichtigkeit schlenderte ich durch den Tag, fand ein Café etwas abgelegen, das ideal zum Beobachten des Sonnenuntergangs war. Bevor sie unterging, trank ich mein letztes Wasser und bestellte beim Untergang das erste Bier. Als ich zum dritten Mal dort war und fast keine Gäste da waren, kam ich mit der katalanischen Bedienung ins Gespräch. Sie sprach gutes Englisch, hatte eine Modelfigur und ich versank in ihren großen braunen Augen. Sie hatte dieses Lokal mit ihrem französischen Freund eröffnet, was meine Stimmung etwas trübte, aber ich genoss, mit ihr zu plaudern. Sie hatte Kunst studiert und für Salvador Dali Model gestanden. Sie kannte Castaneda, bei diesem Thema zitierte sie Dali: „The great dreamer never sleeps."

Es war eine traumhafte Zeit, tagsüber ließ ich mich von meiner inneren Stimme führen und nachts folgte ich voller Vorfreude dem Ruf der Musik.

# 6

In meiner letzten Urlaubswoche traf ich einen guten Bekannten aus meinem Heimatort. Er war mit dem Auto hier und wir verabredeten, dass wir am Sonntag zurückfahren und uns die Fahrtkosten teilen. Ich dachte, so schrecklich wie dieser Urlaub begonnen hat, so glücklich endet er.

Die nächsten Tage fühlte ich mich ähnlich wie 1984, als ich von den Klippen stürzte. Ich spürte diesen gefährlichen Übermut, wie wenn ein Teil von mir die Rückreise verhindern wollte.

Am vorletzten Abend trieb er mich dazu, zu einer Halbinsel zu laufen und mich auf eine fremde Terrasse zu setzen. Ich dachte, weil kein Licht brannte, dass niemand zu Hause sei. Ich blickte auf das doppelte Lichterpanorama des Ortes, einmal gespiegelt im Meer, wollte mich entspannt zurücklehnen, als mich Geräusche nach hinten schauen ließen und 2 Polizisten auf mich zukamen – Guardia Civil. Ich stand auf und zeigte meine offenen Hände – „Perdón."

Einer filzte mich, griff mir grob zwischen die Beine, sodass ich kurz aufschrie. Ich erklärte, dass ich meinen Pass im Hotel abgeben musste. Der Grobe winkte: „Vamos!" Sie ließen mich alleine hinten im Wagen sitzen und der jüngere Fahrer sprach freundlich Englisch mit mir. Sie spielten das Good-Cop-Bad-Cop-Spiel, aber beide wussten, dass ich harmlos bin.

Im Hotel überprüften sie meinen Pass und notierten sich meine Daten – „Adios." Die Besitzerin wusste, dass ich morgen abreisen will, vergewisserte sich aber nochmal; als ich es bestätigte, nickte sie zufrieden und wünschte mir eine gute Nacht.

Ich genoss den restlichen Abend mit gebremster Lust, auch weil ich am nächsten Tag bis 12 Uhr das Hotel verlassen haben musste. Die letzte Nacht wollte ich nochmal durchmachen und mich dann früh gegen 8 Uhr mit dem Bekannten treffen.

# 7

Nachdem ich am nächsten Morgen das Hotel bezahlt hatte und meinen Pass zurückbekam, wanderte ich entlang der Bucht, verweilte kurz bei meinen Lieblingsplätzen, schwamm noch einmal im Meer. Mein Übermut vom Vortag hatte sich in Abschiedswehmut verwandelt. Ich wollte ein letztes Mal den Sonnenuntergang in dem Café genießen, doch ich war zu weit gelaufen und als ich ankam, war sie gerade untergegangen.

Die Katalanin war am Putzen und Aufräumen, sie wollte bald schließen, gab mir aber noch ein Bier. Als sie fertig war, setzte sie sich zu mir; ich sagte gleich, dass ich traurig bin, weil ich morgen nach Hause fahren würde. Sie sagte, dass sie nächste Woche das Café schließen würden, die Saison ginge zu Ende, es würde sich nicht mehr lohnen. Ich fragte, was sie heute Abend noch mache und ob wir uns irgendwo treffen könnten. In dem Moment fuhr ihr französischer Freund mit dem Moped neben unseren Tisch, er sagte etwas auf Französisch, ging kurz ins Innere. Sie flüsterte: „Komm ins ...", ich hatte sie nicht verstanden. Ihr Freund begann, die Terrassentüren und Läden zu schließen. Ich verabschiedete mich und lief in Richtung Zentrum. Da ich sie nicht verstanden hatte, aber deutlich den Kopf schüttelte, setzte ich mich in die Bar, in der wir uns schon öfters gesehen hatten. Es war zu früh für die Bar, keine Gäste. Die Bedienung gab mir trotzdem ein Bier. Als ich noch eins wollte, sagte sie, dass geschlossen sei und ich gehen sollte. Ich fühlte mich ihrer Willkür ausgesetzt und blieb trotzig sitzen. Sie sagte etwas auf Spanisch, das ich nicht verstand. Nach keinen 5 Minuten tauchten die beiden Polizisten auf, die mich schon kannten. Sie führten mich zu ihrem Wagen, dieses Mal setzte sich der Grobe neben mich. Sie fuhren mich zur Dienststelle, filzten mich und überprüften meinen Pass. Anstelle mich laufen zu lassen, sollte ich mich wieder ins Auto setzen, dieses Mal allein auf die Rückbank. Sie fuhren in eine Straße, die bei Hochwasser auch als Kanal diente, mit hohen Mauern rechts und links. Nach etwa

300 Metern hielt der Fahrer mitten im Kanal an; ich dachte, jetzt wollen sie dich verprügeln, sprang aus dem Wagen und rannte zurück bis zur ersten Kurve.

Die Mauer war hoch, ich musste hochspringen, um den Sims zu erreichen, zog mich dann mit der Kraft der Angst hoch und rollte darüber. Inzwischen hörte ich den Wagen wenden und als sie vorbeifuhren, lag ich geduckt oben.

Ich kannte diesen Ort nicht, folgte deshalb einem Pfad, der in die richtige Richtung zu gehen schien. Zu meiner Überraschung kam ich an der Ecke des Plaza heraus, wo die Hippiekneipe war. Ich ging erstmal zur Toilette, um mich zu waschen. Als ich die Tür wieder öffnete, standen die Polizisten davor, schnappten mich an den Handgelenken und verpassten mir Handschellen. Der Grobe zog mich hinter sich her, als ich mich herauswinden wollte, drehte er an einem Rädchen die Handschellen enger. Er zog mich auf den Rücksitz und als ich jammerte wegen der Schmerzen am Handgelenk, schlug er mir mit dem Schlagstock zwischen die Beine. Ich verstummte voller Anspannung, was sie mit mir machen würden.

Sie fuhren aus dem Ort hinaus, nach etwa 5 km Fahrt bergauf hielten sie oben bei einem größeren Gebäude an. Der Grobe öffnete die Tür, dann meine Handschellen. Er schubste mich hinaus: „Never come back!" Ich landete auf allen Vieren; als ich mich erhob, lief ein bösartig knurrender Schäferhund auf mich zu. Ich sagte mit meiner tiefsten Stimme: „Tranquillo!" (Ruhig). Er wedelte mit dem Schwanz und näherte sich vorsichtig, roch an mir und ließ sich streicheln. Wir liefen zusammen in Richtung Gebäude. Ich hörte hinter mir die Wagentür, dann fuhren sie weg, ich drehte mich nicht um.

Die halbe Nacht verbrachte ich neben dem Hund sitzend an die Hauswand gelehnt. Als es zu dämmern begann, verabschiedete ich mich von dem Hund und schlenderte in Richtung Dorf. Ich wollte erst gegen 8 Uhr am Plaza zu meiner Verabredung sein, dachte, die Nachtschicht der Polizisten wäre dann vorüber.

Der Bekannte saß schon im Café, ich erklärte kurz, warum ich lieber gleich losfahren wollte. Er verstand, zahlte und wir liefen zum Auto. Als wir den Ort hinausfuhren, fiel die Anspannung von mir ab und ich wurde müde. Ich zeigte ihm noch das Gebäude, wo ich die Nacht verbracht hatte. Der Hund war nicht zu sehen.

An der Grenze zu Frankreich stoppte uns ein Zollbeamter und winkte uns zur Seite. Er schaute kurz ins Wageninnere, dann sollte nur ich mitkommen. Im Häuschen an der Grenze filzte er mich oberflächlich, dann sollte ich die kurze Hose herunterlassen; als er meine Boxershorts sah, war er zufrieden und ließ mich gehen. Als wir losfuhren, dachte ich, sind die vernetzt mit den Polizisten, das konnte kein Zufall sein.

Die meiste Zeit der restlichen Fahrt versank ich in Erinnerungen an das Erlebte, die weibliche innere Stimme kommentierte meine Träumerei. Wir sprachen nur das Nötigste, einerseits, weil ich zu müde war, andererseits wollte ich meinem Bekannten nicht mehr preisgeben, er schien schon genug verunsichert durch das, was er wusste.

An einer Raststätte bei Belfort tankten wir und gingen etwas essen, danach war die innere Stimme verschwunden, als gäbe es eine örtliche Begrenzung. Wahrscheinlich wurde ich einfach nüchtern, die letzten Joints rauchte ich vor mehr als 24 Stunden.

Gegen 21 Uhr war ich zu Hause, duschte und trank noch vier Bier, dann schlief ich wie ein Stein, bis der Wecker klingelte, ich musste arbeiten.

# 8

In meiner Stammkneipe setzte sich Moni mit ihrem neuen Freund an meinen Tisch. Ich spürte die alte Wut wieder und begann schneller zu trinken. Bald machte ich abfällige Bemerkungen über sie, weiß aber nicht mehr, was ich sagte, jedenfalls reichte es, um die beiden zu vertreiben.

Auf der Heimfahrt überkam mich das schlechte Gewissen, ich fiel in ein Wahrnehmungsloch, erwachte, als mein Wagen den Pfosten eines Gartenzauns rammte. Ich war auf einer geraden Nebenstraße ungebremst nach rechts ausgebrochen. Ein Kollege der Klinik hielt hinter mir, lachte, als er ausstieg – „Wie konnte das passieren?", ich antwortete mit: „Blackout."

Er half mir, den fahruntauglichen Wagen zur Seite zu schieben und nahm mich mit nach Hause. Gegen 6 Uhr klingelte es an der Tür, als ich öffnete, stiegen 2 Polizisten die Treppe herauf. Einer hatte einen Koffer in der Hand. Ich ließ sie eintreten, fragte dabei, was sie wollen. „Fahrerflucht und Verdacht auf Trunkenheitsfahrt", antwortete einer. Ich sagte: „Wie Fahrerflucht, mein Wagen steht doch dort, ich wecke doch niemanden um 3 Uhr Früh wegen eines kaputten Gartenzauns, ich musste einer Katze ausweichen und außerdem habe ich nach diesem Schock zu Hause noch eine Flasche Wein getrunken." Zu meiner Überraschung zogen sie ohne weitere Fragen wieder ab.

Etwa einen Monat später rief mich mein Freund Andreas an, ob ich Lust hätte, auf ein Bier vorbeizukommen. Ich hatte gerade mein erstes Feierabendbier getrunken, sagte aber trotzdem zu. Es war Montag und normalerweise nicht der Tag für Polizeikontrollen. Ich blieb 3 kleine Bier und weil er arbeiten musste, verabschiedete ich mich um 23 Uhr. Doch auf der Heimfahrt zog es mich noch in meine Stammkneipe, ich trank noch 4 Hefeweizen und fuhr gegen 2 Uhr nach Hause. An der Stadtausfahrt war eine Polizeikontrolle, mir fiel ein, dass heute der letzte Tag vom Herbstmarkt war. Blasen, Blutentnahme – 1,14 Promille, 7 Monate ohne Führerschein, es begann eine öde Zeit.

# Tibeter und Yoga

## 1

Ohne Führerschein saß ich unter der Woche zu Hause fest. Am Wochenende nahm ich meistens den Bus in die Stadt und hoffte, nachts von jemandem mitgenommen zu werden; wenn nicht, bestellte ich ein Taxi. Mein Alkoholkonsum war im „jetzt-erst-recht"-Modus. Spätestens am Sonntag widerte mich mein eigener Geruch und Geschmack im Mund an. Auch mein Ruf litt unter meiner Trunkenheit, einige hatten Mitleid mit meinem Zustand, andere machten sich über mich lustig. Irgendwann war der Ekel vor der Sauferei groß genug, um sie zu überwinden.

Meine Kollegen in der Tagesklinik hatten meinen desolaten Zustand, vor allem montags, bemerkt, sagten es mir aber erst später, als es mir wieder besser ging. Regina die Psychologin sagte: „Nicht wegen mir oder den Patienten, tu es dir nicht mehr an!"

## 2

Ich hatte nicht nur Moni verloren, sondern auch die ganze Clique. Es blieben noch wenige Freunde, einer davon war Andreas, er besuchte mich regelmäßig in der führerscheinlosen Zeit. Er bezeichnete sich als Buddhist, hatte aber auch noch andere esoterische Interessen. Zum Beispiel praktizierte er Reiki und hatte viel Geld für die Ausbildung gezahlt.

Wir hatten öfter gegensätzliche Ansichten und diskutierten lebhaft. Er kannte Nietzsche kaum, hatte aber Vorurteile. Ich versuchte, ihm den Verrat am Leben durch das asketische Ideal zu erklären, er konterte mit dem Seelenfrieden durch das Überwinden der Begierden. Ich dachte, er kämpft mehr mit seinen Begierden als ich, er raucht, trinkt und kifft, nur kontrollierter als ich und die Sehnsucht nach Frauen war genauso groß.

Er kannte eine Physiotherapeutin, die ihm die 5 Tibeter gezeigt hatte. Er praktizierte sie täglich schon ein paar Monate. Als er sein Hemd auszog und seinen veränderten Oberkörper zeigte, war ich überzeugt. Er war einer von denen, die scheinbar kein Fett ansetzen können, jetzt konnte er an Brust, Bauch und Rücken jeden Muskel hervortreten lassen.

Er erklärte, dass man mit 5 oder 7 Wiederholungen anfangen soll und sich dann wöchentlich um 2 steigert, bis 21 Wiederholungen erreicht sind.

Bei der ersten Übung drehte er sich wie ein Derwisch um die eigene Achse, nur im Uhrzeigersinn und nicht zur Seite geneigt, aufrecht wie eine Ballerina. Ich staunte, dass er sich ohne zu schwindeln so lange drehen kann. Am Ende hob er seine aufeinandergelegten Hände 10 cm vors Gesicht – „So geht der Schwindel schneller weg." Da ich vom Tanzen Drehungen gewohnt war, schaffte ich 7-mal und tatsächlich, wenn ich nah auf meine Hände sah, war der Schwindel weg.

Für die zweite Übung brauchten wir eine Unterlage. Er legte sich mit dem Rücken darauf, hob einatmend die geschlossenen Beine mit dem Kopf an, beim Ausatmen mit dem Mund senkte er beides wieder. Zur Stärkung der Bauchmuskeln und Dehnung des Rückens. Als ich es nachmachte, sah es weniger geschmeidig aus, mein Rücken war steif.

Bei der dritten Übung kniete er mit aufgestellten Zehen auf der Matte, Oberschenkel und Oberkörper aufgerichtet, die Hände legte er an die hinteren Oberschenkel. Beim Einatmen mit der Nase lehnte er den Oberkörper mit dem Kopf weit zurück, beim Ausatmen mit dem Mund senkte er den Kopf, bis das Kinn das Brustbein berührte. Dehnt die Bauchmuskeln, stärkt den Rücken.

Bei der vierten Übung setzte er sich mit ausgestreckten Beinen auf die Matte, die Handflächen neben dem Gesäß auf der Matte. Er atmete mit dem Mund aus und drückte sein Kinn aufs Brustbein. Beim Einatmen hob er seinen Hintern an, bis sein Körper mit Armen und Beinen ein Rechteck bildete. Die fünfte Übung war ähnlich einem Liegestütz, die Arme blieben aber ausgestreckt und nur der Po hob und senkte sich; um den Rücken zu dehnen, sollte man die Fersen auf den Boden drücken.

Ich war nur 2 Jahre älter als Andreas, doch es fühlte sich gerade wie 20 Jahre an. Er spulte die 21 Wiederholungen mühelos ab und war viel beweglicher. Mein Ehrgeiz war geweckt, ich wollte die Übungen täglich machen. Er zeigte mir noch die Entspannungsübungen, die man zwischen den Übungen machen soll und versprach mir, beim nächsten Besuch das Buch darüber mitzubringen.

Ich mühte mich eine Woche ab, als ich ihm zeigte, wie ich die Übungen mache, korrigierte er einige Fehler und überlies mir das Buch.

Das Buch erzählt von einem älteren, schon gebrechlichen Herrn, am Stock gehend und kahl, der ein sagenhaftes Kloster in Tibet gefunden haben will, wo es keine alten Menschen gibt, weil sie diese Übungen praktizieren. Er kehrt verjüngt zurück und lehrt die Übungen.

Was Andreas nicht erwähnt hatte, es gibt noch einen sechsten Tibeter, den wir aber nur machen sollen, wenn wir sexuell enthaltsam leben wollen. Im Stehen tief ausatmen und nach vorne beugen, dann ohne zu atmen aufrichten und die Luft anhalten. 3 bis 5 Wiederholungen genügen. Der Bauch wird dabei von selbst eingezogen und ich spürte am Rücken einen Energiestrom von unten nach oben. Ich probiere die sechste Übung vorerst nur einmal.

# 3

Nach 2 Monaten täglichen Trainings war ich bei 21 Wiederholungen. Ich machte die Übungen nach Feierabend, gleich wenn ich nach Hause kam. Sie dauerten keine 15 Minuten inklusive 3 Entspannungsübungen – toter Mann, Embryostellung und Kutschersitz. Andreas hatte mir empfohlen, sie morgens vor dem Frühstück zu machen, doch obwohl ich es mir abends fest vorgenommen hatte und den Wecker vorstellte, schaffte es mein Wille morgens nicht. Nur am Wochenende machte ich sie gleich nach einem Kaffee. Morgens war mein Körper steifer als am Abend, ich spürte, dass es sich noch stärker auf meine Beweglichkeit auswirken könnte.

Auf den letzten Seiten des Buches wurde der verjüngende Effekt so erklärt – unsere 7 Chakren rotieren, als Neugeborenes schnell, dann mit stetig abnehmender Geschwindigkeit. Mit etwa 24 Jahren haben wir die ideale Frequenz erreicht, Kraft, Wahrnehmung und Urteilsvermögen sind auf dem höchsten Energielevel. Die Übungen sollen bewirken, dass die Chakren in der idealen Geschwindigkeit rotieren, jünger als 24 würden sie gebremst, älter wirken sie beschleunigend.

Nach weiteren Monaten Übung spürte ich einen gesteigerten Antrieb nach der Ausführung, ich war manchmal so aufgedreht, dass ich noch Joggen gehen musste. Diese Unruhe war unangenehm, deshalb schaffte ich es nach 1 Jahr, sie vor der Arbeit zu machen. Es war ein gutes Gefühl, danach vor die Haustür zu treten, ich stand stabiler im Wind.

Nach weiteren Monaten hatte sich mein Körper verändert, er hatte sich innerlich aufgerichtet, ich war 1,5 cm größer als zuvor. Ich konnte meine Bauchmuskeln von oben nach unten rollen lassen, wie ich es bei einer Yoga-Vorführung im Fernsehen gesehen hatte.

Mein gesteigerter Antrieb war bei der Arbeit von Vorteil, es fiel mir alles viel leichter, manchmal bremsten mich meine Kollegen, wenn ich beim Spaziergang vorne rausmarschierte. Auch im Haushalt erledigte sich alles müheloser und meine Freizeit-aktivitäten wurden sportlicher. Fußball, Volleyball, Tischtennis, Tennis oder einfach Wandern. Ich hatte einen deutlichen energetischen Zuwachs. Danke Andreas.

## 4

Andreas hatte inzwischen Hatha Yoga entdeckt, er schwärmte vor allem von der Wirkung des Kopfstands. Er zeigte mir die ganze Reihe und ich staunte, wie ruhig und sicher er sich zum Schluss in den Kopfstand hob. Er konnte 5 Minuten die Stellung halten, sagte, es sei sogar entspannend, die Atmung verlangsame sich. Als ich versuchen wollte, es ihm nachzumachen, stoppte er mich: „Du tust dir nur weh, ich zeig dir die Schritte und wie du es langsam aufbauen musst."

Zuerst setzte er Stirn und Hände im Dreieck auf den Boden, dann lief er mit kleinsten Schritten in Richtung Po, bis der senkrecht nach oben zeigte. Diese Stellung sollte ich ein paar Tage üben, bevor ich zum zweiten Schritt gehe. Die Knie wurden auf die stützenden Oberarme gelegt, nach weiteren Tagen wurden sie gebeugt, angehoben und im letzten Schritt ausgestreckt. Wenn ich diese Stellung 3 Minuten halten kann, sollte ich den bequemeren Ellenbogenstand versuchen. Dabei bildeten die verschränkten Hände mit den Ellenbogen ein gleichschenkliges Dreieck, die Stirn wurde vor den kleinen Fingern aufgesetzt. Das Schwierige war, dass ich mich in einem Zug aufrichten musste, anfangs kippte ich öfters dabei um.

Bei täglicher Übung entwickelt sich das Bewusstsein für den Körper, der Rest ist Konzentration. Ich kaufte mir ein Buch über Hatha Yoga und übte die ganze Reihe nach Feierabend. Es dauerte mindestens 30 Minuten, je nachdem, wie lange ich die Stellungen hielt. Nach etwa 6 Wochen dachte ich, diese stillen

Dehnübungen liegen mir nicht, meine Stimmung verschlechterte sich, während ich übte. Es war seelische Quälerei, ich hätte meine Zeit lieber anders genutzt. Also befreite ich mich von der lästigen Selbstverpflichtung, nur für die 5 Minuten Kopfstand nahm ich mir weiterhin die Zeit. Ich hatte für die entspannte Ausführung viel investiert und wollte die Fähigkeit nicht verlieren. Im Hinterkopf saß dabei auch der Angeber, der bei der Vorführung Bewunderung einheimst. Es staunten die Familie, Kollegen, Patienten und Bekannte.

Eine weitere Motivation für den Kopfstand waren die Wirkungen, die Andreas beschrieben hatte und die teilweise auch im Buch standen. Das Herz wurde entlastet, weil das Blut leichter zum Gehirn floss, dadurch wurde weniger Sauerstoff verbraucht und die Atmung verlangsamte sich. Die Halterungen der Organe aus Bindegewebe entspannten sich durch die Umkehr der Schwerkraft und konnten sich neu platzieren. Verspannungen und Verklebungen konnte vorgebeugt werden. Nicht zuletzt ein vorzeitiger Haarausfall konnte verhindert werden, was bei Andreas eine große Rolle spielte, weil er schon begonnen hatte, aber auch ich war von väterlicher und großväterlicher Seite vorbelastet.

# 5

Durch die 5 Tibeter wurde mein Tanz noch dynamischer, der verbesserte muskuläre Halteapparat konnte den Spielraum meiner Bewegungen vergrößern und die Geschwindigkeit erhöhen. Öfters sagten mir Umstehende, sie hätten Angst bekommen, dass ich auf sie schleudern würde.

Nachdem ich meinen Führerschein wieder hatte, war ich sicher, nie mehr riskier ich, ihn zu verlieren. Haschisch spielte Anfang der Neunziger bei den Polizeikontrollen noch keine Rolle, heute wäre ich wahrscheinlich zusätzlich auf Drogen getestet worden und hätte einen Rattenschwanz von Auflagen befolgen müssen. Das „nie mehr" bezog sich deshalb nur auf Alkohol. Ich war ein gebranntes Kind, deshalb schlief ich im Auto, wenn ich getrunken hatte und ging morgens erst frühstücken, bevor ich nach Hause fuhr. Es war eine Bremse zur rechten Zeit und auch das verbesserte Körpergefühl durch die Tibeter half mir, meine Süchte zu bändigen.

# Umzüge

## 1

Anfang 1991 zogen wir mit der Tagesklinik um. Die Fachkrankenpflegeschule hatte neue Räume bezogen, wir durften in die alten. Wir hatten dort eine eigene Küche, einen viel größeren Aufenthaltsraum und ein größeres Büro. Beschwerlich war der Umzug, denn die Räume lagen im dritten Stock eines Altbaus mit hohen Decken und es gab keinen Aufzug. Ich sehe noch Regina die Treppe hochsteigen und höre sie sagen: „Das war das letzte Mal, morgen komme ich nicht." Sie war schon lange an Morbus Crohn, chronischer Darmentzündung, erkrankt und hatte einen schweren Krankheitsschub. Sie fehlte die nächsten 6 Wochen.

Die Sozialpädagogin hatte ihr erstes Kind bekommen und war in Erziehungsurlaub, mit ihrer Nachfolgerin Karin verstand ich mich viel besser. Sie war sehr gewissenhaft, aber daneben mütterlich nachgiebig. Die Atmosphäre in der Tagesklinik wurde noch familiärer, die Patienten vertrauten uns und wir weitgehend den Patienten.

Karin arbeitete nur halbtags und ging nach dem gemeinsamen Mittagessen nach Hause. Ich legte mich dann auf eine Decke im Büro und machte eine halbe Stunde Siesta. Die meisten Patienten taten das Gleiche im Aufenthaltsraum. Durch den guten Bezug zu den Patienten forderten wir das richtige Maß an Mitarbeit von ihnen, angepasst an das jeweilige Krankheitsbild. Krisen entstehen durch Überforderung, Resignation durch Unterforderung. Die Patienten brachten ihre Krisen trotzdem von zu Hause mit oder fielen am Wochenende in alte Grübelschleifen ihrer Zukunftsängste. In diesen Krisengesprächen spürte ich erst richtig, dass ich gebraucht werde, sonst glich meine Arbeit oft mehr der eines Animateurs.

Als Regina wieder kam, war sie überrascht, wie gut die Stimmung in den neuen Räumen war, aber mehr Verantwortung abzugeben, viel ihr weiter schwer. Ich verstand ihre kritische Haltung damals noch nicht. Heute weiß ich, sie befürchtete, dass wir zur Betreuungseinrichtung werden, ohne Behandlungsauftrag und Behandlungsziel die Patienten nur begleiten. Die Krankenkassen waren noch sehr großzügig, die durchschnittliche Aufenthaltsdauer der Patienten war dreimal so hoch wie heute, lag etwa bei 4 Monaten.

Regina hatte die aufwendige tiefenpsychologische Ausbildung zum Psychotherapeuten gemacht, die meisten ihrer Kollegen waren Verhaltenstherapeuten. Ein Bild von Freud hing in ihrem Zimmer, sie bewunderte, wie er seine Psychoanalyse entwickelt hatte. Wenn es nicht zeitlich und finanziell noch aufwendiger gewesen wäre, hätte sie die Ausbildung zur Psychoanalytikerin gemacht.

Sie ging von der These aus, dass eine psychische Erkrankung nicht nur durch eine genetische Disposition entsteht, sondern die meisten traumatisierenden Erlebnissen ausgesetzt waren. Manchen war das schlimme Ereignis nicht mehr bewusst und die Erinnerung tauchte plötzlich in den Therapiestunden auf, während sie über ihre Kindheit erzählten. Andere wussten genau, was passiert war, schämten sich aber zu sehr, es zu sagen. Es gab über Jahre missbrauchte Mädchen, die erst, als ihre Kinder ins gleiche Alter kamen, erkrankten.

Bei den meisten war kein traumatisierender Knackpunkt zu finden, einige davon waren trotzdem emotional die Instabilsten. Regina nannte sie die frühen Störungen, emotional vernachlässigte Kinder ohne warme haltgebende Bezugspersonen. Sie hatten keinen sicheren Ort und fanden als Erwachsene keine innere Sicherheit. Es mangelte ihnen an Struktur und wenn sie glaubten, jemand will die Beziehung zu ihnen abbrechen, löste es eine affektive Anspannung aus, die oft durch schmerzende Selbstverletzung überboten werden musste, um sie auszuhalten. Vom harmlosen Ritzen bis zu tiefen Schnitten, die genäht werden mussten, absichtliches Verbrennen oder den Kopf an die Wand schlagen. Männer brachen sich manchmal die Finger, weil sie an die Wand geschlagen hatten. Hilfe in der Psychiatrie suchten mit dieser Problematik mehr die Frauen. Männer scheinen ihren Frust mehr gegen andere zu richten oder sich in selbstgefährdendes Risikoverhalten zu stürzen. Wahrscheinlich befasst sich mit ihnen mehr die Justiz oder die Unfallchirurgie.

# 2

Der Pflegeleiter, der gegen mich gewesen war bei der Besetzung der Stelle in der Tagesklinik, provozierte mich mit seiner zynischen Arroganz. Bei jeder Sitzung, jedem Telefonat mit ihm, fühlte ich mich erniedrigt. Einem Fachkrankenpflegeschüler, der in der Tagesklinik seinen Einsatz hatte, klagte ich meinen Ärger. Eines Morgens fragte er gleich bei Dienstbeginn: „Hast du ein Alibi für letzte Nacht?" Der Pflegeleiter war angeschossen worden. Von außen hatte jemand durchs geschlossene Fenster auf ihn geschossen und hatte ihn am Hals getroffen. Er lebte und war nicht in Lebensgefahr.

Die Kripo brauchte keine 2 Tage, um den Täter zu ermitteln. Es war der Lebensgefährte einer Bereichsleiterin. Sie hatte sich auch für die Stelle als Pflegeleiter beworben und hatte schulisch gesehen eine viel bessere Qualifikation. Er wurde ihr vorgezogen, weil er die besseren Drähte nach oben hatte und schon lange politisch aktiv war. Sie war gekränkt, er ließ sie umso mehr seine Macht spüren, erniedrigte sie verbal bei jeder Gelegenheit. Irgendwann reichte das Gejammer darüber ihrem Mann und weil sie auf dem Klinikgelände wohnten, nahm er seine Pistole und lief los.

Beide bekamen eine Haftstrafe, sie wegen Anstiftung, er wegen Mordversuchs. Der Pflegeleiter trat seinen Dienst nie mehr an, er nutzte die Situation aus, bekam weiter bis zur Rente seinen Gehalt. Später hörte ich, er lebe mit 2 Frauen und genieße das Leben, noch etwas später war er an Krebs erkrankt und starb bald daran.

# 3

Im Frühling 1992 sollten wir mit der Tagesklinik schon wieder umziehen, in ein kleineres Gebäude zusammen mit der Ambulanz, sie sollte das Erdgeschoss beziehen, wir den ersten Stock. Kurz vor dem Umzug brannte es in dem Gebäude. Weil ich meinen Unmut über den Umzug gezeigt hatte und den Schlüssel zu dem Gebäude besaß, schauten mich einige schief an, als ich zum Dienst kam. Es stellte sich aber schnell heraus, dass der Brand durch den Umbau verursacht worden war.

Kurz darauf kam die Nachricht, dass die Landesregierung eine Tagesklinik für 22 Plätze in der 10 km entfernten Stadt genehmigt hat. Zwei Abgeordnete hatten uns ein paar Wochen zuvor befragt und ich hatte ein gutes Gefühl nach dem Gespräch. Bald hatte sich ein geeigneter Bauplatz gefunden, nahe dem Zentrum in der zweiten Reihe, hinter einem großen Haus mit Rechtsanwälten und Steuerberatern. Im Mai war der erste Spatenstich und 1 Jahr später sollte es bezugsfähig sein.

Wir mussten trotzdem nochmal umziehen, obwohl es kein Jahr mehr war bis zum großen Umzug in die Stadt.

Ich hatte bisher keine 5 Minuten Fahrzeit zur Arbeit und weil der größte Teil meines Nachtlebens sowieso in der Stadt war, begann ich mit der Wohnungssuche nahe der neuen Tagesklinik. Ich wollte wieder zur Miete wohnen, aber die Schlangen der Bewerber um eine Wohnung waren lang und ich mit langen Haaren, Raucher und jugendlicher Ausstrahlung schien für viele Vermieter sowieso nicht in Frage zu kommen. Ich hatte einen Bausparvertrag über Fünfzigtausend (DM), wollte das Angesparte verprassen, doch mein Vater lockte mich damit, dass er mir die gleiche Summe von meinem Erbteil gebe, wenn ich mir eine Eigentumswohnung kaufe. Diesem Angebot konnte ich nicht widerstehen und wir machten uns gemeinsam auf die Suche. Schon bei der zweiten Wohnung hatte ich ein gutes Bauchgefühl, 50 qm, 3 Zimmer, kleine Küche und Bad. Zudem hatte ich nur 5 Minuten mit dem Fahrrad zur Tagesklinik. Wir wurden uns mit dem Besitzer schnell einig, ich übernahm noch für zehntausend DM einiges vom Inventar. Die monatliche Kreditbelastung war etwa genauso hoch, wie wenn ich hätte Miete zahlen müssen und in 10 Jahren wäre ich schuldenfrei.

Im November zog ich um und lies meiner Lust aufs Nachtleben freien Lauf. 10 Minuten zu Fuß entfernt war meine Stammkneipe, sie wurde mein zweites Wohnzimmer.

# 4

4 Wochen vor dem Umzug mit der Tagesklinik arbeitete ein Kunstmaler bei uns. Er sollte zusammen mit den Patienten Bilder für die neue Tagesklinik malen, das Projekt nannte sich Kunst am Bau und wurde vom Land finanziert. Wir bekamen einen Raum in einem anderen Gebäude, wo sich der Maler entfalten konnte. Er hatte zwei Meter große Sperrholzplatten anfertigen lassen und die Patienten durften sie weiß grundieren. Nach dem Trocknen gab er 4 Patienten jeweils einen Becher mit verschiedenen Farben und jeder durfte an einer Seite der liegenden Platte anfangen zu malen, dann wurden im Uhrzeigersinn die Seiten gewechselt. Die fertigen Bilder wirkten durch die Begrenzung der Farben auf den ersten Blick harmonisch, bei längerem Hinsehen empfand ich bei den meisten chaotische Unruhe. Der Maler schien zufrieden mit dem Ergebnis zu sein, hatte nichts anderes erwartet. Er war ein Schüler von Beuys –

jeder ist ein Künstler und die eigentliche Kunst liegt im Auge des Betrachters.

Damals durften wir fast überall rauchen und er tat es ununterbrochen. Wir gingen öfters abends zusammen essen und auch beim Trinken war er weit voraus. Dann wurde er gesprächiger, tagsüber war er eher wortkarg. Nachdem wir umgezogen waren, gingen wir am Abend vor der Einweihungsfeier mit dem ganzen Team ins Restaurant. Nach dem Essen spendierte der Lebensgefährte von Regina mehrere Runden Schnaps. Die meisten tranken keinen Schnaps, also erbarmten sich der Maler, der Spender und ich, sie zu vernichten. Nach Bier, Wein und vielleicht 8 Schnäpsen hatten wir alle drei Schlagseite beim Gehen.

Zum Abschied küsste mich der Maler auf die Stirn, ich antwortete mit einem meiner Lieblingsgedichte: „Jüngling hege in der Brust, Liebesleid und Liebeslust, aber glaube nicht zu haben, mehr Gefühl als andere Knaben" (Autor vergessen). Er fragte, warum ich sowas zu ihm sage, ich antwortete: „Wahrscheinlich aus Neid auf dein easy living als Künstler", er schüttelte den Kopf: „Stell' dir das nicht zu einfach vor."

# 5

Der Stellenplan der neuen größeren Tagesklinik umfasste: 1 Oberärztin, 1 Stationsärztin, 1 Psychotherapeutin, 1 Sozialpädagogin, 2 Ergotherapeuten, 1 Sekretärin und 3 Fachkrankenpflegekräfte.

Neben Tanja, eine der neuen Fachkrankenpflegeschwestern, saß ich in der Fachschule und wir konnten unseren lockeren und offenen Umgang beibehalten. Sandra, die andere, war Münchnerin und hatte dort gearbeitet. Ihr Ehemann war Verhaltenstherapeut in unserer Klinik. Sie hatte die Zusatzausbildung zur Atem- und Tanztherapeutin, wollte beides in die Behandlung miteinbringen. Sie fragte in der Teamsitzung: „Wer hat Lust, mit mir eine tanztherapeutische Gruppe zu machen?" Da keiner sich sonst meldete, sagte ich nach längerem Schweigen: „Ich kann es versuchen", zweifelte aber daran, dass ich um 14:00 Uhr nach dem Mittagessen Tanzlaune entwickeln kann und dazu nüchtern im hellen Tageslicht. Es fiel mir dann tatsächlich schwer, aber den meisten Patienten ging es genauso. Sandra versprühte aber dabei so viel Lebenslust, brachte fast jeden durch ihre tanzende Animation in Bewegung. Ich bewegte mich, doch es fühlte sich halbherzig und gehemmt an. Trotzdem ging es allen nach den 2 Stunden besser, wir hatten uns bewegt, ohne uns zu verausgaben und waren uns auf andere Art begegnet.

Die Atemtherapie war eine Einzeltherapie, als ich mehr darüber wissen wollte, bot sie mir an, eine Sitzung mit mir zu machen. Ich legte mich auf eine Untersuchungsliege, sollte den Gürtel öffnen und es mir bequem machen, dann deckte sie mich mit einer Decke zu. „Entspanne dich einfach, schließ wenn du willst die Augen, den Rest mache ich." Sie berührte mich sanft an verschiedenen Stellen des Körpers, kaum spürbar, wenn ich kurz die Augen öffnete, sah ich, dass sie ihre Hände in 5 cm Abstand zur Decke hielt, trotzdem konnte ich sie spüren. Dann entspannte ich mich tiefstmöglich, ich bekam eine Erektion. Zum Schluss berührte sie mich kurz in der Mitte der Stirn, es knisterte, ich war wieder richtig wach. Sie fragte: „Wie wars?", „Tief entspannend, bis zur Erektion", wir grinsten uns an. „Die meiste Energie sitzt bei dir im Kopf, vielleicht solltest du sie besser verteilen."

Ich zeigte Sandra die 5 Tibeter, sie war begeistert von der energetischen Wirkung – „Ich könnte danach die Wände hochlaufen." Sie motivierte dazu weitere Kollegen, bald bot sie die Übungen auch den Patienten an. Am Ende gab es eine Gruppe von Kollegen und Patienten, die sie jeden Morgen vor dem restlichen Therapieprogramm praktizierten.

Tanja fand gleich ihr Arbeitsfeld in der Tagesklinik, sie leitete die Haushaltsgruppe, die in der letzten Phase der Behandlung jeder Patient durchlaufen sollte. Dieses lebenspraktische Training lag ihr, sie stöhnte zwar oft, wie chaotisch und anstrengend das Einkaufen mit den Patienten ist, aber beim gemeinsamen Kochen wurde viel gelacht. Sandra hätte in dieser Gruppe mitmachen oder sie zumindest vertretungsweise übernehmen können, sie sah sich aber nicht in der Küche. In den Teamsitzungen spürte ich etwas Feindseliges zwischen Regina und Sandra, offenbar wurde es, wenn Sandra einem von Reginas Einzelpatienten Atemtherapie anbieten wollte. „Auf keinen Fall, sind Sie sich der Gefahr bewusst, was das auslösen könnte?", verbot sie es.

Nach etwa einem Jahr beklagte Sandra sich bei mir, dass sie hier ihren Platz nicht finde. Zudem hatte sie sich von ihrem Mann getrennt und sich mit unserem Ergotherapeuten eingelassen, der bei jeder Gelegenheit an ihr klebte. Es war nicht nur peinlich, er vernachlässigte auch seine Patienten.

„Ich muss raus aus dieser Stadt, ich kündige zum nächstmöglichen Zeitpunkt." Sie setzte alles schnellstmöglich um und hatte bald eine neue Stelle in Nürnberg.

# 6

Meine Arbeitswoche in der neuen Tagesklinik gestaltete sich sehr abwechslungsreich, ich fühlte mich geistig, seelisch und körperlich im richtigen Maß gefordert. Vormittags war ich vor allem mit administrativen und medizinischen Aufgaben beschäftigt, kümmerte mich um die neuen Patienten und um die, die in der Visite medikamentös neu ein- oder umgestellt wurden.

Die Nachmittage waren von Freizeitaktivitäten geprägt. Montags hatten wir eine Turnhalle, in der wir nach kurzem Aufwärmen Volleyball spielten. Um ein Zusammenspiel zu erzwingen, musste einmal abgegeben werden und um Verletzungen zu vermeiden, war schmettern verboten. Trotzdem gab es einige Kapselverletzungen an den Fingergelenken und einmal einen gebrochenen Fußknöchel. Die Teilnahme war freiwillig,

alternativ fand in der Tagesklinik eine Gymnastikgruppe statt.
Den Dienstagnachmittag konnten die Patienten in der Vollversammlung mitbestimmen. Jeder konnte Vorschläge machen,
dann wurde abgestimmt. Ich übernahm meistens den Fahrdienst
bei den Ausflügen mit dem Kleinbus. Die Aktivitäten waren un-
terschiedlich, oft bestimmten dominantere Patienten das Angebot, weil sie vorher Politik für ihre Sache machten. Wandern im
Pfälzer Wald, Schwimmen am See oder im Schwimmbad, Mini-
golf, Badminton und vieles mehr. Wenn die Patienten kulturelle
Unternehmungen wünschten, ließ ich meinen Kolleginnen den
Vortritt. Selbst die Psychologin Regina begleitete die Patienten
gerne zu Ausstellungen, Museumsbesuchen und sogar abends
ins Theater. Eine neue Ergotherapeutin, die vorher Opernsän-
gerin war, hatte regelmäßig Freikarten organisiert.

Am Mittwochnachmittag wurde die Tanztherapie durch Mu-
siktherapie ersetzt. Ich musste mit der Gruppe ins Mutterhaus
fahren, dort trafen wir uns in einem Raum voller Instrumente
mit dem Musiktherapeuten. Er verstand es, sich schnell in die
Gruppe einzufühlen und ein geeignetes Thema für die freien
Improvisationen zu finden. Manche konnten sich hier ausleben
und ihren Frust abbauen, andere spürten wenigstens, wie gehemmt sie sind. Oft wurde auf der Heimfahrt zum Radio mitgesungen, die Patienten schienen gelöster.

Am Donnerstagnachmittag hatten wir eine elendig lange
Teamsitzung, nach den allgemeinen, organisatorischen Ange-
legenheiten wurden alle Patienten besprochen. Nach zwei Stunden wurden das Sitzen und Zuhören anstrengend, später trafen
wir uns jeden Morgen für eine halbe Stunde und nutzten den
Donnerstag nur noch für Konzeptionsteams, in denen Grund-
sätzliches verändert wurde. Am Freitag war unser sogenannter
offener Nachmittag. Nach der Vollversammlung, die von 2 Patienten geleitet wurde, durften ehemalige Patienten, Angehö-
rige und Interessierte in die Klinik kommen. Es gab Kaffee und
Kuchen und die Besucherzahlen stiegen stetig. Einige Patienten
hielten den Trubel nicht aus, zogen sich zurück in den Ruheraum
oder verließen die Klinik vorzeitig. Auch ich hielt es im Spei-

sesaal nicht lange aus, der Raum bestand an 2 Seiten nur aus Glas, wenn viele durcheinander redeten, verstand ich durch die hallende Akustik meinen Tischnachbarn nur schwer. Ich sagte meinen Kollegen, dass ich im Notfall im Keller beim Tischtennis zu finden sei. In den Anfängen war Tischtennis sehr beliebt, einige Ehemalige kamen jeden Freitag zum Spielen. Wir begannen mit mehreren Rundläufen, bis die Ersten erschöpft ausstiegen, dann bildeten wir Zweierteams und spielten Doppel.

Ich war bei der Arbeit rundum zufrieden, fühlte mich am rechten Ort zur rechten Zeit. Ich duzte mich mit allen Kollegen und war mit den Ärztinnen auf Augenhöhe, sie fragten mich oft, ob ich noch eine medikamentöse Idee hätte, wenn Patienten auf die angesetzten keine Besserung zeigten.

In der Geriatrie hatte ich noch öfters gehadert mit der Entscheidung, kein Abitur zu machen und nicht zu studieren. Jetzt fühlte ich mich in meiner Rolle wohl, wollte kein Arzt, Psychologe oder Sozialpädagoge sein. Mein Arbeitsfeld war viel größer und abwechslungsreicher. Dazu kam, dass ich mich als Arzt nicht getraut hätte, mein Nachtleben so freizügig auszuleben, zumindest nicht in unserer Stadt.

# Vom Laster zur Tugend

## 1

Seit ich in der Stadt wohnte, war ich keinen Abend mehr zu Hause. Meistens traf ich am Stammtisch in meiner Kneipe eine Clique von um die 10 Jahre jüngeren neuen Freaks. Sie waren das Gegenstück zu den damals aufkommenden Poppern, bei ihnen musste die Kleidung und Frisur locker und lässig sein. Mit Mitte 20 waren sie noch auf der Suche nach dem richtigen Weg, viele hatten die Schule oder Lehre abgebrochen, lebten von staatlicher Unterstützung oder mit Hilfe ihrer Eltern. Einige verdienten sich mit kleineren Drogengeschäften etwas dazu. Es war eine solidarische Gemeinschaft, wenn einer kein Geld hatte, wurde er von den anderen unterstützt, so wurde kein großes Thema daraus. Trotz der finanziellen Engpässe gingen wir öfters von der Kneipe aus noch essen und fuhren an den Wochenenden zu Musikfestivals.

Zu der Belastung des Wohnungskredits musste ich noch Unterhaltszahlungen leisten, nach 2 Jahren Stadtleben war mein Konto 12000 DM im Minus. Irgendwie hat es meine Mutter gespürt und so lange gebohrt, bis ich es zugab. Mein Vater sagte: „Ich gleiche dir das nochmal aus, aber du musst jetzt was ändern."

Aber ich konnte der Nacht nicht widerstehen, eine Partnerin hätte mich vielleicht mehr zu Hause gehalten, doch so exzessiv, wie ich damals lebte, kam ich keiner Frau ernsthaft nahe.

# 2

Richy war einer der extremsten der jungen Wilden, er konsumierte alles außer Heroin. Er und seine Freundin hatten mich mitgenommen zu ihm nach Hause. Er wohnte noch bei den Eltern, hatte dort aber sein eigenes Reich. Er schenkte jedem von uns einen Whisky ein, dann drittelte er eine Ecstasy-Tablette. Es war meine erste Erfahrung mit MDMA. Ich saß plötzlich in einer liebevollen Welt, selbst die Wände strahlten wärmende Umarmung aus. Wir fuhren dann in die Disco und meine übersprudelnde Zuneigung musste die beiden an den Händen fassen. In der Disco hätte ich gerne getanzt, doch leider hatte ich mir zuvor beim Tennis mit Kollegen den Meniskus eingerissen und die Operation war noch nicht lange her. Ich hatte trotzdem ein anhaltendes gutes Gefühl und wusste, dass ich diese Erfahrung wieder machen will.

# 3

Zur richtigen Freundschaft kam es nur mit Mike aus der Clique. Er war 9 Jahre jünger und anfangs einer der größten Chaoten. Öfter klingelte er mitten in der Nacht, weil seine Eltern oder seine Freundin ihn rausgeschmissen hatten oder den Zutritt verwehrten. Er lebte längere Zeit von der Hand in den Mund, seit er in der 12. Klasse die Schule abgebrochen hatte. Seine Eltern waren wohlhabend, aber sein Vater hatte vom Herumgammeln des Sohnes genug und verweigerte, ihn zu unterstützen, während die Mutter ihm heimlich etwas zusteckte.

Er lernte Maike kennen, eine Krankenschwester, die zwar auch rauchte, trank und ab und zu kiffte, aber immer gemäßigt und sie wusste, dass sie eine drogenfreie Zukunft will mit

Ehemann und Kindern. Sie und vielleicht ein wenig ich brachten ihn dazu, sich um eine Arbeit zu kümmern. Zuerst betreute er in Frankfurt einen Querschnittsgelähmten eine Woche am Stück, danach eine Woche frei. Nach einem Jahr wechselte er in die Metallverarbeitung, das war ein Knochenjob in einer großen lauten Halle. Bald stand fest, dass er die Lehre zum Koch machen wird und die praktische Ausbildung bei seinen Eltern im Restaurant machen könne, mit der Option, das Ganze mit Pensionszimmern zu übernehmen. Er wusste schon während der Ausbildung, dass ihm das zu viel Stress machen würde, machte aber die Ausbildung zu Ende. Danach fand er eine Stelle in der Logistik eines Baumarkts und arbeitet heute noch als Abteilungsleiter dort.

Seine Eltern verkauften ihr Anwesen und halfen bei der Finanzierung eines Reihenhauses. Maike bekam ihren ersten Sohn und der zweite folgte bald. Wir trafen uns regelmäßig, aber nur noch einmal pro Woche.

# 4

Am Wochenende folgte mir nach der Disco oft eine Karawane von Leuten, die weiter Party machen wollten. Wir hörten die ganze Nacht laute Musik und es war ein Wunder, dass keiner der Nachbarn klingelte, um sich zu beschweren, aber zweimal wurde mir das Fernsehkabel durchgeschnitten. Meine Wohnung sah spätestens am Sonntag zum Davonlaufen aus und sie roch auch so.

1995 war der Gipfel meiner Ausschweifungen, ein halbes Jahr lang nahm ich freitags und samstags je eine halbe Tablette Ecstasy. Im Keller unter meiner Stammkneipe hatte ein Dunkelhäutiger aus der Karibik eine Musikbar eröffnet. Freitags fand dort eine Jam-Session statt. Ich tobte mich meistens an den Congas aus, bevor ich weiterzog, um in der Disco die Nacht durchzutanzen. Ich zählte nicht mehr, wie viel ich trank und hatte öfter einen Filmriss, wusste am nächsten Tag nicht, wie ich nach Hause gekommen bin. Sie nannten mich König in der einen Disco, in der anderen war ich Kult.

Ich bemerkte, dass vor allem Patientinnen in der Disco auftauchten und hatte das Gefühl, dass sie mich gezielt beobachteten. Ich versuchte, Abstand zu halten, doch im Gedränge an der Bar gab es doch Begegnungen. Montags schämte ich mich regelmäßig, wenn ich sie nüchtern wiedersah.

Auf Ecstasy war ich Everybody's Darling, aber die Blackouts dehnten sich aus, mir fehlten manchmal Stunden, in denen ich unterwegs war, Freunde erzählten mir später davon. Ich beschloss, anstelle der Pille einen halben LSD-Trip zu nehmen. Nach 4 Wochen regelmäßiger Einnahme war ich sozial so geächtet, dass ich nicht mehr ausgehen wollte. Auf Trip verlor ich die Augenhöhe, ich stand über allen und zeigte offen meine Überheblichkeit. Auf Ecstasy tanzte ich mit den anderen, jetzt schwebte ich über ihnen.

Bei meinem letzten Trip traf ich eine Patientin und nannte sie wegen ihrer dicken Bäckchen Babyface. Als ich montags zum Dienst kam, saß sie schon bei der Oberärztin und beschwerte sich über mich, wollte wegen mir sofort entlassen werden. Ich hatte sie tief gekränkt, weil sie sowieso schon unter ihrem Übergewicht litt. Die Oberärztin machte keine große Sache daraus, riet mir aber, im Privatleben mehr Abstand zu den Patienten zu halten. Für mich war es das Ausrufezeichen hinter meinem Entschluss, mich aus dem Nachtleben zurückzuziehen.

Ein Grund mehr war meine finanzielle Situation, mein Konto war schon wieder über 10000 DM im Minus. Ich ließ den Betrag auf meinen Kredit für die Wohnung umschulden und war seitdem keinen Pfennig oder Cent mehr im Minus auf meinem Konto.

# 5

Eine Kollegin, die von meinen Suchtproblemen wusste, lieh mir ein Buch: „Die inneren Fesseln sprengen", von Phyllis Krystal. Es wurden darin verschiedene Visualisierungen beschrieben, ein Kapitel befasste sich mit der Ablösung von ungesunden Abhängigkeiten, ob von Personen oder Suchtmitteln.

Nach Anweisung des Buchs setzte ich mich bequem in den Schneidersitz, schloss die Augen und stellte mir vor, ich sitze in einem Ring aus weißem Licht, vor mir grenzte ein zweiter Ring an den ersten. Darin visualisierte ich einen großen Joint. Ich stellte mir vor, an welchen Stellen des Körpers ich an dem Stoff hänge, ich entschied mich für die Stirn und den Hals. Ich stellte mir vor, aus welchem Material die Verbindungen sind, sie waren bambusartig. Dann sollte ich die Verbindungen entfernen und meine offenen Stellen mit den Händen bedecken. Ich bedankte mich beim Joint für all das Gute, das er mir gegeben hatte und verzieh ihm alles, was er mir angetan hatte. Dann war es wieder meiner Fantasie überlassen, wie ich die Verbindungen vernichte; ich verbrannte sie auf der Grenze zwischen den 2 Ringen. Ich sollte aus dem Ring treten, ein Gewässer aufsuchen, meine Kleider ausziehen und im Wasser untertauchen. Aus dem Wasser steigen und ein weißes Gewand anziehen, zuletzt eine Geste der Befreiung machen; ich hob die Hände zum Himmel.

Dies wurde das Ablösungsritual genannt, es dauerte eine gute halbe Stunde. Dann sollte ich für 2 Wochen vor dem Einschlafen und gleich nach dem Aufwachen die Lichtkreise visualisieren und ein blaues Licht erst um den Joint, dann um mich in Form einer liegenden Acht kreisen lassen. Die zeitliche Nähe zum Schlaf sollte das Unterbewusste beeinflussen und das blaue Licht eine Distanzierung zu dem Stoff bewirken. Wenn das Verlangen zu groß wurde, konnte ich dieses Ritual auch zu jeder Zeit einsetzen, es dauerte nur wenige Minuten.

Ich hatte schon oft mit dem Kiffen pausiert, meistens aus finanziellen Engpässen oder mangelndem Angebot, doch es dauerte keine Woche, bis sich die Gelegenheit wieder bot oder ich sie suchte. Dieses Mal stand mein Entschluss fest, zumindest diese 2 Wochen durchzuhalten und es fiel mir erstaunlich leicht, wahrscheinlich auch durch meine finanzielle Situation motiviert.

Nach einer Woche fühlte ich mich körperlich stärker und konnte die größere Klarheit meiner Gedanken genießen. Ich begann, meinen Alkoholkonsum zu reduzieren und machte nach 2 Wochen das gleiche Ritual mit der Vorstellung eines großen Glases Hefeweizen. Wieder war ich erstaunt, wie problemlos es gelang, dem Alkohol zu entsagen. Die einzigen Schwierigkeiten machten meine vielen Bekannten, die mich zum Konsum verführen wollten. Ich beschloss, außer Mike keinen mehr in meine Wohnung zu lassen.

Ich hatte in den letzten 20 Jahren keine längere Abstinenzphase, kannte das tiefe Durchschlafen und die morgendliche Frische danach nicht mehr. Ich spürte eine Energie, die mir alles erleichterte, ich schleppte mich nicht mit dem Fahrrad zur Arbeit, ich flog. Alles machte Spaß, weil keine dumpfe Trägheit in mir war.

Nach weiteren 2 Wochen stellte ich mir eine große Zigarette vor. Ich hatte meinen Konsum zuvor schon auf die Hälfte reduziert und es gelang fast mühelos, nach dem Ablösungsritual nicht mehr zu rauchen. Ich war das erste Mal als Erwachsener richtig clean, ich fühlte mich, als hätte ich einen dreiköpfigen Drachen besiegt.

# 6

Ende 1995, noch bevor ich den Entzug machte, suchte ich in einer Bücherei nach anderem fernöstlichem Wissen, wie Yoga oder die 5 Tibeter. Ein Buch von Mantak Chia, „Tao Yoga der Liebe, der geheime Weg zur unvergänglichen Liebeskraft", weckte beim Durchlesen des Verzeichnisses mein Interesse. Es beschrieb Techniken, von denen ich noch nie gehört hatte. Das Buch behauptet, das wir die Energie unserer Spermien verfeinern und transformieren können, um unsere geistige Kreativität und Willenskraft zu stärken. Es empfahl 3 Übungen, die täglich praktiziert werden sollen.

Die erste nannte sich die Hodenatmung. Ich setzte mich an die Kante der Sitzfläche eines Stuhls, die Füße schulterbreit fest auf dem Boden, der Hodensack musste unbehindert herabhängen können. Vom Steißbein bis zum Scheitel richtete ich mich senkrecht auf, dann atmete ich ein und versuchte, meine Hoden hochzuziehen. Ich beobachtete mich im Spiegel und sah eine kleine Bewegung. Ich konzentrierte mich auf meine Wirbelsäule und spürte beim Einatmen einen sanften Strom, der bis zum Scheitel floss. Ich machte die Übung 10 Minuten und fühlte mich danach, wie wenn ich frische Energie erhalten hätte. Die noch stillen Spermien sollten dabei angeregt werden und ihre sanfte elektrische Ladung durch das Rückenmark zum Gehirn geleitet werden.

Die zweite Übung war die Hodenkompression. Ich atmete tief ein, legte die Zunge an den Gaumen und bildete einen komprimierten Ball aus Luft, den ich mit einem kräftigen Schluck in den Magen beförderte. Während ich den Atem anhielt, drückte ich den Ball mit den Bauchmuskeln in den Hodensack, gleichzeitig spannte ich mein Perineum und den Anus an. Die Hoden schienen leicht anzuschwellen und begannen zu hüpfen, ein kräftigerer und schneller fließender Strom sprudelte durch mein Rückenmark. Ich musste die ganze Zeit die Luft anhalten und schaffte anfangs eine gute Minute. Ich wiederholte die Übung fünfmal und spürte danach mehr Unruhe in meinen Hoden, war sexuell angeregt.

Die letzte Übung war: „Das große Emporziehen in die goldene Blüte." Zuerst machte ich sie im Stehen, weil dabei die Energie leichter kontrollierbar ist. Ich stimulierte mich selbst, bis ich den ersten Kitzel des nahenden Orgasmus wahrnahm, dann zog ich den Beckenboden hoch und spannte ihn so fest an, wie ich konnte. Eine innere Fontäne schoss im Rückenmark zum Gehirn, meistens waren es mehrere Wellen. Manchmal löste ich die Anspannung zu früh und musste sie wiederholen. Ich begann sehr vorsichtig, es war wichtig, dabei keinen Samen zu verlieren. Die Prostata würde dadurch gemolken, das Durchsichtige sollte abfließen, um keine Vergrößerung durch Überdruck zu produzieren, das Weiße, die Spermien, sollte bewahrt werden.

Am Ende sollte ich die Augen schließen und mir vorstellen, wie die Energie im Gehirn kreist, neunmal im Uhrzeigersinn und sechsmal dagegen. Dann wurde die Energie durch die Zungenspitze am Gaumen nach unten geleitet, bis sie im Bauch unter dem Nabel wieder durch das Kreisen gesammelt und bewahrt wurde.

Da ich keine Partnerin hatte, übte ich täglich alleine über ein halbes Jahr. Die Kontrolle über meinen Orgasmus gelang immer besser, ich konnte mich ihm weiter nähern und aus meiner Harnröhre sickerten danach die durchsichtigen Sehnsuchtstropfen. Die anfangs sehr subtile Energie, die in mir floss, wurde deutlich wahrnehmbar, beim Emporziehen vibrierte mein Kopf.

Der nächste Schritt wäre, die Technik mit einer Partnerin zu versuchen. Das Buch warnte, dass die dabei entstehende Energie noch dynamischer nach außen drängen würde und viel schwerer zu kontrollieren sei, deshalb bräuchte ich eine Partnerin, die mein Vorhaben, keinen Samen zu verlieren, unterstützt. Ich hatte bei der Vorstellung, das einer neuen Partnerin zu vermitteln, ein schlechtes Gefühl; würde sie sich nicht wie ein Versuchsobjekt vorkommen oder einfach denken, solche Spinnereien mache ich nicht mit?

Ich glaube, dass die damalige Enthaltsamkeit von der Ejakulation, trotz täglicher sexueller Aktivität, mir Energie und Zufriedenheit gegeben hat und mir zumindest einen Teil der Kraft gab, um meine Süchte zu überwinden. Ich frage mich heute noch, ob es richtig ist, die Sexualität zu verbiegen oder schöner ausgedrückt, zu kultivieren, vielleicht haben verschiedene Wege verschiedene Zeiten und es gibt den richtigen Weg nicht. Im Beruflichen war ich der Anpassung unterworfen, mein Privatleben wollte experimentell bleiben.

# 7

Ich las noch andere Bücher über Tao Yoga und weil darin öfters Tai Chi als die Königsdisziplin bezeichnet wurde, kaufte ich mir ein Buch darüber. Ich versuchte, die Bewegungen nachzuvollziehen, merkte aber bald, dass ich es auf diese Art nie schaffen kann. Ich entdeckte im Programmheft der Volkshochschule einen Tai Chi-Kurs, fragte Andreas und die Kollegen, ob jemand Lust hätte mitzukommen. Mitte Januar 1996 ging ich mit Andreas und 2 Kollegen zur ersten Probestunde. Nach der Begrüßung und Vorstellungsrunde zeigte der Kursleiter einige Aufwärmübungen, sie erinnerten mich teilweise ans Tanzen, es waren weiche und runde Bewegungen und sie forderten wenig Muskelkraft. Das Ziel dabei sei, die Gelenke zu erwärmen und zu öffnen, sie durchlässiger zu machen für das Chi. Danach machten wir einige Vorübungen aus dem Tai Chi Qi Gong. Das Zeitlupenartige der Bewegungen zusammen mit dem ruhig fließenden Atem war für mich eine neue Erfahrung, es wirkte zugleich beruhigend und belebend.

Der Lehrer erklärte, dass das Lernziel des Kurses die Pekingform des Tai Chi mit den 24 Bewegungen sei. Er zeigte die ganze Form, um jedem klarzumachen, um was es geht und die Möglichkeit zu geben, noch abzuspringen. Als ich ihm zusah, wusste ich sofort, das will ich auch können. Seine geschmeidige Eleganz floss lautlos sehr langsam durch den Raum, er hatte dabei eine absolute Standsicherheit.

Wir übten zusammen die ersten beiden Bewegungen. Qi aufwecken und die Mähne des Wildpferdes teilen. Schon bei der Einleitung, mit geschlossenen Beinen im Halbbogen einen schulterbreiten Schritt nach links, hatten viele mit der Langsamkeit Probleme. Das Qi aufwecken, die Hände heben und senken sah einfach aus, aber bei uns wirkte es verkrampft. Jetzt kam der erste Bogenschritt, die linke Fußspitze wurde zurückgezogen und vor der rechten Ferse aufgesetzt, dann im Bogen einen Schritt nach links vorne. Bei der Gewichtsverlagerung nach vorne drehte die rechte Ferse nach außen, bis die Füße einen 45°-Winkel beschrieben. Die Hände drehten sich beim Zurückziehen des Fußes zur Ballhaltung, rechte Hand oben, linke unten. Mit dem Schritt beschrieb die linke, nach oben gerichtete Handfläche einen Halbkreis von unten nach oben, ungefähr in die Höhe des Halses. Die rechte Handfläche strich an der linken vorbei zurück und platzierte sich neben der Hüfte mit der Handfläche zum Boden gerichtet.

Das liest sich wahrscheinlich kompliziert, aber in der Ausführung war es das auch. Ein großes Gewackel füllte den Raum. Er erklärte zum Schluss, dass Tai Chi Kampfkunst sei und dass jede Bewegung auf Angriff oder auf Verteidigung ausgerichtet sei. Die Mähne teilen war ein Handgelenksschlag an den Hals. Trotz der Anfangsschwierigkeiten unterschrieben alle die Kursteilnahme.

Als wir vier zurück zum Parkplatz liefen, sagte ich zu den anderen, dass ich einen angenehmen Muskeltonus spüre, sie teilten meine Meinung. Ich fühlte mich vitalisiert, gleichzeitig entspannt und locker.

## 8

Als ich zu Hause war, wiederholte ich das Gelernte mehrmals, um es im Langzeitgedächtnis zu speichern. Danach übte ich fast jeden Tag, anfangs nur 20 Minuten, später als Nichtraucher bis zu 2 Stunden. Es war genau der richtige Ersatz fürs Tanzen; da dieses für mich untrennbar mit dem Rausch verbunden war, vermied ich es.

In den nächsten Unterrichtsstunden hatte ich den Eindruck, dass außer Andreas und mir keiner zu Hause übte. Die meisten konnten das Geübte nicht alleine ausführen, brauchten die Vorführung und Anleitung des Lehrers. Vielleicht lag es auch an ihrem kinematischen Gedächtnis. Ich erklärte einigen, was ich in Psychologie gelernt hatte, dass wir neu Gelerntes innerhalb von 2 Stunden wiederholen müssen, um es vom Kurzzeitgedächtnis ins Langzeitgedächtnis zu bringen. Die Fortschritte im Kurs gingen trotzdem langsam voran; wenn ich den Lehrer bat, noch eine Bewegung mehr zu zeigen, bremsten mich die anderen lautstark aus.

Nach dem ersten Trimester hatten wir die Hälfte der Form gelernt. Der Lehrer versprach, dass wir im nächsten die ganze Form lernen. Einige machten nicht weiter, auch mein Kollege der Ergotherapeut stieg aus, er hätte erkannt, dass dies nicht das Richtige für ihn sei. Mit 190 und einer mittelgradigen Skoliose fehlte ihm die Geschmeidigkeit im Rücken, seine Schritte sahen tapsig aus.

Mit dem neuen Trimester begann ich auch meine Entgiftung, deshalb war ich begierig, die ganze Form zu können, um die gewonnene Zeit sinnvoll und abwechslungsreich zu füllen. Mein Privatleben war inzwischen voller Rituale. Morgens 15 Minuten 5 Tibeter, nach Feierabend 5 Minuten Kopfstand, kurzes Aufwärmen, dann mindestens eine halbe Stunde Tai Chi, zuletzt Tao Yoga. Es erinnerte an meine Zwänge am Ende meiner Kindheit, aber die Sucht war auch ein Zwang.

Tai Chi soll übersetzt „das höchste Letzte" bedeuten, für mich ist es der Weg, der mich geschmeidig ins Alter führen kann und die Kraft meiner Beine so lange wie möglich erhält. Zudem ist es eine der besten Achtsamkeitsübungen. Wenn ich ganz in die Gegenwart meiner Bewegungen eintauche, keine störenden Gedanken habe, erfahre ich in dem sanften Flow andere, feinere Wahrnehmungen. Meine Fußsohlen spüren tiefer in die Erde, der Bewegungswind streichelt zwischen meinen Fingern und, meine Kraft wird gelenkt durch eine stabile, aber auch flexible Mitte. Das Bewusstsein für die entspannte und kraftvolle Bewegung wächst und auch im Alltag erkannte ich schneller Fehlhaltungen und korrigierte sie.

# 9

Das zweite Trimester ging im Sommer zu Ende, wir waren zwar
bis zum Ende der Form gekommen, bei den letzten Bewegungen
hatte ich aber noch einige Unsicherheiten. Der Lehrer bot an,
dass wir uns noch viermal im Park treffen können; wenn genug
Interesse bestünde, würde er 10 DM pro Person für 2 Stunden
verlangen. Es meldeten sich über 10 Leute, also verabredeten
wir uns für die nächste Woche. Im Freien zu üben hatte energetisch einen größeren Effekt, ich spürte die vermehrte Sauerstoffaufnahme. Die Konzentration auf die Bewegung fiel mir
aber schwerer, ich wurde öfter durch vorbeilaufende Passan-
ten abgelenkt. Durch die Unebenheit des Bodens war es auch
schwieriger, das Gleichgewicht zu halten.

Nach den 4 Wochen glaubte ich, die Form zu beherrschen
und war nicht nur deshalb froh, ich hatte auch keine Lust mehr
auf gewisse Teilnehmer und der Lehrer nervte mich manchmal
mit seiner Großspurigkeit. Andreas, der mich nach den Stunden oft bat, ihm das Gelernte nochmal zu zeigen, wurde zum
Besserwisser, obwohl er von außen betrachtet eine steife Figur
abgab. Wahrscheinlich war er neidisch auf meine konsequente
Entgiftung; von meinem anderen Freund Mike hatte ich erfahren, dass ihm die Sache mit dem Visualisieren suspekt vorkam.

Ich dachte, ich hätte genug Tugenden, um meine drogenfreie
Zeit zu gestalten, was jetzt aber zu fehlen begann, waren Menschen. Nach etwa 6 Wochen ging ich nüchtern in meine Stammkneipe, hielt es aber keine Stunde aus.

# Sabrina

## 1

Sabrina war die Patientin, die sich wegen meiner Babyface-Bemerkung hatte entlassen lassen. Etwa ein halbes Jahr danach, ich war 3 Monate clean, bekam ich seltsame Anrufe, kindliche Laute, keine Worte. Nach mehreren Anrufen, in denen ich bat, der Anrufer möge sich melden, gab sie sich zu erkennen. Wir hatten ein gutes Gespräch, sie entschuldigte sich, dass sie damals überreagiert habe. Es hätte sogar was Gutes bewirkt, sie habe seitdem 20 Kilo abgenommen. Sie fragte, ob wir uns sehen können, ich dachte an meine Oberärztin, bat um Bedenkzeit und dass wir nochmal telefonieren können.

Nach dem Gespräch fragte ich mich, warum nicht, wäre sie Patientin im somatischen Krankenhaus gewesen, würde ich gar nicht darüber nachdenken. Ich schlief noch eine Nacht darüber und als sie am nächsten Tag anrief, verabredeten wir uns. Wir trafen uns in meinem Auto auf einem Parkplatz in der Nähe ihrer WG. Sie wohnte zusammen mit 4 anderen psychisch Kranken in einem kleinen Haus, das von einer Sozialarbeiterin betreut wurde. Drei der anderen Bewohner kannte ich aus der Klinik, deshalb wollte ich sie nicht zu Hause besuchen.

In der Klinik hatte sie bei 170 knapp 80 Kilo gewogen, sah sehr kindlich aus, als hätte sie ihren Babyspeck noch nicht verloren. Jetzt lief eine schlanke, junge Frau auf mich zu, ich war 36, sie erst 22 Jahre alt. Sie sah aus wie eine Südspanierin, schwarzes lockiges Haar, braune Augen und volle Lippen. Später erfuhr ich, dass ihr Vater Sinti oder Roma gewesen sein soll, sie kannte ihn nicht. Ihr Makel war zugleich ihr Zauber, sie hatte einen Silberblick, schielte leicht, was ihr beim räumlichen Sehen so große Probleme machte, dass sie keinen Führerschein machen konnte.

Wir redeten zuerst über die gemeinsame Zeit in der Klinik, lachten viel, wenn sie ihre Erfahrungen mit meinen Kollegen schilderte. Bei ihren Mitpatienten wurde es wegen meiner Schweigepflicht schwierig, ich musste mich zurückhalten, aber sie merkte es und wechselte das Thema. Sie erzählte, mit welcher Methode sie abgenommen hatte und ich, wie ich zum Nichtraucher wurde.

Das Gespräch gestaltete sich sehr flüssig, obwohl ich mich bei manchen Themen wie auf einem Minenfeld fühlte. Zum Abschied fragte sie, ob sie mich bald besuchen könne, ich sagte, wir telefonieren.

## 2

Nach dem Gespräch war ich immer noch unsicher, ob ich mich auf mehr einlassen sollte. Ich wusste, dass sie verliebt in mich war, wusste aber nicht, ob ich nur aus Einsamkeit oder weil ich mich geschmeichelt fühlte über eine Beziehung mit ihr nachdachte. Es fühlte sich aber falsch an, nur wegen der beruflichen Umstände den Kontakt zu meiden, es wäre eine weitere Diskriminierung der psychisch Kranken.

Am nächsten Tag war Freitag, ich rief sie gleich nach der Arbeit an und fragte, ob sie mich gegen 20 Uhr besuchen wolle. Sie kam pünktlich und strahlte mich an, als sie die Treppe hochstieg. Wir redeten lange bei mehreren Melissentees, bis wir uns irgendwann an der Hand hielten. Ich spürte, dass sie gerne mit mir schlafen würde, aber ich wollte mich nicht auf eine normale Sexualität einlassen, wollte dem Tao Yoga treu bleiben, deshalb musste ich ihr erst einiges erklären. Sie schien skeptisch, sah aber darin kein Hindernis.

Meine Leidenschaft war nun richtig geweckt, ich hatte die Chance, das große Emporziehen mit einer Frau auszuprobieren.

Als ich später in sie eindrang, wurde ich von einem schnell aufkommenden großen Kitzel überrascht, ich musste mich nach keiner Minute zurückziehen und dann lange mit viel Kraft emporziehen. Sie wartete geduldig, schien verstanden zu haben, was ich tat. Beim nächsten Eindringen war ich vorsichtiger, versuchte einen Rhythmus, den ich bei Mantak Chia gelesen hatte, 5 flache Stöße und dann ein tiefer. Die Flachen waren leicht zu beherrschen, bei den Tiefen wurde der Kitzel bald zu viel und ich musste wieder abbrechen. Sie schien es trotzdem genossen zu haben und so steigerten wir uns von Mal zu Mal und trieben es mehrere Stunden.

Wir redeten danach bis zum Morgen, sie erzählte von ihrer desolaten Kindheit mit einer Mutter, die ständig die Partner wechselte und sie und ihren Halbbruder vernachlässigte. Ihre schlimmste Erinnerung war ein älterer Nachbarsjunge, der sie als Kind über Jahre oral missbrauchte. Deshalb war vor allem der Geruch von Sperma ein Trigger für sie, der sie in das Erlebte zurückwarf. Meine Sexualität ohne Ejakulation schien für sie genau das Richtige.

Trotzdem hatte ich am nächsten Tag Zweifel, ob ich nicht selbst einen Missbrauch begehe, nutze ich meine Rolle als Fachkrankenpfleger sexuell aus? Ich saß in einer Zwickmühle, einerseits wollte ich sie als ehemalige Patientin nicht diskriminieren, andererseits meine Rolle nicht ausnutzen.

# 3

In den ersten 3 Monaten war unsere Beziehung Verliebtheit mit täglich ausgiebiger Sexualität. Problematisch wurde es erst, als sie zu mir zog. Wir rutschten ins Vater-Kind-Verhältnis und ich verlor zunehmend meine Geduld, wenn sie im Alltag schlecht funktionierte. Sie zog sich mehr in sich zurück, wurde verschlossen, flüchtete nachts aus dem Bett, um sich ihren Fressorgien hinzugeben. Rauchte dazu, bis es mir im Bett unangenehm in die Nase stieg. Es schaukelte sich gegenseitig hoch, je mürrischer und nörglerischer ich wurde, umso destruktiver verhielt sie sich.

Freitags hatte ich alle 4 Wochen Supervision in der Klinik und kam deshalb 2 Stunden später nach Hause. Ich hatte es ihr mehrmals gesagt, doch sie hatte nicht richtig zugehört oder es schon wieder vergessen. Ich konnte kaum die Wohnungstür öffnen, weil der Boden voller Spiegelscherben lag. Sie lag im Bett, ihr linker Unterarm war übersät mit kleinen Schnitten, die sie sich mit den Scherben zugefügt hatte. Dazu hatte sie mehr als die verordnete Menge ihrer Bedarfsarznei genommen, konnte nur verwaschen reden. Sie dachte, ich gehe fremd, hatte in der Klinik telefonisch niemanden erreicht und deshalb in meiner Stammkneipe angerufen, wo die Bedienung ihr sagte, ich sei hier mit einer Frau gesessen und dann mit ihr weggegangen. Sie glaubte mir, dass die Bedienung mich verwechselt haben muss.

Ich musste mir eingestehen, dass diese Beziehung einzugehen ein großer Fehler war, wir hatten beide ein falsches Bild vom anderen. Sie hatte mich als immer freundlichen Pfleger kennengelernt, ich sie als liebes, lächelndes Mädchen, die ihre früheren Probleme gut im Griff zu haben schien. Durch das Erlebte nach der Supervision war meine Angst zu groß, sie könnte sich etwas antun, deshalb konnte ich nicht Schluss machen.

Ich hatte meiner Nüchternheit bei der Entscheidung vertraut, nun wusste ich, dass die vermeintliche Klarheit nur ein weiteres Trugbild ist. Ich besorgte mir etwas Cannabis und rauchte es pur, wollte eine andere Sicht auf meine Situation bekommen. Ich war allein zu Hause und fühlte mich im falschen Film, wo war ich durch die Nüchternheit hingeraten?

# 4

An ihrem Geburtstag lud sie einige Freunde ein, die alle rauchten. Ich wusste, dass dies eine Quälerei für mich werden würde, deshalb beschloss ich, an diesem Abend zu rauchen. Der Abend endete mit Übelkeit und Kopfschmerzen. Am nächsten Tag wollte ich trotzdem dem Rauch nicht widerstehen, weil wir zusammen am darauffolgenden aufhören und ein zehntägiges Heilfasten beginnen wollten. Wir fasteten mit Kräutertees und Gemüsebrühe, ich hörte wieder auf zu rauchen, sie schaffte es keinen Tag und brach nach 5 Tagen auch das Fasten ab. Ich hatte Urlaub und hielt die 10 Tage durch, aber gegen Ende fühlte ich mich sehr antriebslos, wollte morgens nicht aus dem Bett – wozu? Wahrscheinlich war auch der Winter die falsche Zeit, um auf Nahrung zu verzichten, es schwächte mich mehr, als ich mir vorgestellt hatte.

Als ich am elften Tag das erste Brot aß und danach Kaffee trank, verfiel ich einem Genussrausch und konnte nur noch Zigarette, Zigarette denken. Ich hatte keine Widerstandskraft gegen meinen Suchtdruck, bediente mich beim Tabak von Sabrina. Es dauerte nicht lange, bis ich wieder anfing, Bier zu trinken und Haschisch folgte bald.

Nach 7 Monaten Abstinenz, aber war das ein Rückfall oder der einzige Weg, um den Beziehungsstress auszuhalten und ihm zu entkommen? Sabrina vertrug weder Alkohol noch Haschisch, wenn sie trank oder kiffte, verfiel sie einem Selbsthass, der sie zu Handlungen trieb, die für sie gefährlich waren. Deshalb war sie grundsätzlich dagegen und lehnte mich wegen meines Konsums zunehmend ab. Sie unternahm mehr mit ihren Freunden, lernte neue Verehrer kennen und hatte bald eine sexuelle Affäre. Obwohl ich das Ende der Beziehung herbeisehnte, war ich gekränkt und unser Umgang wurde bösartiger.

Nach 2 Jahren Beziehung und davon mindestens einem Jahr toxischer und krankmachender Bedingungen fand sie eine kleine Wohnung, zog aus und ich wusste, da gibt es schon einen neuen Liebhaber, was meine Sorgen um sie beruhigte.

# 5

Nachdem Sabrina ausgezogen war, hatte ich Gespenster in der Wohnung, bei manchen Geräuschen dachte ich, sie komme gleich durch die Tür. Bei aller Erleichterung über das Ende der Beziehung hatte ich trotzdem das Gefühl der Verlassenheit. Einsamkeit kann ein gutes Gefühl sein, wenn ich die Kraft spüre, dass ich es jederzeit ändern kann. Verlassenheit ist das Gegenteil von Zweisamkeit und die kann ich auf die Schnelle nicht wieder finden. Krampfhaftes Suchen nach einer neuen Partnerin würde mir nur frustrierende Körbe einbringen oder die nächste Tragödie.

Ich musste das Gefühl loswerden, es fehle mir irgendwas und zurückfinden zur zufriedenen Einsamkeit. Was das Freiwerden noch behinderte, waren die vielen Dinge in meiner Wohnung, die mich an Sabrina erinnerten, oft mit einer Gefühlswelle der Sorge um sie verbunden.

Den schmerzhaftesten Gewissensbiss erlebte ich, als ich mit Mike halluzinogene Pilze nahm. Wir spürten schon die Wirkung, als mir einfiel, ich müsse noch die Wäsche aufhängen. Ich schüttelte ein T-Shirt aus, in dem Sabrina oft geschlafen hatte, mein Brustkorb wurde von Reue erdrückt und die Angst, ich könnte schuld an ihrem Suizid sein, haftete an mir. Das Gefühl war erschreckend zäh, ich glaubte, ich würde es nie mehr loskriegen. Ich sagte zu Mike: „Wir müssen ganz schnell hier raus", ich war schon nahe einer Panikattacke. Durch die Bewegung unter freiem Himmel erreichten mich hilfreiche Gedanken, ich konnte nichts mehr tun, musste die Folgen meiner Taten aushalten und hoffen, dass es ihr nicht geschadet hat.

Ein paar Wochen später rief Sabrina an, fragte, ob sie sich mein Zelt ausleihen könnte. Sie kam gleich und wir redeten sehr versöhnlich. Sie war frisch verliebt und strahlte wie zu Beginn unserer Beziehung. Ich erzählte ihr von meinem schlechten Gewissen und sie beruhigte mich, indem sie sagte, dass für sie die Klinik keine Rolle gespielt hatte und alles auch ohne Klinik hätte so laufen können. Vielmehr denke sie, der Altersunterschied und die unterschiedlichen Interessen hätten zum Scheitern geführt.

Ich wünschte ihr einen schönen Urlaub mit ihrem neuen Freund und sie bedankte sich herzlich für das Zelt. Als sie die Tür schloss, fiel mir ein Stein von der Brust, ich konnte sie loslassen.

Ich wusste, dass ich mich nie mehr auf eine Expatientin einlassen werde, die Augenhöhe würde wieder in Schieflage geraten und keiner weiß, was hinter der Maske der Klinikrolle steckt.

# 6

Das Nachtleben hatte mich als Single wieder, ich beschränkte mich aber aufs Wochenende, blieb unter der Woche zu Hause. Ich rauchte genauso viel wie zuvor, den Alkoholkonsum konnte ich geringer halten, weil ich daheim weniger trank.

Auf ein Auto hatte ich verzichtet, nachdem das letzte einen Motorschaden hatte. Ein Supermarkt war gegenüber meiner Wohnung und die Arbeitsstelle war nur 10 Minuten zu Fuß entfernt. Ich hatte durch die 7 Monate Enthaltsamkeit ein gutes finanzielles Polster angespart und war bemüht, es noch zu vergrößern, um wieder einen Spanienurlaub machen zu können.

Die Kneipenkultur hatte sich verändert, in meiner Stammkneipe saßen andere Leute am Stammtisch, vor allem die Hardcoresäufer, mit deren derben Sprüchen und Gegröle ich wenig anfangen konnte. Ich schaute meistens nur kurz vorbei und ging dann in den Keller in die Musikbar. Dort war meistens tote Hose, nur wenn eine Band spielte, war der Keller voll. Die Jam-Session hatte sich im Sand verlaufen, der Besitzer erklärte, dass zuerst zu viele Musiker gekommen waren und es dann untereinander Streit gegeben hätte. Er hatte erstmal die Nase voll und wollte es vorerst nicht mehr anbieten. In der Disco, in der ich mein Tanzen begann, legten andere DJs auf, Hardrock und Black Metal glaube ich, jedenfalls fehlte mir die melodische Vielfalt. Nur am Samstag spielte noch die Musik, durch die ich tanzen wollte, aber die Gäste wurden immer weniger. Eigentlich war es der normale Generationswechsel, ich war fast 40 Jahre alt und viele meiner ehemaligen Tanzgefährten hatten inzwischen Familie. Keine 50 Meter entfernt war eine andere Disco, in der sie die aktuelle, populäre Musik spielten, dort fühlte ich mich inzwischen am wohlsten, obwohl ich 20 Jahre älter war als viele der Gäste.

Ich genoss meine Freiheit und hatte es nicht eilig, eine neue Partnerin zu finden. Durch mein Tao Yoga war meine Sexualität gebändigt und geriet nicht mehr in die Notgeilheit. Ich liebte meine Arbeit und meine Tugenden in der Freizeit, daneben unternahm ich viel mit Mike, allein oder mit seiner Familie. Von Andreas hatte ich mich nach dem Tai Chi-Kurs distanziert, er hatte begonnen, zu meditieren und strahlte eine Erhabenheit aus, die mir zuwider war.

Das Millennium rauschte an mir vorbei im Bad der Menge auf dem Marktplatz.

# 7

Meine Patentante traf ich bei meinen Eltern, ein Kollege von ihr wohnte in der Nachbarschaft der Großeltern meiner Tochter. Sie hätten ihn gebeten, mir zu übermitteln, dass sie mich gerne kennenlernen würde und gaben ihm ihre Adresse. Sie wohnte inzwischen in der Nähe von Krefeld, nahe der holländischen Grenze, würde aber regelmäßig die Großeltern besuchen. Ich schrieb ihr, dass ich mich freuen würde, sie zu sehen und dass wir zuerst telefonieren könnten, ergänzte meine Telefonnummer. Sie schrieb zurück mit ihrer Nummer und dass sie meinen Anruf erwarte. Ich rief sie am gleichen Abend an und wir hatten ein angenehmes Gespräch. Sie wirkte mit ihren 16 Jahren sehr vernünftig, machte eine Ausbildung zur Erzieherin und hatte 2 Halbgeschwister. Die Mutter habe sich von deren Vater getrennt, lebe mit einem neuen Partner. Nachdem ich ihr kurz meinen Werdegang geschildert hatte, vereinbarten wir, dass sie mich vor ihrem nächsten Besuch der Großeltern an Ostern anrufen wird und wir uns treffen können.

Anna, ihre Mutter, brachte Alina, meine Tochter, am Karfreitag zu meiner Wohnung. Ich begrüßte beide auf dem Parkplatz, weil Anna mit ihren beiden anderen Kindern gleich weiter zu den Großeltern fahren wollte. Beide beäugten mich mit skeptischer Miene, Anna sagte: „Du hast dich überhaupt nicht verändert"; „Du auch nicht", entgegnete ich. Wir vereinbarten, dass sie Alina gegen 22 Uhr abholen würde.

Zwei Fremde betraten meine verräucherte Wohnung, ich hatte die leise Hoffnung, dass durch die Blutsbande ein Gefühl der Verbundenheit auftauchen könnte, sah aber ein, dass Vorsicht und Unsicherheit die Situation prägten. Das Gespräch mit ihr war aber sehr vertrauensvoll, ich spürte keine Zurückhaltung. Sie erzählte von der schweren Zeit der Trennung von ihrem Stiefvater. Er hatte über Jahre eine zweite Beziehung und als es herauskam, fiel ihre Mutter in eine schwere Depression, verließ wochenlang nicht mehr das Bett. Sie musste die Mutterrolle für die jüngeren Geschwister übernehmen und war mit dem Haushalt und der Schule ständig überfordert. Die damals 9-jährige Schwester und der 7-jährige Bruder hingen sehr an ihrem Vater, deshalb war es emotional bei der endgültigen räumlichen Trennung für sie Schwerstarbeit. Die Mutter hatte sich dann medikamentös behandeln lassen, hätte die Krise überwunden und der neue Freund tue allen gut.

Ich erzählte offen von meiner Odyssee durch die verschiedenen Beziehungen und meinen Suchtproblemen. Sie rauchte, kiffte sehr selten und trank Alkohol nur gelegentlich. Sie erwähnte, dass der neue Partner ihrer Mutter ähnliche Gewohnheiten hätte wie ich. Sie selbst habe auch ein Sorgenkind als Freund, der seine Drogenprobleme hätte und die Mutter lehne ihn wegen seiner vielen Tätowierungen ab.

Als ich sie zum Abschied umarmte, spürte ich ein warmes Gefühl zwischen uns. Wir vereinbarten, dass ich sie am Ostersonntag mit dem Auto meines Vaters besuchen würde. Ich war zufrieden mit unserer ersten Begegnung, fühlte mich aber durch ihre Geschichte auch belastet.

# 8

Bei den Großeltern wurde ich am Ostersonntag zu Kaffee und Kuchen eingeladen. Sie waren Mitte 70 und der Großvater saß schon lange im Rollstuhl, war durch einen Arbeitsunfall querschnittsgelähmt. Die Unterhaltung mit ihnen war zäh und ich spürte Verbitterung in beiden. Alina erlöste mich, indem sie vorschlug, mit mir einen Spaziergang zu machen. Sie erzählte von ihren Großeltern und ihren cleveren Geschwistern, die die Krise gut überstanden hätten und in der Schule zu den Besten gehörten. Ich beschrieb meine Eltern, meinen durch die Hepatitis oft kränklichen Vater und die robuste Gesundheit meiner Mutter, sie könnte sie bei ihrem nächsten Besuch kennenlernen. Sie lud mich ein, sie zu besuchen, sie hätten ein großes Haus gemietet und ich könnte dort im Gästezimmer schlafen. Ich sagte zu, dass ich bald mit dem Zug kommen werde.

3 Wochen später holte mich Anna mit Alina vom Bahnhof ab. Ich lernte den Lebensgefährten von Anna kennen und hatte gleich einen guten Draht zu ihm, wie es unter Kiffern häufig ist. Beim Abendessen stand aber die 11-jährige Schwester von Alina im Mittelpunkt, sie stellte mir viele Fragen und versah meine Antworten mit altklugen Kommentaren. Alle amüsierten sich über ihren angstfreien, lockeren Umgang mit mir.

Die Kinder zogen sich dann in ihre Zimmer zurück, weil Anna sie bat, die Erwachsenen alleine zu lassen und Klaus, der Lebensgefährte, holte daraufhin sein Haschisch hervor. Wir beide rauchten, tranken Bier und unterhielten uns lebhaft, während Anna und Alina immer stiller wurden, desto berauschter wir waren. Als ich am nächsten Tag nach Hause fuhr, hatte ich den Eindruck, mit Alina nicht in Kontakt gekommen zu sein und war unzufrieden mit meinem selbstsüchtigen Verhalten, das nur nach dem Rausch gierte.

## 9

In den folgenden Jahren trafen wir uns immer, wenn sie bei den Großeltern war, ich schaffte es aber nicht mehr, sie zu besuchen, obwohl sie mich regelmäßig dazu einlud. Vielleicht auch, weil Anna sich bald nach meinem Besuch von ihrem Lebensgefährten trennte. Sie hatte entdeckt, dass er zusätzlich Amphetamine nimmt und er gestand, dass er schon längere Zeit davon abhängig ist. Sie wollte das vor allem wegen der Kinder nicht tolerieren und setzte ihn vor die Tür. Alina wirkte bei ihren Besuchen dadurch bedrückt und ich vermied den Kontakt zu einer noch frustrierteren Anna.

Wir telefonierten gelegentlich, aber es war für mich eher eine Pflichterfüllung, ich fühlte keine richtige Verbundenheit und sehnte mich auch nicht nach mehr Kontakt.

Eines Abends rutschte ich in meine alten Zweifel, ob sie wirklich meine Tochter sei. Nach fünf Bier und vielen Joints rief ich sie an, wollte ihr erklären, dass ich mich deswegen so halbherzig verhalte. Sie reagierte darauf völlig überfordert und beendete das Gespräch. Danach war sie nicht mehr erreichbar. Anna rief noch einmal empört an, wie ich das mit ihr besprechen konnte, dies wäre nur ein Thema zwischen ihr und mir.

Als ich eine neue Telefonnummer bekam, versuchte ich, sie nochmal vergeblich zu erreichen, sprach meine Nummer aufs Band und dass sie mich gerne anrufen kann. Seitdem habe ich nichts mehr von ihr gehört und ich versuchte auch nicht mehr, sie zu erreichen.

# Qi Gong Lehrer

## 1

In der Tagesklinik hörte die leitende Oberärztin auf, übernahm eine niedergelassene Praxis.

Meine neue Chefin Doris stammte aus Hamburg, war ein Jahr jünger als ich und ein extrovertierter und dominanter Charakter, im Gegensatz zu ihrer Vorgängerin, die nicht-ärztliche Entscheidungen demokratisch dem Team überlies. Als wir in einer Teamsitzung eine Abstimmung forderten, weil wir uns nicht einigen konnten, sagte sie: „Die Demokratie ist hiermit zu Ende", und traf die Entscheidung. Das ganze Team verstummte und senkte den Blick. Nach einer unangenehmen Stille bat Regina sie um ein Gespräch unter vier Augen.

Doris hatte schon öfters aushilfsweise bei uns gearbeitet und wir hatten uns gleich geduzt, jetzt siezte sie mich. Ich vermied erstmal, sie darauf anzusprechen, traute mich aber bald an ihr Zimmer zu klopfen und fragte : „Waren wir nicht beim Du, ich bin verwirrt." Sie nickte zustimmend: „Okay, können wir machen."

Nach den ersten Wochen, in denen sie die Hierarchie klarstellen wollte, wurde sie weicher und das Klima in der Tagesklinik wieder wärmer. Sie lernte schnell, dem Team zu vertrauen und spielte sich als Chefin nie mehr so auf. Nur in der Visite verärgerte sie manche Patienten mit ihrer kühlen, norddeutschen Art und ihrem bissigen Zynismus. „Manchmal muss man die Fallenden noch stoßen", ein Satz von Nietzsche, könnte von ihr stammen.

Da Doris mindestens so viel rauchte wie ich, holte sie mich oft zur Raucherpause und unser Verhältnis wurde sehr vertraut. Es gipfelte darin, dass sie mich mit Kosenamen ansprach. „Schatzi, wärst du so lieb und würdest ...", klang zwar besser als

„Herr Wind, bringen Sie mir bitte …“, aber richtig wohl fühlte ich mich dabei auch nicht.

Doris fand zu Regina ein gutes Verhältnis, sie wertschätzten sich in ihren unterschiedlichen Kompetenzen. Wir wurden ein gutes Team, das sich auf die Probleme der Patienten konzentrierte und in dem jeder sich traute, seine Meinung zu sagen.

Nach etwa 5 Jahren guter Zusammenarbeit veränderte sich Doris schleichend, sie wurde zunehmend gereizter. Patienten und Mitarbeiter bekamen ihre üble Laune durch ungerechte und übertriebene Maßregelungen zu spüren. Privat hatte sie sich nach 10 Jahren von ihrem Lebensgefährten getrennt und war jetzt mit einem mehr als 10 Jahre älteren Richter zusammen. Manche ihrer Bemerkungen verrieten viele Konflikte zwischen den beiden – „Der alte Säufer …“

Sie war Anfang 40, hatte sich von ihrem letzten Partner getrennt, weil er keine Kinder wollte, die Zeit wurde knapp. Nach einer Fehlgeburt war der Schmerz zu groß, sie betäubte sich mit Alkohol und Diazepam, kam manchmal lallend und schwankend zur Arbeit. Regina bot ihr dann an, sie nach Hause zu fahren und sie krank zu melden. Sie reagierte trotzig, verließ aber wenigstens die Klinik. Irgendwann entschied Regina, dass sie Doris nicht mehr schützen wollte, vor allem wegen der Patienten und meldete es dem Chefarzt. Danach kamen regelmäßig die Suchtbeauftragten der Klinik, ein Arzt und ein Psychologe führten mit ihr längere Gespräche. Sie wusste nun, dass sie unter Beobachtung steht und funktionierte erstmal besser, meldete sich bei größeren Abstürzen telefonisch krank oder ließ ihren Partner anrufen.

Das ganze Team geriet unter Anspannung, vor allem zu Dienstbeginn, wir wussten nie, wie sie drauf sein wird. Nüchtern zahlte sie uns den Verrat heim, attackierte unsere Schwächen. Regina hatte Jahre zuvor eine psychotische Episode, ausgelöst durch eine zu hohe Cortisoneinnahme gegen die Morbus Crohn-Erkrankung. Sie war für 2 Wochen selbst in stationärer psychiatrischer Behandlung. Doris sagte: „Ich lass mir doch von einer Psychotikerin nichts sagen.“

Die Atmosphäre in den Teamsitzungen wurde unerträglich und wenn sie nicht anwesend war, drehte sich alles um sie, es war Psychohygiene, bei der jeder sein Leid klagen konnte. Es endete darin, dass sie im desolaten Zustand mit zwei verschiedenen Schuhen zum Dienst erschien. Als Regina ihr sagte, dass sie es melden müsse, verließ sie die Klinik mit den Worten: „Ich betrete dieses Haus nie mehr." Sie ließ sich für Wochen krankschreiben und wurde dann ins Mutterhaus versetzt.

# 2

Die Schule, in deren Turnhalle ich mit den Patienten Volleyball spielte, wurde zur Ganztagsschule, deshalb wurde der Mietvertrag nicht verlängert. Ich musste die zwei Stunden am Montagnachmittag mit einer anderen Therapie füllen, es sollte aber etwas mit Bewegung sein. Ich entschied mich dafür, es mit Qi Gong zu versuchen, obwohl ich in den Tai Chi-Kursen nur wenig Erfahrung damit hatte. Ich las noch zwei Bücher über Qi Gong und stellte eine Reihe von Aufwärmübungen zusammen. Zu den Angelesenen übernahm ich einige aus der Tanztherapie, andere aus den Tai Chi-Kursen. Ich hatte eine Abfolge von Übungen, die 45 Minuten dauerte, am Ende machten wir noch 5 Minuten Entspannung. Nach 15 Minuten Pause und Lüftung des Gymnastikraums erklärte ich den Patienten einige Prinzipien des Qi Gong: „Oben weich und entspannt, unten fest und angespannt, der Atem fließt ruhig und steuert die Geschwindigkeit der Bewegung." Ich hatte 20 Bewegungen zusammengestellt, jede wurde achtmal wiederholt. Bevor ich mit der Anleitung anfing, stellte ich Entspannungsmusik an. Ich war überrascht, wie gut sich die meisten Patienten darauf einlassen konnten. In der kurzen Gesprächsrunde am Ende wurde oft zurückgemeldet, dass sie durch die Konzentration auf die

Bewegung für eine Weile ihre Probleme ausblenden konnten. Manche berichteten sogar von einem Flowgefühl, wie in leichter Trance, aber ganz gegenwärtig.

## 3

Der Nachfolger von Doris wurde Dr. Salzer, er bot grundsätzlich nur Ärzten das Du an und pflegte dementsprechend seine akademische Arroganz und Distanz zu den anderen Berufsgruppen. Ich war als Fachkrankenpflegeschüler Dr. Salzer schon auf der Männeraufnahmestation begegnet, er war noch Assistenzarzt. Damals erschien er mir wie ein Lausbub, der versucht, Arzt zu spielen. Er hatte dieses schelmische Grinsen, als er einem Patienten eine Depotspritze verordnete, was bedeutete, dass der Patient für Wochen entschleunigt war. Ich hatte große Befürchtungen, dass sein Mangel an Empathie das Klima in der Tagesklinik verderben könnte.

Er hatte, bevor er sich für die Stelle als Oberarzt bewarb, zweimal einen Gehörsturz, hoffte, dass er hier stressfreier arbeiten könnte. Außerdem hatte er Probleme mit Autoritäten, lästerte oft über den Chefarzt und wollte ihm möglichst weit aus dem Weg gehen.

Seine Stärken waren sein ärztliches Wissen, er schien frisch von der Uni zu kommen, und seine logistische Klugheit. Er erkannte bald unnötige Stressoren und verhalf uns zu reibungsloseren Abläufen. Seine große Schwäche war sein miserables Kurzzeitgedächtnis für die Patienten. Er wusste oft am nächsten Tag nicht mehr, was er verordnet hatte und vergaß nicht selten Einzeltermine.

Er dominierte die Teamsitzungen und die Visiten. „Nehmen Sie mir nicht den Fokus", sagte er, wenn jemand ungefragt etwas sagen wollte.

Beim Mittagessen im Personalzimmer fragte er eine psychologische Praktikantin, warum sie Psychotherapeutin werden will. „Weil ich gerne Menschen helfe", sagte sie. Er entgegnete: „Die wahren Gründe sind Selbstheilungsfantasien, Macht und Voyeurismus." Zumindest für ihn traf das Letztere zu, nicht wenige Frauen beschwerten sich bei der Psychologin, dass Dr. Salzer zu sehr im Sexuellen bohre. Ich spielte teilweise seine Schlüpfrigkeiten mit, wenn er mir bei der Visite PMS zuflüsterte, wusste ich, es bedeutete nicht prämenstruelles Syndrom, sondern Penismangel-Syndrom. Sein lausbubenhafter Charme und sein guter Wille, dem Team die Arbeit zu erleichtern, ließ uns ihm seine Fehler verzeihen. Solange wir seine Anordnung befolgten, war er dankbar und sparte nicht mit Belobigungen.

# 4

Nachdem mein selbst zusammengestelltes Qi Gong von den Patienten gut angenommen wurde, meldete ich mich mit mehreren Kollegen zu einem Kurs Qi Gong 18 Bewegungen an. Die japanische Lehrerin war Vizeeuropameister im Tai Chi, ungefähr in meinem Alter, sprach gut Deutsch, nur bei manchen Worten hatte sie mit der Aussprache Schwierigkeiten.

Ihre kräftigen Beine trugen mühelos ihren zierlichen Oberkörper, dazu hatte sie die Beweglichkeit einer Balletttänzerin. Ihre Grazie übertraf die meines ersten Lehrers, gegen sie wirkte er fast plump. Sie zeigte uns neue Vorübungen, wie man die Gelenke der Hände, Ellenbogen, Schultern, Hüfte, Knie und Fußknöchel erwärmt und öffnet, durchlässiger macht für Nerven und Blut.

In der ersten Stunde zeigte sie nur die ersten zwei Bewegungen. „Qi aufwecken" kannte ich schon vom Anfang beim Tai Chi, grob gesehen die Handrücken heben und senken. Hier wurde es ein kompliziertes Zusammenspiel zwischen den Gelenken. Wenn die Hüfte sank, wurde die Wirbelsäule mit nach unten gezogen, bis sich die Schultern öffnen und die Hände nach einer kleinen Schleife mit nach außen sinken. Die Knie drehen dabei spiralig nach außen über die Fußrücken. Die Ellenbogen sollen immer nach unten zeigen, damit die Schultern entspannt bleiben.

Die zweite Bewegung hatte ähnliche Feinheiten und nach der Stunde wusste ich, dass dieser Kurs genau das Richtige für mich ist, nicht nur meine Patienten, auch mein Tai Chi könnte viel profitieren. Nachdem ich den zweiten Kurs absolviert hatte, glaubte ich, die 18 Bewegungen zu beherrschen und führte sie bei den Patienten mit Erfolg ein. Ich machte noch weitere Kurse bei der Japanerin und 3 meiner Kolleginnen blieben ihr auch treu. Wir lernten die zweiten 18 Bewegungen und Herz Qi Gong. Mit den Patienten machte ich nur die ersten 18 Bewegungen; da ich immer versuchte, alle 18 in einer Stunde zu zeigen, war es für neue Patienten eine Herausforderung, manchmal Überforderung.

## 5

Irgendwann fragte mich die Japanerin, ob ich Lust hätte, Tai Chi 42 Bewegungen zu lernen. Sie wusste, dass ich die Pekingform mit 24 Bewegungen praktiziere. Ich sagte zu und wir trafen uns alle zwei Wochen am Samstagnachmittag für 2 Stunden und waren 12 Teilnehmer. Die neue Form war aus 4 verschiedenen Stilen zusammengestellt, hatte neben den gewohnten zeitlupenhaften auch schnellstmögliche Bewegungen, was anfangs sehr irritierte, weil es meinen Atemfluss aus dem Rhythmus brachte. Zudem war sie an vielen Stellen anspruchsvoller, forderte mehr Beweglichkeit, Gleichgewicht und Kraft in den Beinen.

Am Ende des Kurses, den die Japanerin privat organisiert hatte, sagte sie, dass sie das Gelernte in den Tai Chi-Kursen für Fortgeschrittene vertiefen werde. Sie bot neben 2 Qi Gong-Kursen auch 2 Tai Chi-Kurse an, die wöchentlich für 2 Stunden stattfanden. Ich wechselte vom Qi Gong in den Tai Chi-Kurs. Zu Hause wechselte ich beim Üben zwischen den zwei Formen ab, machte täglich je 2 Durchgänge. Es war eine langsame, aber stetig fortschreitende Entwicklung von mehr Beweglichkeit, Beinkraft und vor allem Körperbewusstsein. Außerdem war es ein Spiegel meiner Verfassung, psychisch gestresst litt meine Konzentration und ich schweifte oft in Gedanken ab. Wenn ich zu viel gefeiert und zu wenig geschlafen hatte, wurde ich kurzatmig und fand den beruhigenden Flow nicht. Tai Chi war und ist ein wichtiges Regulativ vor allem für meinen Alkoholkonsum, ich trank erst danach und nicht mehr zu viel, weil es meiner Form schadete.

## 6

In der Tagesklinik bekamen wir jährlich einen Betrag für Fortbildungen der Mitarbeiter. Dr. Salzer fragte mich, ob ich die Ausbildung zum Kursleiter für Qi Gong machen will. Ich sagte, ich will mich erst informieren, wie groß der Aufwand wäre.

Im Tai Chi-Kurs wusste eine Teilnehmerin, dass mein erster Tai Chi-Lehrer die Ausbildung bis zum Qi Gong Lehrer anbot. Er hatte in einem nahegelegenen Dorf zusammen mit seiner Frau ein Zentrum für Qi Gong und Tai Chi eröffnet. Als ich ihn anrief, sagte er, dass der Kurs eigentlich voll wäre, aber da er mich kenne und wisse, wie das mit dem jährlichen Budget der Klinik sei, würde er mich zusätzlich nehmen. Die Klinik übernahm die Kosten zum Kursleiter, den Qi Gong Lehrer zahlte ich später selbst. Die Ausbildung fand einmal im Monat in Seminaren am Wochenende statt.

Helmut, der Lehrer, hatte sich in den 12 Jahren verändert, er war Mitte 40, ergraut und etwas fülliger. Seine Großspurigkeit hatte er weitgehend abgelegt. Er hatte eine große Scheune zum Übungsraum umgebaut, davor war eine Rasenfläche, auf der bei gutem Wetter geübt werden konnte. Ich fühlte mich in der Gruppe, die aus 12 Frauen und außer mir noch einem Mann bestand, sehr wohl. Ich war der Älteste und der einzige Raucher.

An den ersten Wochenenden konzentrierte sich der Unterricht auf die ersten 18 Bewegungen, die man als Kursleiter beherrschen musste. Wir lernten, welche Meridiane und Organe durch die Bewegungen stimuliert werden. Helmut hatte früher als Erzieher gearbeitet und konnte gut mit Worten umgehen, wurde unserer sehr wissbegierigen Gruppe gerecht. Die Seminare gestalteten sich dementsprechend sehr gemütlich, wir übten ein wenig und redeten viel.

Nach einem Jahr war die Prüfung zum Kursleiter, jeder sollte die Gruppe für eine halbe Stunde anleiten. Da ich darin durch meine Patienten viel Erfahrung hatte, fiel es mir leicht und die Gruppe war von meinen Aufwärmübungen begeistert. Alle bestanden die Prüfung und wollten weiter bis zum Qi Gong-Lehrer teilnehmen.

Im nächsten Jahr lag der Schwerpunkt des Unterrichts auf den zweiten 18 Bewegungen. Da die meisten sie nicht kannten, waren die komplizierten Bewegungsabläufe sehr anstrengend. Sie forderten mehr Koordination, Timing, Beweglichkeit und Kraft in den Beinen. Wenn Helmut die zweiten 18 in der Prüfung verlangt hätte, wären einige durchgefallen. Eine Teilnehmerin erzählte mir, dass sie bei einem chinesischen Lehrer nicht bestanden hatte, weil sie eine der Bewegungen fehlerhaft vorführte. Helmut hatte ein anderes Konzept, er wollte, dass jeder von uns eine Übungsstunde für ein bestimmtes Klientel vorbereitet. So konnte jeder auf seine Stärken zugreifen und alle schafften den Lehrer. Mein Thema wurde das Naheliegende, Qi Gong als Therapie bei Depressionen. Ich teilte die Erkrankung in Yin- und Yang-Symptomatik. Yin waren die Symptome

Kraftlosigkeit, Müdigkeit und großes Schlafbedürfnis. Yang Unruhe, Agitiertheit und Schlaflosigkeit.

Bei Yin-Symptomen sollte man sich mehr auf das Einatmen konzentrieren mit der Vorstellung, neue Energie zu schöpfen. Bei Yang mehr auf das Ausatmen mit der Vorstellung, Anspannung und Unruhe durch die Fußsohlen abzuleiten.

Der Unterricht umfasste noch viel mehr, wir bekamen noch Einblicke in andere Übungssysteme – Qi Gong 5 Elemente, 6 heilende Laute, stilles Qi Gong und Guolin Qi Gong, das in China erfolgreich zur Krebstherapie angewendet wird. Daneben streute Helmut noch theoretische Stunden ein, in denen er die Grundkonzepte der traditionellen chinesischen Medizin erklärte – Yin und Yang, 5 Elemente Lehre, Funktionskreisläufe und die Organuhr.

Insgesamt war der Lehrgang für meine Arbeit mit den Patienten sehr hilfreich. Ich konnte sie mit Worten besser anleiten und motivieren für das doch für viele sehr Fremdartige der Übungen.

# Espana 2

## 1

Vor meinem 40. Geburtstag fuhr ich mit dem Reisebus nach Spanien; da der Bus zu zwei Dritteln leer war, verlief die Fahrt viel entspannter, als ich befürchtet hatte. Ich verschlief die meiste Zeit, nachdem ich ein nur kurz wirksames Schlafmittel genommen hatte. Einerseits war diese Art zu reisen zeitaufwendiger und durch die Schlepperei des Rucksacks körperlich anstrengender, aber als ich in meinem Zimmer angekommen war, fühlte ich mich ohne Auto freier. Die Rückfahrten von Spanien allein mit dem Auto, nachdem ich mehrere Wochen ausgiebig gefeiert hatte, wurden von der Angst vor Kontrollen begleitet und gegen Ende der Fahrten wurde ich entzügig und konnte mich nur schwer konzentrieren.

Gegenüber meiner Pension wohnte ein Deutscher mit seiner italienischen Frau und einer Tochter. Er nutzte die Garage als Treffpunkt für seine Freunde und wickelte dort seine Geschäfte mit Cannabis ab. Tommy war Ende 20, hatte rote, lockige Haare, die bis zum Nabel reichten. Als Kind die meiste Zeit in einem Berliner Heim groß geworden, hatte er gelernt, sich durchzuschlagen, im wahrsten Sinn des Wortes. Wenn er von der Zeit im Heim erzählte, begann eine angsteinflößende Wut in ihm zu brennen. Ich wollte ihn nicht zum Feind haben. Er lebte ausschließlich vom Verkauf von illegalen Drogen, während seine Frau in einer Boutique arbeitete. Den größten Gewinn machte er mit Cannabis, das er zusammen mit einem anderen Deutschen an den Berghängen anbaute.

Ich nahm 2 mitgebrachte Flaschen Paulaner mit und klopfte an die Garagentür, weil sie offenstand, streckte ich den Kopf hinein. Er war gerade beim Zocken, Autorennen, winkte mich aber herein. Als das Spiel zu Ende war, sprang er auf und umarmte mich grob, aber herzlich. Ich bot ihm ein Bier an, er blieb aber lieber bei seinen Estrella. „Du suchst was zu rauchen?", fragte er. Als ich nickte, nahm er sein Handy und rief seinen Kumpel an. Zehn Minuten später hörten wir sein Moped und er betrat die Garage. Nach der Begrüßung drückte er mir einen Beutel mit 20 Gramm Gras in die Hand, „Für 100", sagte er. Rainer war 4 Jahre älter als ich, Stuttgarter, einst geflohen vor der deutschen Justiz, lebte er hier ein sehr alternatives Leben. Er hatte am Rande des Ortes ein Stück Land gepachtet, auf dem er in zwei Hütten wohnte, eine zum Schlafen und eine zum Kochen. Seinen Cannabisanbau hatte er perfektioniert und ausgebaut, sodass er gut davon leben konnte, wenn nicht Hubschrauber seine Pflanzen entdeckten.

Tommy war eher der Gehilfe, half bei der Ernte und beim Verkauf. Während Rainer ein sehr diszipliniertes Leben führte, nur Gras pur rauchte und fast keinen Alkohol trank, trank Tommy außer einem grünen Tee nach dem Aufstehen ausschließlich Bier und rauchte zu den Joints noch Filterzigaretten. Ab einem gewissen Alkoholspiegel wurde er unangenehm laut und benutzte Worte, die ich nicht wiederholen will.

Der dritte Deutsche, der hier aus dem gleichen Grund gestrandet war, stammte aus Tschechien, war aber als dreijähriger nach Deutschland ausgewandert. Pit war das verwöhnte Kind reicher Eltern, regelmäßige Arbeit hatte er nie durchgehalten. Er lebte vom Haschischverkauf, fuhr mit dem Bus nach Südspanien, wo er günstig mehrere Kilos einkaufte, um sie hier mit großem Gewinn an die Touristen zu verkaufen. Er war der vollendete Polytoxikomane, benutzte alle Suchtmittel, die er bekommen konnte. Seine Heroinsucht überbrückte er mit Ersatzmitteln, die er sich auf dem Schwarzmarkt besorgte. Pit war 6 Jahre jünger als ich und lebte zusammen mit einer etwas älteren Französin. Sie arbeitete an der Rezeption in einem Hotel und hatte dementsprechend ein sehr gepflegtes Äußeres. Ich werde nie verstehen, wie sie es mit Pit aushielt, der oft ungewaschen, schwitzig, zittrig und übellaunig war. Gut, er konnte auch sehr unterhaltsam sein, war unbestritten sehr intelligent und belesen, sprach nach eigenen Angaben 5 Sprachen.

Zu der deutschen Clique gehörte noch ein Münchner in meinem Alter. Er war der seriöseste im Auftreten, hatte ein ruhiges, ausgeglichenes Gemüt, bayrische Gelassenheit. Er sprach nicht darüber, wie er sein Geld verdiente, aber Jahre später hörte ich, dass er in München im Knast sitzt, weil er bei einem Deal mit mehreren Kilos erwischt wurde.

# 2

Tommy und Rainer erzählten mir den neuesten Klatsch aus dem Dorf, danach sagte ich, „bis später" und ging zum Duschen in die Pension. Als ich später in unserer Stammkneipe ankam, saßen die vier Deutschen schon an einem Tisch zusammen mit einem Ungarn und einem englischen Zwillingspaar. Ich kannte alle 3 gut, der Ungar war vor 15 Jahren als zwanzigjähriger mit seiner Frau ausgewandert, lebte seitdem hier von ehrlicher Arbeit. Er war sehr dem Alkohol zugewandt, verschmähte aber andere Drogen. Die sechzigjährigen Engländer waren touristische Pioniere, sie hatten vor 40 Jahren für Dali Modell gestanden und sich in den Ort verliebt, später lebten sie vom Olivenanbau. Sie gehörten den Sommer über zum Inventar des Lokals, tranken Rotwein und rauchten. Ich verglich sie mit den 2 Alten aus der Muppetshow, die ihre trockenen Kommentare zum Geschehen abgaben. Einer wurde am frühen Abend von seiner Frau abgeholt, während der andere weitertrank, bis er nicht mehr geradeaus gehen konnte. Er war öfters von seinen Stürzen gezeichnet.

Es war eine bunte, lustige Gruppe, die sich jeden Tag traf und regelmäßig noch andere an den Tisch zog, oft brauchten wir 3 Tische. Zeitweise fühlte ich mich wie im Comic, dann wie neben dem Laufsteg, die Schönheiten der ganzen Welt präsentierten sich hier.

In einem Klima geprägt von Humor, Toleranz und Eleganz zusammen mit dem traumhaften Licht des Südens blühte ich schnell auf. Ich fühlte mich ohne Vorbehalte angenommen und obwohl einige kriminellen Hintergrund hatten, vertraute ich allen.

Es war noch später Nachmittag und weil ich nach der Reise einen Bewegungsdrang spürte, wollte ich eine Runde laufen. Auf dem Plaza spielten Kinder Fußball und als der Ball zufällig bei mir landete, konnte ich nicht widerstehen, dribbelte mit dem Ball los, verfolgt von einer Schar Kinder. Berauscht wie ich war, hielt ich nicht lange durch, musste mich auf eine Bank setzen. Die Kinder hatten aber Gefallen daran gefunden und spielten den Ball wieder zu mir. Das wiederholte sich ein paar Mal und obwohl ich schon Gleichgewichtsstörungen hatte, ließ ich mich vom Lachen der Kinder immer wieder animieren. Ich fühlte mich wie ein erfolgreicher Clown. Nachdem ich das zweite Mal hinfiel, legte ein freundlicher Polizist seine Hand auf meine Schulter: „Hombre tranquillo!", danach lief ich zurück zur Kneipe.

# 3

Die Nächte gestalteten sich abwechslungsreich, da die Gesetze geändert wurden und jedes Lokal ohne spezielle Konzession einmal in der Woche Livemusik anbieten durfte. Ich folgte dem musikalischen Angebot, oft begleitet von einer Freundin aus Uruguay. Sie war ein Jahr jünger und lebte vom Straßenverkauf ihrer Kleinkunst. Sie hatte Miniaturbilder von diesem Ort gemalt und verkaufte die Kopien als Bilderreihe. Im Sommer zeltete sie wild in einem kleinen Wald in der Nähe. Sie hatte 2 Sessel und einen Tisch vor dem Zelt stehen und alles Essbare hing an einem Baum wegen der Wildschweine. In Uruguay hatte sie Sprachen studiert und einige Jahre als Lehrerin gearbeitet. Nach der Trennung von ihrem Lebensgefährten stieg sie aus und ging auf Reisen, vor 3 Jahren landete sie hier. Ich fühlte mich von ihr angezogen, aber verliebt war ich nicht. Ich hatte keine Sehnsucht nach ihr, wenn sie nicht da war. Außerdem hatte sie einen englischen Freund, den sie im Winter besuchte und war eine treue Seele.

# 4

Es war mein erster Urlaub als Single, in dem ich nicht in magisch-mystischen Welten versank. Ich war sozial zu sehr vernetzt und fand nicht die Zeit für Träumereien. Oft wollte ich eigentlich nach dem Frühstück ans Meer schwimmen gehen, blieb aber in meinem Stammlokal hängen, weil sich eine lustige Runde gebildet hatte. Pit spottete: „Was wirst du zu Hause erzählen, wenn du gefragt wirst, wie dein Urlaub war, ich saß den ganzen Tag in einem Café ...?" Ich liebte es, hier fand ich Frieden, Lachen und menschliche Wärme. Aus der ganzen Welt waren Menschen hier, warum sich bewegen, wenn die Welt vorbeikommt.

Ich lernte in den 4 Wochen mehr Menschen kennen, als im restlichen Jahr zu Hause und es waren mehr Individualisten, die mutig ihr Ding machten. Musiker, Maler oder einfach Aussteiger, die sich von ihrem Ersparten eine Auszeit gönnten. Auch die Touristen wie ich waren oft alleine gereist und deshalb kontaktfreudiger. Mein Leben daheim erschien mir kleinbürgerlich und langweilig, zwischen Arbeit und Fernsehen blieben wenige wertvolle Begegnungen. Es lag auch an der Spannbreite der Altersverteilung, mein ältester Bekannter war 80 und die jüngsten waren Kinder. Hier tanzte die Oma mit den Enkeln.

In der letzten Urlaubswoche lernte ich eine 52-jährige Katalanin kennen, die sich durch ihr schneeweißes, schulterlanges

Haar von der Menge abhob und mir schon lange aufgefallen war. Antonia strahlte etwas Geheimnisvolles und Erhabenes aus, sie liebte es, in die Rolle der weißen Hexe zu schlüpfen. Umgab sich gerne mit jungen Musikern, mit denen sie bis spät in die Nacht am Strand Sessions machte. Dort erschien sie mir distanziert und unnahbar. Ins Gespräch kamen wir in meinem Stammlokal, sie begann mich auszufragen, zeigte ehrliches Interesse. Als ich ihr ähnliche Fragen stellte, antwortete sie sehr aufgeschlossen. Der magische Nebel, der sie umgab, begann sich zu lichten. Sie fragte, wo ich wohne und ob sie es mal sehen könne. Als wir in meinem Zimmer in der Pension waren, überraschte sie mich mit ihrer Leidenschaft. Ich schlief die nächsten Nächte in ihrem Bett. Antonia war meine erste Frau, die schon in den Wechseljahren war, ungeschützter Sex war zumindest in Bezug auf Kinder problemlos. Wenn eine alte Scheune zu brennen beginnt ... Sie war unersättlich. Ich fragte sie, wie oft sie täglich gerne Sex hätte, „Dreimal ist besser als zweimal", antwortete sie. Auf der Heimfahrt hatte ich Muskelkater im Schritt und war froh, sexuell meine Ruhe zu haben.

## 5

Im nächsten Jahr fuhr ich zum letzten Mal mit dem Bus, denn er war hin und zurück bis auf den letzten Platz besetzt und die Reise wurde zur Quälerei. Sie hatten einige Fahrten gestrichen, deshalb verdichtete sich die Nachfrage. Außerdem musste ich auf die Rückfahrt 3 Stunden warten, der Fahrkartenschalter schloss um 21 Uhr, ich wartete bis 23 Uhr, ungewiss, ob der Bus überhaupt kommen würde.

Ich war mit Antonia telefonisch in Kontakt geblieben, sie wusste, dass ich komme. Als ich sie am Abend nach meiner Ankunft besuchte, hatte sie einen jungen spanischen Musiker zu

Gast. Sein Keyboard stand im Wohnzimmer, er hatte schon einige Nächte auf ihrer Couch geschlafen.

Schon die Begrüßung fühlte sich kühl und distanziert an und im Verlauf des Abends entwickelte ich zunehmende Abneigung gegen sie. Ihre Bemühung, jugendlich und cool zu erscheinen, wirkte aufgesetzt und nervte mich. Ich weiß nicht, ob es ohne die Anwesenheit des Spaniers anders gelaufen wäre, doch als ich zurück zum Plaza lief, war ich froh, mich nicht mehr auf sie eingelassen zu haben, ich fühlte mich sogar befreit.

Eines muss ich Antonia lassen, sie hatte es vorausgesagt: „Du bewunderst meine Maske, wenn sie fällt, wirst du mich vielleicht verachten."

Den restlichen Urlaub verbrachte ich im musikalischen Rausch, ich saß schon am Nachmittag auf der Terrasse des Cafés und klatschte zum Spiel der Gitarren. Später tanzte ich die Nacht durch und wenn ich gegen Mittag erwachte, hörte ich garantiert irgendein Lied im Kopf. „Ich bin mein eigenes universelles Radio", der Satz von Nina Hagen traf es.

Gegen Ende des Urlaubs sehnte ich mich nach innerer Stille und vermied deshalb laute Musik in den letzten beiden Nächten. Es war genug, ich freute mich auf zu Hause, meine Arbeit, meine Tugenden, Freunde und Fernsehen.

# Simone

## 1

Im Sommer 2002 lernte ich Simone kennen. Bei der ersten Begegnung saßen wir zufällig nebeneinander an der Bar bei Livemusik. In der Pause unterhielten wir uns. Sie log, dass sie als Heilerzieherin in derselben Klinik arbeite, war aber Psychologin in der Ausbildung zur Psychotherapeutin. Sie war ein halbes Jahr jünger als ich, durch die Geburt einer jetzt 13-jährigen Tochter hatte sich das Studium hingezogen. Sie wusste schon vorher, wer ich war, hatte mich schon beim Tanzen beobachtet und eine gute Freundin war die Frau des Bruders von meinem Schwager.

Ich war für sie ein offenes Buch und ihr gefiel es, die Geheimnisvolle zu spielen.

Wir trafen uns wieder in der Disco und weil ich schon viel getrunken hatte, wurde ich schnell anhänglich und sie ließ es überraschend zu, bis wir uns küssten. Sie wollte dann aber bald nach Hause zu ihrer Tochter, gab mir ihre Telefonnummer. Die nächsten Annäherungsschritte dauerten lange und ich weiß nicht, nach wie vielen Wochen ich das erste Mal mit ihr schlief. Es war meine schwierigste Eroberung und sie forderte von mir viel Frustrationstoleranz.

Simone hatte einen zartgliedrigen, doch sehr weiblichen Körper, der empfindlicher reagierte, als ich es gewohnt war. An sexuelles Yoga war bei ihr nicht zu denken, ich war froh, überhaupt ans Ziel kommen zu dürfen.

# 2

Ihre Tochter Teresia sah mich zum ersten Mal, als sie mich mit dem Auto abholten, bevor ich einstieg, sagte sie zu ihrer Mutter: „Was für ein Penner." Sie war eine pubertäre Rebellin, mutierte bald erst zum Grufti, später zum Punk. Sie entwickelte das Gegenmodell zu ihrer Mutter, verabscheute alles Weichliche; nachdem ihr Kung Fu zu wenig Action war, begann sie zu boxen und bestritt später erfolgreich einige Kämpfe. Simone Nichtraucher, Nichttrinker und Pazifistin, sorgte sich sehr um die Entwicklung ihrer Tochter. Sie verschwieg, wer der Vater ist, weil er ein süchtiger Draufgänger war und wahrscheinlich noch ist. Durch ihren Ehrgeiz beim Boxen blieb Teresia sauber, sie schaffte problemlos ihr Abi und mutierte zurück zur unauffälligen Studentin.

Nachdem sie anfangs nur das Nötigste mit mir sprach, sich abweisend und ignorant verhielt, wurde sie bald zutraulich, fragte mich bei Problemen in der Schule und wetteiferte mit mir beim Schwimmen oder Fahrradfahren. Ich belächelte ihre ständigen Versuche, sich äußerlich von der Masse abzugrenzen, sie schnitt sich selbst verrückte Frisuren und kombinierte ausgefallene Klamotten zu ihren Springerstiefeln. Als sie sich die Augenbrauen abrasierte, erklärte ich ihr, dass ihr jetzt der Schweiß beim Sport ungebremst in die Augen laufen wird. Sie reagierte nachdenklich. Simone fand das alles nicht lustig und befürchtete, sie würde in dieser Phase hängen bleiben.

Simone wohnte in einem Dorf etwa 5 km entfernt und da ich kein Auto hatte und sie Teresia, wurde es eine Wochenendbeziehung. Monatlich besuchten wir ihre 80-jährige Mutter, die allein in einem großen Haus bei Stuttgart wohnte. Die gütige kleine Frau lief unermüdlich auf ihren vom Hallux schrecklich deformierten Füßen. An ihrem Geburtstag sagte sie zu mir, dass sie 100 Jahre alt werden will, was sie vielleicht später bereute. Sie wurde dement, hatte am Ende viele Schmerzen und verstarb mit 98 Jahren im Altenheim.

## 3

Im März 2003 rief mein Vater an und sagte gleich, er hätte eine ganz schlechte Nachricht, Mutter habe Darmkrebs. Er klang sehr besorgt, fast schon verzweifelt.

Mutter überstand die Operation komplikationslos, der Krebs hatte nicht gestreut. Sie musste aber lernen, mit einem künstlichen Darmausgang zu leben. Mein Vater erholte sich von dem Schock der erkrankten Mutter nicht mehr, seine von der Hepatitis angeschlagene Leber wurde durch Sorgen und Ängste zunehmend schwächer. Er konnte sie noch zur ersten Chemotherapie fahren, rammte aber beim Ausparken einen anderen Wagen. Mutter rief an, ich müsse das Auto übernehmen. Sie arbeitete schon nach wenigen Wochen wieder im Garten, wobei sie einen speziellen breiten Gürtel tragen musste. Mein Vater wurde zusehends schwächer, konnte kaum noch essen und verbrachte die meiste Zeit im Liegen. An einem Morgen kurz nach 6 Uhr, rief Mutter an, Vater werde nicht wach, auch wenn sie ihn schüttele. Ich informierte den Rettungsdienst und fuhr selbst gleich los.

Er lebte, man hörte sein Atmen, reagierte aber auf gröbste Reize nicht, Leberkoma. Sie brachten ihn auf die Intensivstation, gaben ihm Infusionen mit Medikamenten, die die Leber stimulieren. Nach 2 Tagen war er wieder ansprechbar, aber noch sehr verwirrt. Sein Gehirn wurde von zu viel Ammoniak vergiftet, die Leber konnte das Abbauprodukt vom Eiweiß nicht mehr entsorgen. Eine Woche blieb er im Durchgangssyndrom, war zeitlich und örtlich nicht orientiert, nachts geisterte er durch die Station und legte sich in fremde Betten.

Als er entlassen wurde, sah er um 10 Jahre gealtert aus, auch sein Verhalten hatte sich geändert. Gegenüber meiner Mutter wurde er schnell zornig und wollte ihre Hilfe nicht annehmen, bei anderen Personen behielt er die Rolle des Gentleman, auch wenn er verwirrten Unsinn redete. Das Ganze wiederholte sich noch zweimal, nach dem dritten Koma blieb er verwirrt und das

Krankenhaus wollte ihn trotzdem entlassen. Ich ahnte, dass er ohne Infusionen bald wieder im Koma versinken wird. Er starb im Krankenhaus einen Tag, nachdem sie abgesetzt wurden.

Ich wurde gegen Mittag bei der Arbeit angerufen, kam aber zu spät, er war schon tot. Meine Mutter stand weinend am Fenster, ich schloss seine Augen und fühlte vor allem Erlösung.

# 4

Dieses halbe Jahr hatte mich sehr gefordert und am Ende überfordert. Ich war fast täglich bei meinen Eltern und auch die restliche Zeit unter Anspannung. Das Ergebnis war eine heftige Gastritis, selbst ein Schluck Tee verursachte stechende Magenschmerzen. Die vom Hausarzt verordneten Medikamente halfen innerhalb von 3 Tagen und zur Beerdigung meines Vaters war ich wieder gesund, sah aber dem Anlass angemessen noch kränklich aus. Bei der Zeremonie zogen die letzten Wochen an mir vorbei und wie sich das Bild von meinem Vater veränderte. Ich bereue, dass ich ihn 3 Tage nach seinem Tod in der Leichenhalle nochmal gesehen habe, eine zerfallene Hülle, aus der die Luft entwichen ist. Wenn ich an ihn denke, taucht ungewollt auch diese Erinnerung auf.

Fortan kümmerte ich mich wöchentlich um meine Mutter, ging mit ihr einkaufen und half im Garten. Später reduzierte ich es auf alle zwei Wochen. Mutter war gut vernetzt, hatte regen Kontakt zu ihren Schwestern und Nachbarn.

Meine ältere Schwester wohnte zu weit weg und meine Jüngere war zu unzuverlässig, versprach ständig Dinge, die sie nicht einhielt, entschuldigte sich wegen Kopfschmerzen oder war telefonisch nicht erreichbar. Ich fühlte mich verpflichtet, aber ich tat es meistens gern, der Lohn war ein gutes Mittagessen und sie zahlte mir manches, wenn wir einkauften.

# 5

Simone war in diesem Jahr von ihrer Ausbildung zur Psychotherapeutin gestresst, sie musste 20 Patienten finden, die bei ihr ambulante Psychotherapie über eine festgelegte Stundenzahl machten. Dazu alles dokumentieren und regelmäßig mit einem Supervisor besprechen. Erst dann wurde sie zur Prüfung zugelassen. Am Wochenende saß sie die meiste Zeit am PC, ich übernahm das Kochen, Geschirrspülen und manchmal Putzen. Teresia lobte sogar mein Kochen: „Bei dir klappts immer." Simone war dankbar für die Entlastung, hatte aber gleichzeitig ein schlechtes Gewissen, wusste nicht, ob sie meine Hilfe zurückzahlen könne.

2004 durfte sie sich endlich psychologische Psychotherapeutin nennen, verdiente mit 43 Jahren erstmals genug Geld. Vorher wurde sie noch von ihrer Mutter unterstützt.

Wir verbrachten mehr Zeit miteinander und da ich das Auto meines Vaters hatte, schlief ich auch öfters unter der Woche bei ihr. Ich rauchte weiterhin Joints und trank abends Bier, sie tolerierte es, obwohl sie es für blöd hielt. Ich erkannte selbst, dass ab einem gewissen Maß an Bier unsere Unterhaltung die Augenhöhe verlor und sie mich nicht mehr ernst nahm. Ich beschloss, einen neuen Versuch der Nüchternheit zu wagen.

Als nüchterner Nichtraucher flog ich im Sommer mit Teresia, Simone und ihrer Mutter nach Gran Canaria. Wir hatten 2 Doppelzimmer in einem großen Hotel mit Halbpension. Simone war sexuell unzugänglich, was wahrscheinlich durch die Nähe zu ihrer Mutter begründet war, mich aber deshalb nicht weniger frustrierte. Mein Suchtdruck nahm zu, ohne Genuss wollte ich nicht leben.

Als sie ohne mich was unternahmen, setzte ich mich in ein Taxi und fuhr ins touristische Zentrum. Kaum ausgestiegen, sprach mich jemand an, ob ich etwas brauche. In 5 Minuten kam er zurück und gab mir für 50 Euro Haschisch. Das Zentrum war von Menschen überfüllt, ich traute mich nicht, hier zu rauchen. Ich fuhr zurück, setzte mich auf den Balkon und rauchte pur mit einer Nadel, Karton und Glas. Simone öffnete die Tür zum Balkon: „Dachte ich's mir doch", sagte sie und verschwand wieder. Danach sprach sie mit mir nur noch das Nötigste, fühlte sich hintergangen. Durch die Anwesenheit ihrer Mutter und Tochter kam es beim Abendessen nicht zum offenen Streit, aber es lag eine unangenehme Spannung in der Luft und alle Versuche der Mutter, die Stimmung zu lockern, scheiterten, weil Simone blockierte.

Nach dem Frühstück am nächsten Morgen kaufte ich mir Zigaretten, setzte mich an die Bar und bestellte ein Bier. Als ich sah, dass die 3 das Hotel verlassen und zum Strand gingen, kaufte ich noch Tabak und Drehpapier, setzte mich danach auf den Balkon und rauchte so lange, bis ich wieder Lust auf ein Bier bekam. Abends trank ich zum Essen Rotwein und danach meinen geliebten Carajillo, Espresso mit Kognak.

Am nächsten Tag fragte mich die Mutter: „Willst du heute nicht mit zum Strand gehen?", und weil Teresia mich erwartungsvoll dabei ansah, sagte ich zu. Am Strand unterhielt ich mich mit den beiden über meine Leidenschaften, Rauchen und Trinken. Vom Haschisch wussten sie nichts, deshalb waren das für Simone Halbwahrheiten und sie flüchtete ins Wasser. Teresia sagte, dass sie mich auch angetrunken mag und es manchmal sogar lustig finde, die Mutter ergänzte, dass es ihr auch nichts ausmache.

Am letzten Abend des Urlaubs erklärte mir Simone, dass sie, solange ich kiffe, nichts mit mir anfangen kann und nichts mit mir zu tun haben will. Ihre einstige Toleranz war umgeschlagen in radikale Intoleranz. Ich hätte mich für sie nicht verbiegen sollen. Zu Hause war einige Wochen Funkstille. Ich genoss meinen Konsum und war zu stolz, um um ihre Zuneigung zu betteln, außerdem kannte ich ihren unerbittlichen Trotz.

# 6

Nach etwa 4 Wochen Beziehungspause rief sie mich an und wir redeten lange. Sie versuchte, mir zu erklären, dass jede stoffgebundene Sucht das Zwischenmenschliche stören muss. Das Leben hatte für sie nur in der Begegnung mit anderen seinen tieferen Sinn. Ich sagte, dass ich es bewundere, wie sie alle dazugehörigen Gefühle ertrage, ich aber in der Betäubung meine Erholung vom täglichen Wahnsinn finde. Wir unterhielten uns trotz dieser Gegensätze versöhnlich und sie besuchte mich am nächsten Tag.

Ich versuchte anfangs nicht zu kiffen, fühlte mich aber eingeengt. War ich durch das Berufliche nicht schon genug fremdbestimmt, hatte ich kein Recht auf Freiheit in meiner Freizeit? Die nächsten Konflikte waren vorprogrammiert und wir lebten über Jahre in einer On-Off-Beziehung.

# 7

2006 erfüllte sich Simone einen Traum und buchte für uns eine Reise nach Kenia inklusive einer Safari. Teresia war inzwischen 16 und konnte die 2 Wochen alleine bleiben. Wir flogen in der ersten Klasse, da sie wegen der Länge des Flugs Angst vor einer Thrombose hatte. Die Sitze waren breit und sehr bequem, Simone saß am Fenster, neben mir war der Gang. Links von mir saß eine kräftige Kenianerin, die einen Rotwein nach dem anderen bestellte, bald schloss ich mich an. Nach 5 Stunden, etwa der Hälfte des Flugs, war ich betrunken und konnte einschlafen. Simone hatte zuvor schon immer wieder geschlummert, wenn sie mein Trinkgelage wahrnahm, drehte sie sich demonstrativ weg. Als ich nach 2 Stunden aufwachte, hatte ich einen schmerzhaften Druck im Kopf, mein gerötetes Gesicht sprach von einem Blutdruck über 200, ich fürchtete mich vor einem Schlaganfall und bestellte Wasser. Rotwein im Übermaß hatte schon in meiner Jugend Nasenbluten verursacht, wie konnte ich mich in 10000 Metern Höhe dazu verführen lassen?

Wir landeten am Vormittag und kamen gegen 16 Uhr nach einer dreistündigen Busfahrt in unserem Hotel an. Ich hatte aus meinem Koffer eine Tablette Aspirin genommen, der Kopfschmerz wurde besser, aber auf der Fahrt kämpfte ich gegen Übelkeit.

Unser Zimmer war ein kleiner freistehender Bungalow mit Terrasse und Blick aufs Meer. Alles war traumhaft und gut organisiert, doch verkatert fällt Wertschätzen schwer. Simone war verständlich frustriert von meiner Ausschweifung, zeigte das Gegenteil von Mitgefühl, Strafe muss sein. Beim Abendessen redete sie aber ohne Groll wieder mit mir, freute sich auf die Safari, die schon morgen losging. Nach dem Frühstück stiegen wir mit leichtem Gepäck in einen Kleinbus, der sammelte erstmal andere Teilnehmer aus verschiedenen Hotels ein. Gegen Mittag erreichten wir das erste Camp, ein großes Zelt, in dem man stehen konnte, wurde unser Schlafzimmer. Nach dem Mittagessen startete der erste Ausflug in die Wildnis. Die Safari nannte sich die Big Five, sie versprach, wir würden die 5 größten Tiere Kenias zu sehen bekommen. Elefant, Giraffe, Löwe, Nashorn und Flusspferde, die sahen wir schon in dem Fluss, der am Camp vorbeifloss.

Der große Jeep hatte für 10 Leute Platz, wir fuhren in ein Waldstück, das viele Lichtungen hatte. Dort tummelten sich die verschiedensten Pflanzenfresser, es erinnerte an Darstellungen vom Paradies. Simone hatte sich vor der Reise eine digitale Kamera gekauft und war die meiste Zeit mit ihr beschäftigt. Ich konnte kaum einen Satz zu Ende sprechen, da unterbrach sie mit „Kuck mal" und ihre Aufmerksamkeit verschwand wieder hinter der Kamera. Auch im Camp war sie unterwegs und fotografierte kleine Reptilien, Insekten und Blumen.

Es war unsere erste Reise zu zweit und ich hatte mehr Aufmerksamkeit erwartet, auch, dass vielleicht sexuell eine Befreiung von ihren Hemmungen passieren könnte. Ich tröstete mich beim Abendessen mit Wein und danach mit Bier.

Die Safari war eng getaktet, 5 Tage durchterminiert. Wir hatten zwischen den Ausflügen wenig Zeit, nur nach dem hier schnellen Einbruch der Dunkelheit, hatten wir Freizeit. Simone fiel nach dem Abendessen erschöpft ins Bett, während ich beim Bier auf meine Bettschwere wartete. Zum letzten Camp flogen wir in die Hochebene, dem Naturschutzgebiet Massai Mara. Der Flug in dem kleinen Motorflieger fühlte sich abenteuerlich an, die Propeller dröhnten laut und ließen das ganze Flugzeug vibrieren. Wir besuchten ein Runddorf der Massai, sie wohnten in dunklen Lehmhütten ohne Fenster. Ich fragte mich, ob dies heute noch die Wirklichkeit ist oder nur für die Touristen gestellt. In der Mitte des Dorfes war ein großer freier Platz, dort tanzten junge Männer den typischen Massaitanz mit den senkrechten Sprüngen. Im Kreis um sie hatten die Frauen Souvenirs ausgelegt. Simone kaufte einen roten Umhang, ich liebäugelte mit einer Machete, hatte aber Bedenken wegen des Rückflugs. Das aufregendste Erlebnis war, als wir zu Fuß einen Hügel hinaufgingen und plötzlich einem riesigen Nashorn gegenüberstanden. Keine 10 Meter entfernt graste es friedlich, schien uns kaum wahrzunehmen. Ein Wildhüter stand in der Nähe und unser Führer übersetzte: „Keinen Schritt näher!"

Dass wir hier nicht alleine auf Safari sind, erlebten wir eindrücklich, als über Funk der Fahrer die Nachricht erhielt, ein Leopard sei auf einem Baum gesichtet worden. Der Baum war leicht zu finden, weil schon mehrere Jeeps ihn umringten. Am Ende, bevor der Leopard gemächlich vom Baum stieg und verschwand, zählte ich 12 Fahrzeuge.

# 8

Zurück im Hotel ließ eine schwüle Hitze uns stöhnen. Auf der Safari war das Klima viel angenehmer, kühlte nachts schnell ab, sodass wir gut schlafen konnten.

Als wir sahen, dass der Pazifik sich etwa 100 Meter zurückgezogen hatte und viele Leute im knietiefen Wasser umherwateten, wollten wir es ihnen nachmachen und liefen barfuß los. Bald sprachen uns 2 junge Kenianer an, fragten auf Englisch, woher wir kommen. Nachdem wir geantwortet hatten, plapperte der eine in perfektem Deutsch los. „Wenn ihr uns etwas Geld gebt, zeigen wir euch eine Moräne"; wir hatten kein Geld dabei; „Ihr müsst sowieso noch Schuhe anziehen"; „Und ihr?", ich zeigte auf ihre nackten Füße. „Wir haben Elefantensohlen." Wir ließen uns überreden. Sie zeigten uns wirklich eine Moräne und fütterten sie. Unterwegs fragte ich, wie er so gut Deutsch sprechen gelernt hat. Er erklärte, dass es hier üblich sei, dass viele Kinder mehrmals pro Woche von einem Lehrer Einzelunterricht erhalten. Die meisten Deutsch, gefolgt von Italienisch, was sein Kollege sprach. Sie zogen dann zu zweit, praktisch zweisprachig, umher, um möglichst viele Touristen erreichen zu können.

Als ich einen Moment mit ihm alleine hatte, fragte ich, ob er was zu rauchen besorgen kann. Wir verabredeten uns für den späten Nachmittag in einem Kleidergeschäft nahe der Hotelanlage. In einem hinteren Verkaufsraum übergab er mir für 50 Euro kenianisches Gras. Ich hatte mir eine Flasche Whisky im Flugzeug gekauft, setzte mich damit auf die Terrasse und rauchte den ersten Joint. Schlagartig entspannte sich mein unruhiger Geist und ich konnte die Aussicht und das Rauschen des Ozeans genießen.

Simone sagte nichts, verhielt sich aber danach sehr reserviert. Nach dem Abendessen ging sie meistens bald ins Bett. Ein Kellner fragte mich, wo meine Frau sei – „Müde, ging schlafen." „Wenn deine Frau müde ist, ich habe eine Schwester hier in der Nähe und ich denke, du weißt, wie du dich schützen kannst." „Du bietest mir deine Schwester an", sagte ich, „Halbschwester", versuchte er es abzumildern. Ich schüttelte den Kopf, sagte, ich könnte es sowieso meiner Frau nicht antun.

Am letzten Tag sahen wir an einem anderen Strand einen Weißen um die 70, der eine geschätzt 13-Jährige auf dem Schoß sitzen hatte und sie befummelte. Auch das war Kenia.

# 9

Im Juni 2007 machten wir unseren letzten Urlaub auf Lanzarote, Halbpension in einer Hotelanlage mit Swimmingpool. Es gab vormittags und abends Buffet, anfangs aßen wir viel zu viel und beklagten danach Bauchdruck und Trägheit. Wir hatten einen Mietwagen und waren tagsüber meistens unterwegs, besichtigten die Sehenswürdigkeiten, ritten auf Kamelen, tauchten mit einem U-Boot und verbrachten einen Tag auf Fuerteventura.

Wenn wir früh genug zurück waren, ging Simone vor dem Abendessen in den Pool, ich spielte mit anderen Gästen Volleyball. Nach dem Essen waren wir müde, ich trank noch zwei Bier auf der Terrasse unseres Zimmers, sie schlief schon, wenn ich ins Bett ging. Trotz sexuellem Mangel verbrachten wir eine harmonische Zeit, vielleicht vor allem, weil ich nicht kiffte. Sie hatten recht, dass ich bekifft ein anderer war, auch Sabrina sagte das öfters. Doch genau das war der Sinn davon, mich langweilte es, immer derselbe zu sein.

Zurück wurde ich wieder der andere und Simone distanzierte sich manchmal wochenlang.

Ich hatte schon länger Sehnsucht nach meinem spanischen Urlaubsort, Simone wollte nicht mit mir zu einem Ort fahren, wo ich vermeintliche Affären hatte und überall gekifft wurde.

Mitte August flog ich allein nach Barcelona und erreichte meine Pension am späten Nachmittag. Drei Wochen Urlaub von Arbeit, Simone und den selbst auferlegten Tugenden. 3 Tage trank ich außer einem Kaffee nach dem Aufstehen nur Alkoholika. Als ich am vierten Tag den üblen Geruch meines Urins wahrnahm und seine braune Farbe sah, wusste ich, 2 Liter Wasser mussten täglich dazwischen. Außerdem hatte ich schlimme Gleichgewichtsstörungen, Pit und die anderen Kumpels waren besorgt, ob ich nach Hause gefunden hatte, lästerten gleichzeitig viel darüber. Auch einige weibliche Bedienungen zeigten mir offen, dass sie mir ungern gewisse Drinks brachten: „Mucho mal!"

Ich schob meinen Trinkbeginn hinaus, verbrachte den Tag mit Wasser am Meer, meistens dort, wo FKK üblich war. Ich liebte immer noch den Kitzel der Nacktheit und die Sonne küsst, der Wind streichelt. Inzwischen kannte ich überall Leute, einige begleiteten mich zum Strand, andere traf ich dort. Die Nächte gehörten weiterhin der Musik, das Angebot hatte sich aber verändert. In der Rockbar trat am frühen Abend eine Flamencogruppe auf, danach machte der Besitzer den DJ. Er hatte die Getränkepreise seit 1982 in etwa verdreifacht, deshalb tranken die meisten zum halben Preis woanders und kamen nur zum Tanzen vorbei. Er bemerkte, dass obwohl zeitweise viele tanzten, die Kasse nicht klingelte und begann gezielt Leute anzusprechen und zu vergraulen. Ich hatte das Gefühl, das Ende der Bar naht.

## 10

Simone zeigte sich nach meinem Urlaub desinteressiert, wollte nichts von meinem Urlaub wissen. Ich glaube, sie dachte, ich hätte sie betrogen. Unsere Beziehung eierte weiter, halbherzig und meistens asexuell. Im August 2008 flog ich wieder allein nach Spanien. In der letzten Nacht vor dem Heimflug war ich mit einer 34-jährigen Italienerin unterwegs. Am Ende landeten wir betrunken in meinem Bett und ich schlief mit ihr vor dem Einschlafen und nach dem Aufwachen.

Mein schlechtes Gewissen stand mir wahrscheinlich im Gesicht, denn Simone verhielt sich nach meiner Rückkehr sehr abweisend, wollte mich erstmal nicht mehr sehen. Der katholische Teil in mir verdarb nachhaltig die Fähigkeit zu lügen und schon verschweigen ist Betrug.

Simone war telefonisch nicht erreichbar, deshalb schrieb ich ihr, was passiert war. Diese Funkstille mit der Last meines schlechten Gewissens war unerträglich, ich musste mich erleichtern.

Nach weiteren Wochen trafen wir uns zufällig beim Tanzen und näherten uns wieder an. Doch das Sexuelle war noch vergifteter, sie wollte wenn nur mit Kondom und ich fühle damit wenig.

Ich verbog mich für sie ein weiteres Mal, drosselte meinen Drogenkonsum und unterdrückte sexuelle Bedürfnisse, wobei ich schon nicht mehr wusste, ob ich sie mit ihr teilen wollte. Es fühlte sich schwermütig an, von zu vielen schlechten Gefühlen belastet.

# 11

Lisa lernte ich kennen als Schülerin für Ergotherapie. Sie hatte für ein halbes Jahr ihren Einsatz in der Tagesklinik. Sie war 32 und hatte eine Umschulung von Raumgestalterin zur Ergotherapeutin bezahlt bekommen, weil sie nach einem Autounfall mehrmals am Knie operiert werden musste. Wir verstanden uns schon während der Arbeit so gut, dass sie die Absicht hatte, sich nach ihrer Prüfung bei uns zu bewerben.

Ich traf sie zufällig in meiner Stammkneipe, sie war in Feierlaune, hatte ihre Prüfung gerade bestanden. Ich fragte sie, ob sie mitkommen will einen zu rauchen. Wir rauchten hinter der Kneipe im Innenhof und als wir fertig waren, lagen wir uns in den Armen und küssten uns.

Dass es nicht zu mehr kam, lag an meinem schlechten Gewissen gegenüber Simone, aber auch Lisa hatte eine neue Beziehung, von der ich erst später erfuhr. Am nächsten Morgen, es war Samstag, wachte ich mit einem riesigen Verlangen nach ihr auf. Ich hatte vergessen, nach ihrer Telefonnummer zu fragen, deshalb rief ich meine Kollegin, ihre damalige Anleiterin an und sie hatte die Nummer. Ich erreichte sie und wir verabredeten uns bei ihr am Abend.

Nach dem Telefonat rief Simone an und sie spürte, dass etwas nicht stimmt, schon weil ich nicht fragte, ob wir uns heute

sehen. Ich wollte wegen eines Kusses nicht wieder alles kaputt-
machen, verschwieg alles und sagte, ich melde mich morgen.

Am Abend, nachts und am Sonntagmorgen schlief ich mehrmals mit Lisa, sie war sexuell noch unkomplizierter und gieriger
als Moni. Mein Genuss wurde aber immer wieder von Gefühls-
wellen gestört, die bedrückend über meine Brust strömten. Herzschmerzen wegen Simone, bei jedem Gedanken an sie.

Ich steckte den Kopf in den Sand, meldete mich nicht mehr
bei ihr, war zu feige, um mit ihr zu sprechen. Nach 6 Wochen
rief sie an, um mir zu sagen, dass sie meine Schlüssel in meine
Wohnung legen wird, während ich auf der Arbeit bin. Ich sagte,
dass es mir leid tue, ich nicht anders konnte. Sie legte auf. Meine Herzschmerzen hörten dadurch nicht auf.

Die Beziehung zu Lisa überforderte mich sexuell und nach
den ersten Wochen wurde auch klar, dass eine 32-jährige andere
Interessen als ein 48-Jähriger hat. Zudem hatte sie die Stelle in
der Tagesklinik bekommen und es war ein blödes Versteckspiel
vor den Kollegen. Nach 3 Monaten war die Affäre zu Ende und
meine 7-jährige Beziehung auch.

# Erneuerungen

## 1

2009 hatte ich genug Geld angespart, um meine Wohnung zu renovieren. Lisa, die ehemalige Raumausstatterin, hatte mich dazu motiviert und half mir teilweise. Es war überfällig, einige Rollläden waren defekt, die Fenster schlossen schlecht, Türen waren verzogen, die Wände vergilbt und der Teppichboden mit Brandlöchern übersät. Ich ließ Fenster, Rollläden und Türen von einer Schreinerei erneuern. Beim Tapetenabkratzen, Tapezieren und Streichen half mir Lisa. Die Teppichbodenplatten entsorgte ich selbst, danach half mir Mike beim Parkett Verlegen.

Ich hatte Urlaub und wir hatten in 2 Wochen Wohnzimmer und Flur geschafft, das kleine Schlafzimmer wurde am nächsten Wochenende fertig. Das Schlimmste war die Schlepperei. Teppichboden zur Deponie, Parkettdielen vom Baumarkt nach Hause. Ich stand vor Sonnenaufgang auf, begann mit dem ersten Licht zu arbeiten und hörte erst beim Einbruch der Dunkelheit auf. Abends konnte ich wegen der Schmerzen im unteren Rücken nicht mehr gerade sitzen, musste zurückgelehnt im Sessel essen. Dann begann meine rechte Leiste zu zwicken, zeitweilig konnte ich nicht schmerzfrei gehen. Ich wusste, dass ich meinen Körper überfordere, aber ich konnte mich inmitten des Chaos nicht bremsen, wollte unbedingt fertig werden.

Mein Rücken erholte sich schnell, vielleicht durch die Tibeter und Tai Chi, aber das Zwicken begleitete mich die nächsten 10 Jahre.

# 2

Der alte Passat meines Vaters hatte bald nach der Renovierung einen Motorschaden. Ich brauchte wegen meiner Mutter ein Auto. Ich nutzte die damals geförderte Abwrackprämie und kaufte für 8.700 Euro einen neuen Toyota Yaris. Finanziell hatte ich trotzdem noch Rücklagen, wahrscheinlich durch die längere Beziehung zu einer sparsamen Schwäbin.

Ich hatte telefonisch Kontakt zu der Italienerin, die in der Nähe von Mailand lebte und wir verabredeten, dass ich sie besuche und wir dann weiter nach Spanien fahren. Der Tunnel in Österreich war gestaut, deshalb fuhr ich über den Pass. Bei der kurvenreichen Straße bergauf rutschte mein Feuerzeug auf den Boden. Oben angekommen versuchte ich bei einem geraden und flachen Straßenabschnitt, mein Feuerzeug zu erreichen. Es ruckelte heftig, ich war mit beiden Reifen rechts von der Straße abgekommen. Erst jetzt sah ich, dass der rechte Straßenrand einige Abbrüche hatte. Beide Reifen platt, ich fuhr vorsichtig den Wagen über die Straße auf die andere Straßenseite, wo ich ihn parken konnte. 200 Meter entfernt sah ich ein Hotel, lief auf es zu. Ich hatte noch kein Handy, wollte nicht immer und überall erreichbar sein und mich störte der Ballast.

Im Hotel telefonierte ich mit dem Pannendienst und 1 Stunde später schleppte mich eine nahe Werkstatt ab. Der Mechaniker sagte, dass ich in 2 Stunden wieder auf der Straße sei, aber als er die Reifen entfernte, sah er, dass die Felgen auch deformiert sind. Ich telefonierte nochmal mit dem Schadenservice, da es Freitag war, konnten sie vor Montag nichts machen. Sie würden die Kosten für einen Mietwagen oder ein Hotelzimmer übernehmen. Ich entschied mich für den Mietwagen, bekam einen PS-starken Volvo. Nachdem ich mit dem Mechaniker vereinbart hatte, dass ich mich am Sonntagnachmittag telefonisch melde, setzte ich meine Fahrt zu Claudia, der Italienerin, fort. Ich hatte sie vom Hotel aus angerufen und gesagt, dass ich mich wegen der Panne verspäten würde.

Ich erreichte ihren Wohnort zu spät in der Nacht, um nach ihrer Adresse zu fragen, schlief deshalb ein paar Stunden im Auto. Es war ein kleines Dorf und der Erste, den ich fragte, wusste, wo sie wohnt. Ich klingelte und ein älterer Herr, ihr Vater, öffnete das Gartentor. Ich fragte nach Claudia, er zeigte auf ein kleines Haus hinter sich, wo sich gerade ein Fenster öffnete und sie meinen Namen rief. Wir umarmten uns kurz, sie wirkte noch sehr verschlafen und kochte als erstes Kaffee. Beim Frühstück erzählte ich, was passiert war und dass ich wieder zurück muss, um mein Auto zu holen. Als ich fragte, ob sie mich begleite, stöhnte sie: „Oh, no!"

Ich hatte gehofft, dass wir bald in der Kiste landen würden, aber sie fühlte sich fremd an, wir kannten uns nüchtern nicht. Ich fragte trotzdem, ob ich mich noch eine Stunde hinlegen kann, weil ich kaum geschlafen hatte. Sie nickte und zeigte mir ihr Bett. Ich zog die Hose aus und schlüpfte hinein, bald legte sie sich daneben. Meine sexuellen Annäherungsversuche wehrte sie aber vehement ab, sodass ich mich trotzig zurückzog.

Am Nachmittag fuhren wir in die kleine Stadt in der Nähe, sie besorgte was zu rauchen, anschließend versorgten wir uns im Supermarkt mit Alkohol und Mittagessen. Mit Rauch und Trunk lockerte die Stimmung schnell auf, sie kochte Spaghetti Bolognese und nach dem Essen saßen wir entspannt im Bett und hörten Musik. Ich hielt mich sexuell zurück, wollte nicht, dass die Stimmung durch eine erneute Frustration kippt.

Sie trank zu schnell zu viel Wein, begann, verwaschen Englisch zu reden, sagte, sie müsse schlafen. Nach dem Aufwachen fing sie an, mich zu verführen, setzte sich auf mich, aber sie war nicht feucht genug und gab bald auf. In Spanien hatten wir prickelnden Sex, lag es bei ihr auch an der Nähe zum Vater?

# 3

Am Nachmittag rief ich in der Werkstatt an, der Mechaniker erklärte mir, wenn er die Felgen bestellen soll, würde es 5 Tage dauern. Die andere Möglichkeit wäre, dass ich sie mit dem Leihwagen in Deutschland hole, dort lägen sie schon morgen bereit. Ich entschied mich für die zweite Möglichkeit, er sagte, ich solle morgen früh in der Werkstatt vorbeikommen, er gebe mir ein Navi, damit ich die Adresse finde.

Ich rechnete, wie viele Stunden ich unterwegs sein werde, kam auf mindestens 10. Ich flehte Claudia an, mich zu begleiten, jammerte, wie schwer es sei, sich alleine zu orientieren. Sie lenkte ein, wollte kein schlechter Kumpel sein. Am Morgen dauerte es lange, bis sie endlich im Auto saß, wir erreichten die Werkstatt erst gegen 10 Uhr. Der Mechaniker schüttelte den Kopf, ihr müsst vor 18 Uhr wieder hier sein, sonst haben wir dicht. Er wollte das Navi einrichten, gab aber schnell auf und drückte es mir mit der Adresse in die Hand. Wir mussten beim Bodensee über die Grenze, ich weiß nicht, wie oft wir die Autobahnen wechselten, aber das Navi führte uns sicher ans Ziel.

Gegen 17 Uhr waren wir wieder in der Werkstatt, der Mechaniker nannte mich scherzhaft einen Spezialisten. Ich unterschrieb bei seiner Frau im Büro die Formalitäten für die Versicherung und legte einen 50-Euroschein dazu.

Zurück bei Claudia fragte ich, ob sie nicht packen müsse, doch sie hatte schon zu trinken begonnen und sagte morgen. Am nächsten Tag hatte ich das Gefühl, sie könne sich an unsere Absprache, nach Spanien zu fahren, nicht erinnern. Ich sagte, wenn sie nicht mit will, würde ich alleine fahren.

Sie begann, schimpfend ein paar Sachen einzupacken, wirkte dabei unorganisiert. Auf der Fahrt fielen ihr ständig Dinge ein, die sie vergessen hatte und ich war wegen meiner Hektik schuld.

Wir erreichten unsere Pension am frühen Abend, sie wollte aber die erste Nacht bei einem befreundeten Maler verbringen, den ich auch kannte. Er würde sie seine Muse nennen.

Ich war schon zuvor von ihrem chaotischen Verhalten genervt, wusste, dass sie bei einem Autounfall ein Schädelhirntrauma erlitten hatte und hatte den Verdacht, dass sie bei Alkoholkonsum schnell in einen pathologischen Rausch geriet, mit drastischen Wesensveränderungen und totalem Gedächtnisverlust. Ich begleitete sie noch zum Maler, dessen herzliche Art ich mochte. Er lud mich auf ein Bier ein, danach verabschiedete ich mich und auf dem Rückweg zur Pension wurde mir klar, dass ich mich von Claudia distanzieren muss.

## 4

Als ich am nächsten Nachmittag vom Strand kam, schlief sie in der Pension. Unsere Betten standen in dem kleinen, schmalen Zimmer an der Wand mit den Fußenden einander gegenüber. Ich duschte, während ich mich anzog, wachte sie auf und schimpfte gleich los auf Italienisch. Sie wirkte sehr verkatert und ich beeilte mich, hinauszukommen, sagte nur, ich gehe aus und war weg. Ich wollte mit ihr so bald wie möglich nüchtern sprechen, wusste, dass es im jetzigen Zustand keinen Sinn macht.

Ich versuchte, meinen Urlaub wie gewohnt zu genießen und kümmerte mich nicht darum, was sie tat. Irgendwann fragte sie, warum ich so kalt sei. Ich sagte, dass ich sie nüchtern mag, sie sich aber unter Alkohol in eine andere Person verwandeln würde, die mir mit ihrer Bösartigkeit zumindest Unbehagen bereitet: „I don't feel good." Sie wusste nicht, worüber ich spreche, hielt sich selbst für herzensgut. Ich glaube, in ihr steckten 2 Personen, die sich nicht begegneten und nicht kannten.

Nach dem Gespräch versuchte sie mich mit kleinen Aufmerksamkeiten zu überzeugen, lieh sich einen CD-Player, weil sie dachte, mir fehle Musik. Kaufte Bier für mich, als sie es mir überreichte, sagte sie: „Siehst du, ich bin immer gut."

Peinlich wurde es manchmal am Abend; wenn sie sah, dass ich mich mit anderen Frauen unterhielt, versuchte sie durch Körperkontakt zu demonstrieren, dass ich zu ihr gehöre. Ich wehrte sie sanft, aber bestimmt ab: „Trink nicht zu viel!" Ihre Besäufnisse wurden im Laufe des Urlaubs immer heftiger und besoffene Frauen fallen schnell unangenehm auf, auch die Pensionsmutter hatte ihre Abstürze bemerkt und äußerte sich besorgt. Ich wusste, dass sie länger bleiben wollte und nicht mit zurückfahren würde, worüber ich froh war. Ich zahlte das Zimmer und verabschiedete mich.

In späteren Urlauben traf ich Claudia immer wieder, zeitweise wohnte sie sogar dort. Wenn sie mich sah, verhielt sie sich meistens körperlich distanzlos, was ich nicht zulassen wollte und abblockte. Ihr körperlicher Abbau durch den Alkoholkonsum war unübersehbar, meine Gefühle schwankten zwischen Mitleid und Ekel.

## 5

2010 war ich wieder mit dem Toyota in Spanien. Auf der Rückfahrt blinkte nach Lyon kurz die Warnleuchte für Überhitzung auf, bald hörte ich den Motor rasseln und das Fahrzeug verlor Geschwindigkeit. Ich schaffte es noch, von der Autobahn zu rollen. Wieder kein Handy. Ich lief bis zur nächsten Notfallsäule, zurück beim Wagen musste ich nicht lange warten, bis der Abschleppdienst kam. Es war Sonntag, er schleppte ihn in seine Werkstatt, sagte aber, dass er ihn morgen zu Toyota bringen würde. Ich sagte, ich würde morgen früh wieder da sein, verabschiedete mich und lief in Richtung Bahnhof. Dort telefonierte ich zuerst mit dem Schadensservice, dann rief ich privat meine Kollegin an und erklärte, dass ich frühestens am Dienstag zur Arbeit käme. Ich suchte ein billiges

Hotel, aß unten im Restaurant und trank noch schnell einige Bier, um bald zu schlafen.

In der Toyota-Werkstatt stellten sie totalen Motorschaden fest, die Kühlflüssigkeit war ausgelaufen, Kolbenfresser. Ich telefonierte erneut, sie schickten mir einen Mitarbeiter, der mich abholt und das Auto würde spätestens in 2 Wochen zu meiner Werkstatt gebracht. Mit einer Kreditkarte hätte ich selbst einen Mietwagen nehmen können, ich beschloss, mir eine zu besorgen und ein Handy.

Es war erstaunlich, wie viel der Schadensservice für einen geringen Beitrag leistet, jetzt hoffte ich, dass die Vollkaskoversicherung den Schaden übernimmt. Die Werkstatt machte mir keine Hoffnungen, die bezahlen nur den Kühler, ich hätte rechtzeitig anhalten sollen. Irgendwas war durch den Frontgrill im Kühler eingeschlagen, hatte ein großes Leck verursacht.

Der Gutachter sagte, das Problem sei, dass der Wagen keinen Temperaturanzeiger hat, nur eine Warnleuchte und die würde, wenn der Kühler schnell Flüssigkeit verliert, nur kurz aufleuchten, weil der Fühler nur so lange anzeigt, wie Kühlflüssigkeit vorhanden ist. Er hielt sich aber bedeckt, wagte keine Prognose.

Der Motor kostete fast die Hälfte des ganzen Autos, als ich die freudige Nachricht im Briefkasten fand, dass sie über 3000 Euro überweisen, beschloss ich, im Winter nach Gomera zu fliegen.

# 6

Eine Woche vor Weihnachten flog ich nach Teneriffa, weiter mit der Fähre und dann mit dem Kleinbus ins Tal der Könige, Valle Gran Rey. Ich hatte eine Pauschalreise gebucht mit Halbpension in einem großen Hotel. Es war später Nachmittag, nach einer Dusche konnte ich gleich zu Abend essen, dann machte ich mich auf den Weg, das Nachtleben zu erkunden.

Der Strand vom Valle lag an 3 Orten, die im Laufe der Jahre zusammengewachsen waren. Mein Hotel war im mittleren Ort direkt am Meer. Ich lief zuerst nach links in Richtung Hafen, wo das Zentrum des nächsten Ortes war. In der ersten Bar, in der ich an der Theke ein Bier bestellte, fragte mich der Gast neben mir: „Deutsch?" Er war 2 Jahre jünger, Österreicher und spielte in der lokalen Band Schlagzeug. Geld verdiente er hauptsächlich mit der Renovierung von Häusern. Wir hatten sofort einen Draht zueinander, unterhielten uns über eine Stunde und hatten einen ähnlichen Humor. Zwischendurch mischte der deutsche Barmann auch noch lustige Sprüche dazu.

Er hatte dann ein Date, wir verabredeten uns aber am folgenden Tag, er wollte mich mitnehmen zu einer Probe der Band. Bevor er ging, stellte er mir eine Schweizerin vor, die wusste, wo ich Haschisch bekomme. Mit ihr ging ich in eine andere Bar, wo der Dealer schon bereitsaß. Versorgt suchten wir einen Platz zum Rauchen, setzten uns auf die oberen Stufen einer Treppe mit Blick zum Meer. Nach dem Joint spürte ich meine Geilheit und signalisierte ihr meine sexuelle Bereitschaft. Sie wohnte in der Nähe und dachte laut darüber nach, ob sie mich mitnehmen will. „Lieber nicht, wir sehen uns morgen." Ich schüttelte den Kopf: „It's now or never!"

Als ich mich verabschiedet hatte, ging ich zuerst zurück zur Kneipe, lief aber schon in Schlangenlinien und wurde todmüde, sodass ich nur noch ins Bett wollte, in das ich nach einem mühevollen Heimweg überglücklich fand.

Am nächsten Tag traf ich mich mit dem Schlagzeuger in einer Bar am Meer, er hatte seinen Freund, den Gitarristen dabei. Wir fuhren zu deren Haus weiter oben in den Bergen, wo sie einen kleinen Proberaum hatten. Ein Keyboarder und ein Bassist waren schon da, beide wohnten aber woanders. Der Keyboarder war ein nüchterner Nichtraucher und passte nicht zu den anderen. Ihn störte, wenn im Proberaum geraucht wurde und seine strenge Art schüchterte alle ein. In der Pause holten alle anderen zu rauchen nach, sie hatten selbst angebautes Gras. Alle tranken Bier, außer dem Keyboarder, der bald zum Weitermachen drängte.

Sie spielten selbstgemachten Rock, der Raum war zu beengt, um zu tanzen, ich stand in einer Ecke und wiegte die Hüften. Ihre Musik war für mich auf jeden Fall tanzbar, aber am Nachmittag und unter diesen Bedingungen war ich froh, als die Probe vorbei war. Der Keyboarder und der Bassist verabschiedeten sich, danach fragte mich der Schlagzeuger, ob ich einen LSD-Trip will. Er spiele meistens unter LSD, die anderen beiden wüssten nichts davon. Ein Freund würde sie herstellen und sie wären speziell für ihn dosiert, ich könne einen Ganzen nehmen. Ich hatte schon halbe Paperacids genommen und war jedes Mal genug beeindruckt, deshalb wollte ich trotzdem nur einen halben.

Der Trip kam sanfter als gewohnt, ich fühlte mich einfach nur wohl behütet im Schoß des Universums, mein Vertrauen ins Leben war grenzenlos. Andere Erfahrungen mit LSD wurden oft von Unruhe, innerer Getriebenheit und Muskelverkrampfungen begleitet.

Als wir vor die Tür traten, um wieder hinunter zum Meer zu fahren, spürte ich, wie sauerstoffreich und rein die Luft hier ist, bei jedem Atemzug schien mein Körper zu frohlocken. Es war schon dunkel, als wir in eine Kneipe gingen, ich trank noch ein Bier mit ihnen, dann zog es mich schnell wieder ins Freie. Ich lief in Richtung Strand, der etwa 300 Meter entfernt war, mein Hotel leuchtete links von mir in etwa 1 km Luftlinie. Als ich mich dem Plaza näherte, hörte ich zuerst ein rhythmisches Summen, erst, als ich fast dort war, erkannte ich, dass es Trommeln waren. Auf einer Seite des Plaza saßen über 10 Trommler, die einen gemeinsamen Rhythmus verfolgten, darüber entstanden melodische Obertöne, es hatte eine archaische Mystik. Die ganze Mauer rund um den Plaza war von Touristen besetzt, in der Mitte tanzten 2 Frauen mit brennenden Fackeln. Punkt 22 Uhr, kurz nach meiner Ankunft, endete das Spektakel. Ich erfuhr, dass es über den Winter jeden Abend nach dem Sonnenuntergang beginnt. Von nun an war ich fast jeden Abend hier, verzichtete oft auf das Abendessen im Hotel.

# 7

Am nächsten Tag lief ich nach dem Frühstück zu dem Platz, wo sie gestern getrommelt hatten. Ich setzte mich auf die kniehohe Mauer und drehte mir einen Joint. Ein Kölner sprach mich an und setzte sich neben mich. Er war 57 und verbrachte die meisten Winter hier, zeltete wild oberhalb des Ortes. Den Rest des Jahres arbeitete er als selbstständiger Schrotthändler, er erklärte mir, dass man heute davon nicht mehr reich werden könne und er deshalb riskiere, keine Krankenversicherung zu haben. Er warnte mich, dass ich hier aufpassen muss, die Polizisten oft kontrollieren, weil sie selbst kiffen würden. Sie behalten dein Haschisch und lassen dich laufen. Das beruhigte mich, war doch meine größte Angst, Schwierigkeiten bei der Arbeit zu bekommen.

Der Kölner kannte hier die meisten Leute, die Altersverteilung war auch hier breit gestreut, von 20-bis 70-Jährige. Einige lebten wie er, campten wild, von Zeit zu Zeit verlangte die Polizei, das Camp zu räumen, aber mehr passierte nicht. Er fragte, ob ich mitkommen will einen Freund zu besuchen, der gestern kränkelte.

Zuerst zeigte er mir den Strand außerhalb des Ortes, wo FKK üblich war, am äußersten Ende stand sein Zelt. Zu dem Freund ging es wieder zurück in eine kleine Dünenlandschaft. Versteckt hinter ein paar Büschen standen 3 Zelte. Keiner war zu sehen, er rief seinen Namen und nach einer Weile kam er aus einem der Zelte gekrochen. Er begrüßte mich mühevoll, erklärte, er habe Fieber, seine Mandeln seien geschwollen und er könne kaum schlucken. Ich hatte für solche Notfälle eine Packung Penicillin von der Arbeit mitgenommen, die ich wegen dem überschrittenen Verfallsdatum sowieso hätte entsorgen müssen. Ich fragte, ob er sie nehmen will. „Auf jeden Fall", antwortete er. Ich befühlte noch seine nackte Brust, er glühte. Der Kölner fragte, ob er ihm was vom Supermarkt bringen soll. Er zählte ein paar Sachen auf, dann liefen wir zurück, er ging einkaufen, ich zum

Hotel. Als wir zurückkamen, rief der Kölner: „Der Doktor ist da." Ich erklärte, dass er die Tabletten sorgfältig und bis zum Ende der Packung nehmen muss. Nach 3 Tagen war er wieder gesund und ich hatte einen guten Freund.

## 8

Gomera war gefühlt zu 80 Prozent Deutsch, neben den zeitweiligen Touristen lebten hier viele Aussteiger. Einige waren berentet oder bekamen Sozialhilfe, andere, meist Jüngere, lebten von Erspartem und suchten nach Jobs. Auch viele Kneipen und kleinere Geschäfte hatten deutsche Besitzer, es gab sogar einen deutschen Bäcker.

Ich lernte einen Iren in meinem Alter kennen, er fand es nicht lustig, dass überall Deutsch gesprochen wurde und er nichts verstand. Wir saßen am Nachmittag auf der Mauer am Plaza und machten unser eigenes Wunschkonzert, sangen Lieder, die uns einfielen. Wir liebten die gleichen Songs und ich konnte von seiner Textsicherheit profitieren.

Irgendwann wurde er nachdenklich und sagte: „Ich muss dir eine Geschichte erzählen." Er war mit zwei Kilo Haschisch von Indien nach Japan geflogen und dort erwischt worden. Es war der unmenschlichste Knast, den ich mir vorstellen konnte. Einzelhaft, totale Isolation, der Gipfel war, dass sie Montagearbeiten verrichten mussten, bei denen sie große rechteckige Kopfbedeckungen trugen, um nur die Arbeit vor sich auf dem Tisch zu sehen und nicht den Mithäftling.

Er hatte 5 Jahre bekommen, wusste aber, dass die Japaner die Ausländer nach einem Jahr abschieben. Das härteste Jahr seines Lebens, selbst Zigaretten durfte man nicht rauchen.

# 9

Die wenigen Frauen, die hier längerfristig lebten, waren meistens vergeben und die zahlreichen Touristinnen auch. Eine Frau fiel mir auf, weil sie am Strand in der Nähe des Plaza Turnübungen machte. Als sie versuchte, den Kopfstand zu machen, musste ich angeben und zeigte ihr, wie ich es mache. Nach dem üblichen Smalltalk fragte ich, ob sie mit ins Hotel gehen will, ich hätte eine Badewanne. Sie roch sehr nach Schweiß, ich dachte, sie könne sie gebrauchen. Ich machte eine Andeutung, sie war nicht gekränkt, sondern froh über meine Ehrlichkeit. Sie hatte Angst vor den Hotelbediensteten, doch ich konnte sie beruhigen, dass wir tagsüber gar nicht auffallen.

Wir badeten gemeinsam, das Wasser wurde zur braunen Brühe, als ich mich am Ende abduschte, war meine Geilheit trotzdem unübersehbar. Im Bett hatte sie Vorbehalte, fühlte sich ausgenutzt oder nur hier zur Befriedigung meiner Geilheit. Sie hatte recht, denn eigentlich gefiel sie mir nicht, ich wollte nur Druck ablassen. Halbherzig setzte sie sich irgendwann doch auf mich und weil ich schon lange eine Erektion hatte, kam ich sehr schnell. „Sorry, aber so ist es, wenn ich zu lange auf die Folter gespannt werde." Sie zeigte ihre Unbefriedigtheit, indem sie masturbierte. Bereits eine halbe Stunde später war ich wieder bereit, doch sie verweigerte weiteren Verkehr. Wir liefen zurück zum Plaza, umarmten uns, bevor sie in ihre Pension ging. Obwohl es nicht das tollste sexuelle Abenteuer war, hatte ich doch das Gefühl, geerdet zu sein, mehr Ruhe im System zu haben.

Ich sah sie fast jeden Tag am Plaza, wir unterhielten uns freundschaftlich, fast flirtend. Ich mochte ihren Humor, aber ihr Äußeres fand ich nicht anziehend. Ich hatte meine Notgeilheit an ihr befriedigt und deshalb ein schlechtes Gewissen, wollte es nicht noch mehr belasten.

# 10

An Heiligabend verteilte ein Hotelkoch umsonst Essen am Plaza, wahrscheinlich die Reste vom Mittagsbuffet. Nach dem Trommeln spielte die Rockband, mit der ich bei der Probe war, in einer Kneipe in der Nähe des Plaza. In der Pause wollte ich mir neben der Terrasse einen Joint drehen. Ich hatte mich wegen des Windes zur Mauer gedreht, als mich mit „Señor" jemand von hinten ansprach. Ein einzelner Polizist stand vor mir und streckte die geöffnete Hand aus. Durch die Warnung des Kölners wusste ich, was er will, konnte aber vor Aufregung mein Haschisch nicht finden. Der Polizist winkte schon verärgert und sagte, dass ich mitkommen soll, endlich fand ich es in meiner Brusttasche und übergab es ihm. Er brummte etwas, drehte sich um und ging weg. Von da an trug ich immer ein kleines Stück in meiner Brusttasche und versteckte den Rest woanders, aber ich wurde nicht mehr kontrolliert.

Am Nachmittag von Silvester setzte sich ein US-Amerikaner am Plaza neben mich, er hatte eine Gitarre dabei und sagte, er hätte heute Abend einen Auftritt und wollte noch etwas üben. Er spielte und sang Bobby Brown von Zappa. Ich hatte das Lied schon oft mitgesungen und musste einstimmen. Er freute sich sichtlich darüber und als ich danach „Comfortably Numb" von Pink Floyd ansang, sagte er, „Das kann ich auch", und wir sangen das ganze Lied. Sein Telefon klingelte, jemand wartete auf ihn, er sagte: „Ich habe ein Echo, komme in einer halben Stunde."

Er lebte schon Monate hier, war aber inzwischen von der Polizei genervt: „Die haben mich auf dem Kieker, kontrollieren mich dauernd." Er wollte deshalb nicht mehr lange bleiben. Abends sang er in der Kneipe mit seiner Band. Es war für mich ein letztes Highlight, am 02.01. ging mein Flug zurück.

Gomera war energetisch und zwischenmenschlich eine meiner wertvollsten Reisen, trotzdem wollte ich nicht auf Dauer dort leben, die Möglichkeiten waren zu begrenzt, ich würde mich bald langweilen. Die Behörden hatten die nächtliche Sperrstunde schon für 1 Uhr festgelegt, Discos und Tanzbars gab es nicht mehr.

# Chefsache

## 1

2011 verkündete Dr. Salzer, dass er eine Stelle als leitender Arzt in einer großen Rehaklinik angenommen habe und deshalb die Tagesklinik bald verlasse. Beim Abschiedsessen, zu dem er eingeladen hatte, schenkten wir ihm ein großes Paket mit teilweise scherzhaftem Inhalt. Zudem ein Fotoalbum mit witzigen bis bissigen Kommentaren. Die Kolleginnen konnten es nicht lassen, ihm seine Arroganz bei gleichzeitiger Schlampigkeit zu spiegeln und einige waren gekränkt von seinen ungerechtfertigten Ausrastern. Ich hörte oft den Satz: „Das vergesse ich ihm nie."

Ich sah ihm schon beim Auspacken des Pakets an, dass er sich ärgert, um die Stimmung zu retten, bedankte ich mich bei ihm für das viele Wissen, das ich mir bei ihm amgeeignet habe, mehr als bei jedem anderen Arzt. Er war kein Geheimniskrämer, wie viele Ärzte, die ihren Wissensvorsprung nicht verlieren wollen. Er liebte es, zu dozieren und schenkte mir sein Kompendium für psychiatrische Pharmakologie, als er die Neuauflage erhielt. „Die Bibel für den Psychiater", sagte er. Darin standen alle Psychopharmaka mit ihren Wirkungsweisen und möglichen Nebenwirkungen. Die Ärzte, die nach ihm kamen, waren öfter erstaunt über mein differenziertes Wissen.

Nach seinem Ausscheiden sahen wir Dr. Salzer nicht mehr. Er hatte ein würdigeres und wertvolleres Abschiedsgeschenk erwartet, ich stellte mir vor, wie er das meiste des Pakets gleich in die Mülltonne stopfte. Sein verletzter Stolz dachte, ihr wisst nicht, wen ihr verliert und ich will mit keinem von euch noch was zu tun haben.

# 2

Die Klinikleitung fragte die 63-jährige Psychologin Regina, ob sie die Leitung übernehmen wolle. Es war ein Dankeschön für ihre große Leistung, aber auch dem aufkommenden Ärztemangel geschuldet. Sie wurde in unserer Klinik die erste psychologische Leiterin einer Station und wollte es besser machen als alle Ärzte vor ihr. Es ging für sie um den Stellenwert ihres Berufsstandes, ihr Scheitern hätte zu dem Satz geführt: „Psychologen können das nicht."

Durch die Last der Verantwortung geriet sie in eine unangemessene Hektik, verbreitete Unruhe, rannte schon fast durchs Haus, man hörte ihre schnellen Schritte auf der Treppe. Zusätzlich stresste der Anspruch des Qualitätsmanagements; der Weg der Patienten vom Vorgespräch bis zur Entlassung musste schriftlich beschrieben werden, sowie der Ablauf jeder Gruppe. Dr. Salzer hatte zuletzt die Mitarbeit daran vernachlässigt und hinterließ vieles halbfertig.

Vor allem unsere Sekretärin litt unter Reginas Druck, weil sie alle Dokumente in Form bringen musste. Die Prüfung des Qualitätssiegels war für Anfang nächsten Jahres angekündigt.

Die Chefärztin schickte für Dr. Salzer eine rumänische Ärztin;, die dachte, sie würde die neue Leiterin der Tagesklinik werden. Ich weiß nicht, wo der Fehler in der Kommunikation lag, vermute aber, die Chefin hatte Schwierigkeiten, einen Arzt unter der Leitung einer Psychologin zu finden und hatte sie ausgetrickst.

Die Frustration der Ärztin führte zu hartnäckigem Trotz, sie verweigerte die Zusammenarbeit, indem sie rigide ihre ärztlichen Zuständigkeiten durchzog, die Meinung des Teams interessierte sie nicht. Die Behandlung der Patienten litt unter den Spannungen im Team, weil es keinen verbalen Austausch gab, verordnete die Ärztin Medikamente, die psychotherapeutische Fortschritte verhinderten. Manchmal fühlte ich mich wie im Kindergarten, wenn sie zum Beispiel den gewohnten Chefplatz im Team einnahm. Regina zeigte ihren Ärger, setzte sich dann aber gegenüber.

Nach verbissenen 4 Monaten verließ die Ärztin die Klinik, hatte eine Stelle gefunden, wo sie mehr Macht wähnte, aber wir hörten, sie war dort nicht mal so lange wie bei uns.

Ihr Nachfolger wurde ein 47-jähriger Saudi-Araber, der schon seit seinem 18. Lebensjahr in Deutschland lebte. Er hatte 2 Jahre zuvor einen Herzinfarkt erlitten, deshalb kam es ihm entgegen, nicht die Hauptverantwortung zu tragen. Er rauchte so gerne wie Regina und ich, wir trafen uns oft dazu auf der Terrasse, wobei er meistens eine Tasse Kaffee trank. Seine südländische Gelassenheit geriet schnell ins Wanken, wenn unerwartete Arbeit auf ihn zukam. Er tat, was er musste, delegierte aber gerne vor allem dokumentative Aufgaben an andere weiter. Die Patienten schätzten seine freundliche Art in der Visite, aber nach seinen psychotherapeutischen Einzelgesprächen waren nicht wenige unzufrieden, vermissten den Tiefgang. Jedenfalls herrschte wieder Frieden im Team oder besser, wir trauten uns wieder zu sagen, was wir denken.

# 3

Irgendwann in diesen Wochen wachte ich auf mit einem Druck in der Brust. Ich versuchte, das Gefühl zu ignorieren, dachte, die meisten Störungen regulieren sich von allein, der Körper ist selbst der beste Heiler. Der Druck begleitete mich aber über Tage, nur im Schlaf spürte ich ihn nicht. Nach etwa 2 Wochen fragte ich meine Kollegin, ob sie mir den Blutdruck messen würde – 240 zu 130.

Es war kurz vor Feierabend am Freitagnachmittag, ich versorgte mich mit Blutdrucksenkern aus dem Arzneischrank, wollte nicht notfallmäßig zum Arzt rennen. Nach 3 Tagen Einnahme war der Druck am Montag weg. Ich machte trotzdem gleich einen Termin beim Internisten, den ich nach der Schilderung meiner Beschwerden für den Nachmittag bekam. EKG, kein Herzinfarkt und der Blutdruck war nur noch leicht erhöht. Er verschrieb mir die gleichen Tabletten, die ich schon genommen hatte und vereinbarte mit mir verschiedene Untersuchungen. Viele lästige Termine für mich.

Nach ein paar Wochen der Einnahme von Ramipril, dem Blutdrucksenker, schliefen mir nachts die Arme ein, mit einem leicht schmerzhaften Gefühl, das mich aufweckte. Beim nächsten Versuch mit Amlodipin entdeckte mein Freund Mike, dass ich am Hinterkopf eine Glatze bekam, nach dem Absetzen wuchs die Haarlücke wieder zu. Am Ende erhielt ich Candesartan, wodurch ich zunächst keine Nebenwirkungen zu haben schien.

# 4

2012 gönnte ich mir 4 Wochen Spanien. Als ich das erste Mal über den Plaza lief, schockte mich die Verwandlung meiner geliebten Tanzbar in ein Tapas-Restaurant. Ich spürte einen großen Verlust, musste mich sofort hinsetzen, um den Schmerz auszuhalten. Nachdem ich zur Beruhigung einen Joint geraucht hatte, lief ich ins Restaurant, wollte sehen, ob ich jemanden kenne. Hinter der verkleinerten Bar stand ein junger Spanier, der auch in der Musikbar gearbeitet hatte. Ich zeigte ihm durch eine Geste meine Betroffenheit und fragte: „Why?" „It had to end", antwortete er.

Mein Tanztempel war verschwunden, in den anderen Discos drängte sich die Jugend, befreites Tanzen war kaum möglich oder fühlte sich falsch an. In der Folge war mein Nachtleben mehr auf gute Gespräche ausgerichtet, dazwischen gab es Livekonzerte, wobei ich die Musiker meistens kannte und singend und klatschend unterstützte.

Ein kleiner Trost war eine Cocktailbar, die ein Belgier eröffnet hatte. Dort fanden spontane Sessions statt und die Einrichtung erinnerte an die Musikbar, nur fehlte die Tanzfläche und die Musikanlage war weniger leistungsstark.

Beim Schwimmen im Meer schürfte ich mir den Fußrücken auf und konnte danach meine Sandalen nicht tragen. Ich lief 5 Tage und Nächte barfuß. Es war nachts eine Herausforderung, die viel Achtsamkeit und Gefühl in den Fußsohlen forderte.

Meine Kontakte weiteten sich aus und wurden vertrauter, ich fühlte mich wie in einer großen Familie, wo jeder auf jeden aufpasst. Es blieb aber ein zeitlich begrenzter Urlaub ohne Alltagspflichten und mit großem finanziellem Spielraum. Ich gönnte mir für 4 Wochen ein Leben in Saus und Braus und war danach froh, wieder in gemäßigtere Bahnen zu müssen.

# 5

2013 fragte meine Mutter, ob ich mit ihr über Weihnachten zu meiner älteren Schwester fahren würde. Wir erreichten das Dorf bei Bonn am frühen Nachmittag von Heiligabend.

Zur Bescherung schenkte meine Schwester meiner Mutter und mir ein Handy, damit ich auch im Urlaub erreichbar bin, sagte sie dazu. Ich wusste, dass sich meine Mutter seit dem Tod meines Vaters noch mehr sorgte, wenn ich unterwegs war. Durch die Erfahrungen der Autopannen freute ich mich mehr, als mich die Erreichbarkeit ärgerte.

Mein Schwager und meine Schwester tischten groß auf, wir schlemmten uns gemeinsam mit ihren erwachsenen Kindern und deren Partnern durch die Feiertage.

Am Abend, bevor wir zurückfahren wollten, klagte meine Mutter nach dem Aufstehen von der Couch über stechende Rückenschmerzen in Brusthöhe. Wir dachten, sie hätte sich an der

Wirbelsäule verdreht. Sie wollte trotzdem ins Bett gehen, kam aber nach 20 Minuten wieder nach unten und beschwerte sich, dass sie gerufen hatte und keiner sie hörte. Wir rauchten gerade auf der Terrasse. Sie begann aufgeregt mit den Füßen zu trippeln, sagte, so schlecht ging es mir noch nie. Da ihr Blutdruck und Puls normal waren, dachte ich, es läge an der Völlerei der letzten Tage, sie hatte immer noch den künstlichen Darmausgang. Nachdem sie mich nochmal ermahnte, nicht zu viel zu trinken, weil wir morgen nach Hause fahren würden, ging sie wieder ins Bett. Als ich etwas später nach ihr schaute, lag sie entspannt auf dem Rücken, klagte aber darüber, dass sie sich nicht zur Seite drehen könne. Ich sagte: „Schlaf, dann ist es morgen besser."

Am nächsten Morgen wachte ich für meine Verhältnisse früh auf, kochte gerade Kaffee, als mein Schwager gegen 07:30 Uhr von der Nachtschicht nach Hause kam. Er wunderte sich sofort, wo meine Mutter sei und lief die Treppe hoch, um nach ihr zu schauen. Nach wenigen Minuten kam er mit gesenktem Blick nach unten: „Geh' mal hoch, deine Mutter ist gestorben."

Meine Schwester saß schon weinend an ihrem Bett, sie lag friedlich, mit geschlossenen Augen, wie ich sie am Abend verlassen hatte. Ich berührte sie, ihr Körper war schon ausgekühlt.

# 6

Die folgenden Stunden erlebte ich wie in Trance. Mein Schwager behielt den Durchblick und regelte alles Notwendige. Der Hausarzt, der den Totenschein ausfüllte, vermutete einen Herzinfarkt. Der Bestatter kam vom Heimatdorf meiner Mutter und würde erst gegen Abend eintreffen.

Als ich das erste Mal alleine am Bett meiner toten Mutter saß, startete ein innerer Dialog mit ihr. Sie sagte: „Alles ist gut, aber Vater ist nicht bei mir"; „Der kommt bestimmt noch", antwortete ich. Wenn ich anfangen wollte, mir Vorwürfe zu machen, weil ich nicht der brave Sohn war, den sie verdient hatte, hielt sie dagegen: „Du bist, wie du bist und du lässt dir von niemandem hineinreden." Ich spürte im Verlust eine Befreiung, hatte ich mich doch für meine Mutter verbogen bis zur Verlogenheit. Bis der Bestatter kam, hatte ich schon 3 Liter Bier intus, im Übermut half ich ihm, die Mutter die Treppe hinunterzutragen, schaffte es mit brenzlichen, schwankenden Momenten geradeso.

Am nächsten Morgen fuhr ich mit meiner Schwester zurück zum Haus meiner Mutter, mein Schwager musste noch 2 Nächte arbeiten und wollte dann nachkommen. Als wir ankamen, war meine jüngere Schwester mit ihrem Mann schon da. Sie hatte den Schmuck meiner Mutter auf dem Küchentisch ausgebreitet und fragte: „Was machen wir damit?" Sie einigten sich, dass wir die Schmuckstücke erst schätzen lassen sollten, bevor wir über die Verteilung redeten. Ich bat darum, erst nach der Beerdigung über den übrigen Besitz meiner Mutter zu verhandeln. Meine jüngere Schwester traute meiner Älteren nicht, sie öffnete alle Küchenschränke, um sich einzuprägen, was sich darin befand. Ich verabschiedete mich.

Das Angebot des Bestatters, meine Mutter nochmal zu sehen, wollte ich nicht wahrnehmen, zu erschreckend hatte sich das Bild meines toten Vaters eingeprägt.

Während der Beerdigung befand ich mich in einer Gefühlsstarre, während neben mir meine Nichte hemmungslos weinte. Beim Leichenschmaus waren sich alle einig, dass es ein Segen ist, mit 86 Jahren so friedlich einzuschlafen.


# 7


Es war, wie die Alten erzählten, wenn sich Geschwister gut verstanden, fragten sie: „Habt ihr schon geteilt?" Meine Schwestern benahmen sich wie die Geier, stritten um jedes Stück. Beide hatten Häuser und genug Platz, um Dinge zu horten. Ich war froh, für die Ersparnisse meiner Mutter die Vollmacht zu haben, sie hatte sie mir bald nach dem Tod des Vaters gegeben. Nachdem ich die Beerdigung bezahlt hatte, verteilte ich das restliche Guthaben. Meine Nichte übernahm das Haus meiner Mutter, wir verkauften es ihr weit unter dem Wert. Ich war froh, als im Herbst 2014 alles verteilt war, es blieb ein Gefühl der Distanz, vor allem zu meiner älteren Schwester.

# 8

Anfang 2015 hatte Regina ihr Rentenalter erreicht. Es gab eine große Abschiedsfeier und gleichzeitig wurde ihr 53-jähriger Nachfolger begrüßt. Werner war Verhaltenstherapeut im Gegensatz zu seiner tiefenpsychologisch orientierten Vorgängerin.

Nach einer zweitägigen Fortbildung, die das Training der emotionalen Kompetenzen zum Inhalt hatte, begann er, unseren Therapieplan danach zu gestalten. Er führte verschiedene Gruppentherapien ein mit Modulen, die abgearbeitet werden sollten. Irgendwie schaffte ich es, mich vor dem meisten zu drücken, auch weil meine Kolleginnen allzu bereit waren und auf alles ansprangen, was Werner ihnen vorschlug. Die neuen Gruppen hießen „Gruppentraining sozialer Kompetenzen", „Selbstunterstützungsgruppe" und „emotionale Regulierungsgruppe". Dazu gab es Einzelsitzungen mit Akupunktur und Biofeedback.

Ich bezweifelte die Wirksamkeit von dem meisten und sträubte mich, meinen Patienten etwas anzubieten, hinter dem ich selbst nicht stand. Ich musste den Kompromiss eingehen, mich an der Emotionsregulierungsgruppe als Co-Therapeut zu beteiligen und die Vertretung zu übernehmen. Wie erwartet langweilte mich das Abarbeiten der immer gleichen Module.

Ich bot weiterhin Qi Gong an und konzentrierte mich auf meine medizinischen Aufgaben. Den meisten Stress verursachte mir die Warteliste der Patienten. Wenn ein Patient früher als geplant entlassen wurde, musste ich jemanden finden, der den Platz baldmöglichst einnahm. Einigen ging es besser und sie wollten keine Behandlung in der Tagesklinik mehr, andere hatten sich auf eine spätere Aufnahme eingestellt und vorher andere Pläne. Es war viel Telefoniererei und die Erreichbarkeit war oft schwierig.

Werner plante, ein regionales psychosomatisches Zentrum zu eröffnen, das schnelle ambulante psychotherapeutische Hilfe versprach. Die sollten dann auch die Vorgespräche für die Tagesklinik übernehmen und die Warteliste verwalten. Die Genehmigung dauerte, obwohl der Bedarf jedem einleuchtete, weil die Wartezeiten für eine ambulante Psychotherapie immer länger wurden.

2018 war nach einem lärmenden Umbau die Eröffnungsfeier, gleichzeitig mit dem 25-jährigen Jubiläum der Tagesklinik.

Einerseits wurde meine Arbeit durch die Abgabe der Warteliste entspannter, andererseits brachte das neue Zentrum viel Unruhe ins Haus. Noch mehr Unruhe brachte ein neuer Arzt, der zu uns versetzt werden musste, weil seine Kolleginnen ihn der sexuellen Belästigung bezichtigten. Der Saudi-Araber weinte, als er erfuhr, dass er dessen Stelle in einer anderen Tagesklinik einnehmen musste. Der Neue war eingefleischter Junggeselle und chronisch sexuell unterversorgt. Er hatte schon vertretungsweise bei uns gearbeitet und wir kannten seine lockeren Sprüche, die ins Anzügliche entgleiten konnten. Er kam zu uns tief gekränkt von den für ihn übertriebenen Anschuldigungen, er schämte sich für die Rufschädigung. Er fragte bei jedem nach, ob man ihm das Nachgesagte zutraue. Ich denke, er war fern vom Mutterhaus durch seine Chefposition ins Schlüpfrige abgeglitten. Es gab vielleicht aber noch andere Gründe, warum sie ihn loswerden wollten, sonst hätten sie ihn intern verbal bremsen können. Seine Arbeitsweise war chaotisch, weil sein Kurzzeitgedächtnis kaum funktionierte. Er überließ die Verantwortung anderen, die Sekretärin sorgte dafür, dass er seine Termine einhält und wir von der Pflege mussten ihn an seine medikamentösen Absichten erinnern. Seine sonst grenzenlose Heiterkeit wurde durch die Bloßstellung sehr gebremst, er wirkte nachdenklich und überlegte, bevor er sprach. Es war keine Überraschung, dass er nach einem halben Jahr die Klinik verließ und Chefarzt in einer Suchtklinik wurde.

# 9

Mit Regina blieben ich und einige Kollegen in Kontakt, sie verstand, dass ich unter der verhaltenstherapeutischen Arbeitsweise litt. Auf Probleme der Patienten wurde mit Modulen reagiert, es fehlte mir der Versuch eines tieferen Verständnisses. Ich wollte trotzdem meine Arbeitszeit friedlich zu Ende bringen und benutzte wieder die Technik der kontrollierten Torheit, spielte mit, obwohl ich dachte, was für ein Blödsinn.

Regina bekam 2018 die Diagnose Lungenkrebs mit kleinen Metastasen im Gehirn. Ich sah sie danach nur noch einmal, drückte mich dann davor, weil es mich mit meiner eigenen Angst konfrontierte.

Sie verstarb 2020 im Hospiz.

# Paula

## 1

Paula war blond, 10 Jahre jünger als ich und besaß eine große weiße Hündin, halb Labrador, halb Maremmano. Unsere erste Begegnung war auf dem Rücksitz eines Wagens, der uns nach der Disco mit nach Hause nahm. Ich fragte sie, ob sie zu mir mitkommen will, um noch einen zu rauchen und sie hatte Lust. Auf meiner Couch fühlte ich mich bald von ihr angezogen und konnte meine Hände nicht von ihr lassen. Wir waren beide betrunken und sie schien es anfangs nicht zu bemerken, dass ich ihre Brust streichelte. Als sie es wahrnahm, sagte sie nein und schob meine Hand zurück. Sie bestellte sich dann ein Taxi und verabschiedete sich.

Danach traf ich sie noch ein paar Mal, immer mit ihrer Hündin, die in der Öffentlichkeit einen Maulkorb tragen musste. Sie hatte einer Nachbarin, die 2 kleine Hunde ausführte, so heftig ins Handgelenk gebissen, dass eine dauerhafte Nervenschädigung zurückblieb. Ihr damals besoffener Freund hatte sie an der Hundemarke anstatt am Halsband angeleint, deshalb konnte sie sich losreißen. Die Hündin war, solange keine anderen Hunde in der Nähe waren, eine ganz Liebe, drehte aber durch, wenn sie andere Hunde sah.

Paula besuchte mich irgendwann spontan, suchte was zu Kiffen und ich konnte ihr aushelfen. Sie erzählte, dass sie vor Kurzem geschieden wurde, 3 Söhne habe, 12, 14 und 17 Jahre alt. Derzeit lebe sie noch zusammen mit ihrem Freund, von dem sie sich aber getrennt habe. Die Söhne lebten beim Vater. Sie hatte ein großes Haus gemietet, wollte sie zu sich nehmen, aber sie blieben nicht lange, wollten zurück zum Vater. Sie hatte sich mit einem Kredit verschuldet, um den Kindern alles bieten zu können, nun musste sie den Mietvertrag kündigen, ohne das Kindergeld war die Belastung zu hoch. Sie arbeitete zu 75 Prozent als Verkäuferin in einem Drogeriemarkt und ihr Freund war schon lange arbeitslos.

Sie besuchte mich dann regelmäßig und am 22.05.2015 wurden wir ein Paar. Sie musste zum 01.07.2015 das gemietete Haus geräumt haben, suchte eigentlich eine eigene Wohnung, aber sie verhielt sich so passiv, dass irgendwann klar war, sie würde vorübergehend bei mir wohnen.

## 2

Mein zuvor langweilig gewordenes Leben wurde von einem auf den anderen Tag turbulent. In 50 qm mit einer hüfthohen Hündin, dazu kamen die Söhne und Freunde von ihr zu Besuch. Die meiste Unruhe aber verursachte sie selbst, sie sagte, sie habe ADHS und könne manchmal nicht stillsitzen. Sie war es gewohnt, in großen Häusern mit Terrasse und Garten zu leben, die Enge in meiner Wohnung trieb sie fast jeden Abend mit ihrer Hündin hinaus. Ich saß voller Befürchtungen zu Hause, denn ich vertraute ihr noch nicht. Zudem bombardierte ihr Ex sie täglich mit Komplimenten per SMS, sie sei die Frau seines Lebens ... Er hatte eine Wohnung gefunden und gehofft, sie würde zu ihm ziehen.

Ausgerechnet Mitte Juli hatte ich die Renovierung meines Badezimmers geplant, die Handwerker waren schon lange bestellt. Wir mussten 3 Wochen eine Campingtoilette benutzen, zum Duschen ging Paula zu einem Nachbarn, ich duschte in der Tagesklinik.

Ich arbeitete tagsüber, als ich nach Hause kam und schon das Treppenhaus voller Staub vorfand, war sie unterwegs mit einer Freundin. Ich beschwerte mich telefonisch bei ihr, dass

sie mich hier alleine hängen lässt, aber sie war schon angetrunken und sagte, sie hätte ihren freien Tag. Wütend putzte
ich über 2 Stunden das Treppenhaus und einen Teil der Wohnung. Als sie nach Hause kam, verhielt ich mich zuerst trotzig und ignorierte sie, konnte aber meine Vorwürfe nicht lange zurückhalten.

Sie prallten an ihrer Stimmung in Feierlaune ab, ich würde
die Sache dramatisieren.

Die Hundeversicherung hatte nach dem Vorfall den Jah-
resbeitrag auf fast 700 Euro erhöht, zudem war es in meiner
Wohnung einfach zu eng, nicht hundegerecht. Stefan, ein Bekannter von Paula, der bei seiner Freundin in einem Haus in
Frankreich lebte, verstand sich gut mit der Hündin und sagte,
er würde sie übernehmen. Wir brachten sie am Wochenende
zu ihm und Paula meldete auf dem Amt, dass der Hund ent-
laufen sei. Der Preis für diese Lösung des Problems war, dass
von nun an Stefan öfter bei uns auftauchte und er mir zunehmend unangenehm wurde. Ich dachte zuerst, er hätte ein Kind-
heitstrauma durch einen gewalttätigen Vater, bekam aber bald
mit, dass er fast täglich härtere Drogen konsumierte – Speed,
MDMA und LSD. Er trank keinen Alkohol, geriet aber trotzdem in einen monologisierenden Redeschwall mit paranoiden
Inhalten und nicht nachvollziehbaren Gedankensprüngen. Zuhören konnte er dann nicht mehr. Teilweise verstand ich seine
Geschichten, in denen er Gewalt erfahren hatte, Angst machten mir die Geschichten, in denen er selbst gewalttätig war. Er
war auf dem Bürgersteig zu Fuß unterwegs, als ein Autofahrer
mehrmals hupte, weil die Fahrerin vor ihm nicht weiterfuhr.
Als der Mann schreiend aus dem Wagen stieg und zur Fahrerin laufen wollte, ging er dazwischen und schleuderte ihn weg.
Dann trat er ihm mehrmals an den Oberschenkel, bis der Mann
vor Schmerzen zu Boden ging, skrupellos trat er gegen seinen
Kopf, der auf dem Asphalt aufschlug und der Mann bewusst-
los liegen blieb. Der Mann erlitt eine schwere Schädelprellung.
Er bekam eine lange Bewährungsstrafe und musste regelmäßig
zu therapeutischen Gesprächen.

# 3

Mein älterer Freund Helmut bot mir an, meinen Geburtstag bei ihm im Garten zu feiern. Wir waren schon öfters dort zum Grillen und hatten uns immer in seiner kleinen grünen Oase sehr wohl gefühlt, deshalb sagte ich gerne zu. Stefan hätte durch seine häufigen Besuche bei uns die Feier sowieso mitbekommen, deshalb lud ich ihn ein, obwohl er mit seinen 30 Jahren und schrägen Ansichten nicht zu den anderen Freunden passte, die meist älter als ich waren. Er hatte gleich die Idee, LSD zu besorgen und fragte, ob wir mit ihm auf Trip gehen wollen. Ich zögerte und sagte: „Mach' mal, aber ich überlege es mir noch." Alleine mit Paula sagte ich zu ihr, dass ich eigentlich mit so unberechenbaren und brutalen Typen kein LSD nehme, wenn sie es aber gerne tun will, würde ich es riskieren.

Schon bei der Ankunft auf meiner Geburtstagsfeier wurde ich unangenehm überrascht, weil Helmut Paulas Exfreund mit dessen Freunden eingeladen hatte. Er begrüßte mich und gratulierte mir mit einem übertrieben festen Händedruck, wollte seine durch die Arbeit als Klempner erworbene Stärke demonstrieren. Ich setzte mich 5 Meter entfernt zu anderen Freunden, Paula folgte bald und Stefan setzte sich mit der Hündin vor uns ins Gras.

Nach dem Essen teilte Stefan einen Trip in der Küche für uns, er nahm einen ganzen. Paula war schon von Wodka-Cola angetrunken, ich bat sie, jetzt lieber Bier zu trinken und die Wirkung des Trips abzuwarten. „Ach was, ich vertrage mehr, als du denkst", entgegnete sie und machte sich noch einen Drink.

Ich setzte mich wieder zu meinen älteren Freunden, wo ich mich wohl und sicher fühlte. Das LSD versetzte mich trotzdem in eine paranoide Stimmung, der Exfreund von Paula und seine Freunde erschienen mir als bedrohliches rechtes Gesindel. Zwischendurch waren er und Paula verschwunden und ich wähnte das Schlimmste. Stefan saß immer noch mit der Hündin schmusend im Gras, warf aber hasserfüllte Blicke in die Runde. Helmut schien schon mit Aufräumen beschäftigt oder tat so, als ob, weil er sich nicht wohlfühlte und die Feier beenden wollte. Die meisten reagierten darauf und verabschiedeten sich bald, es blieben nur Paula, Stefan, ich und eine Bekannte, die später hinzugekommen war.

Als ich mich Paula zuwandte und ihren irren, angsterfüllten Blick sah, wusste ich, dass sie in einem Horrorfilm gelandet war. Ich konnte sie verbal nicht erreichen, sie schrie gleich: „Lass mich in Ruhe!", und starrte ins Leere, wurde scheinbar von schlimmen inneren Bildern überschwemmt.

„Meine Mama, meine Mama", jammerte sie und begann dann laut und unaufhörlich zu heulen.

Bald hörte ich die Nachbarin schreien: „Wenn es jetzt keine Ruhe gibt, rufe ich die Polizei."

Ich zog Paula an der Hand hinter mir her ins Haus, doch sie heulte dort noch lauter. Aus Verzweiflung gab ich ihr mit den Fingerknöcheln eine Kopfnuss, wollte sie wecken. Sie jammerte danach wegen der Schmerzen etwas leiser, stieß mich weg und lief wieder in den Garten.

Ich stand mit Helmut in der Küche und wollte gerade ein Taxi anrufen, als Stefan wutentbrannt vor mir stand. Ich spürte, er will mich schlagen, ich sagte: „Du weißt doch gar nicht, was passiert ist", er hatte mit der Hündin einen Spaziergang gemacht. Trotzdem schlug er zu, den ersten Schlag konnte ich noch abwehren, der zweite traf mich über dem Auge. Blutend bat ich Helmut um ein nasses Handtuch, der sagte zu Stefan: „Wenn du nicht aufhörst, hole ich die Polizei." Stefan lief in den Garten und ich sah, wie er immer noch völlig angespannt auf und ab trippelte. Als er mich durchs Fenster sah, nahm er eine leere Bierflasche und schleuderte sie wie einen Torpedo durchs geschlossene Fenster. Wäre ich nicht ausgewichen, hätte sie mich im Gesicht getroffen. Helmut schrie durchs zerbrochene Fenster, er solle sofort verschwinden oder er hole die Bullen, worauf er abzog.

Paula saß immer noch wimmernd vor Selbstmitleid im Garten, als sie mein schon zugeschwollenes Auge sah, mit einer

Platzwunde darüber, versetzte der Schock sie augenblicklich in ihren Normalzustand. Besorgt fragte sie, was passiert sei. Ich fragte, was sie Stefan erzählt habe, denn er sei ausgerastet. Sie konnte sich an die letzten Stunden kaum erinnern, wusste aber, dass ich ihr eine Kopfnuss gegeben hatte und hat ihm wahrscheinlich davon erzählt.

Als wir mit dem Taxi heimfuhren, war ich froh, noch 2 Wochen Urlaub zu haben und keine Erklärungen für mein Auge erfinden zu müssen. Am nächsten Morgen hatte Paula auch ein blaues Auge. Ich muss unter der Droge viel zu fest zugeschlagen haben, hatte mit dieser Auswirkung nicht gerechnet.

Am nächsten Tag rief Stefan bei Paula an, fragte, wann er seine Sachen holen könne, die er hiergelassen hatte. Sie sagte ihm gleich, dass ich nicht will, dass er unsere Wohnung nochmal betritt. Am Nachmittag kam er mit einer Freundin und Paula übergab ihm alles vor der Haustür. Er rief danach noch einmal an, wollte sich auch wegen der Hündin mit Paula treffen. Sie sagte, dass die Beziehung zu mir ihr wichtiger wäre und sie keinen Kontakt mehr wolle.

Ich hatte erwartet, dass er es weiter versuchen oder irgendwann auftauchen würde, aber wir sahen und hörten von ihm nichts mehr.

# 4

Im Oktober rief der Exehemann von Paula an, er würde den ältesten Sohn Carlos rauswerfen, er wäre gegen ihn gewalttätig geworden, was er sich nicht bieten lassen kann. Die Streitereien, auch zwischen den Söhnen, hätten ein Ausmaß angenommen, das unerträglich für alle sei.

Für Paula war klar, dass sie ihn zu uns holt und eine Stunde später saß er weinend im Wohnzimmer. Wir benutzten zuvor das dritte Zimmer von 18 qm nur als Lager für Kleider, Bücher und Schallplatten, räumten einen Teil um, damit er Platz hatte für eine Matratze, Fernseher und Schreibtisch. Carlos verhielt sich überraschend rücksichtsvoll, war auch hilfsbereit, wenn er gefragt wurde. Ich bemängelte nur, dass er nicht mitdenke, er sehe doch selbst, dass der Mülleimer voll sei. Nachdem er im Badezimmer war, sah es chaotisch und überschwemmt aus. Ich sagte, ein Indianer verlässt einen Ort so, wie er ihn vorgefunden hat. Er sagte, „Ich bin kein Indianer", aber es wurde danach trotzdem besser. Einen Streit gab es zwischen ihm und mir nie; wenn ich mich über ihn aufregte, bekam Paula meinen ersten Ärger ab, ich wartete, bis ich in einem gelasseneren Modus war und konnte dann meine Botschaft humorvoll verpacken.

Zwischen Paula und Carlos wurde es öfters laut, meistens, wenn sie nicht aufhören konnte, auf ihn einzureden, wobei es meistens um seine Fehlzeiten in der Schule ging. Dann konnte er in einen Ausnahmezustand geraten und machte unter Tränen klar, dass er sie dafür verantwortlich hielt, weil sie die Familie verlassen hat. Sein Urvertrauen war vor allem durch einen achtmonatigen Heimaufenthalt gestört. Nach der Trennung schaltete sein Vater das Jugendamt ein, weil er sich ihm nicht mehr gewachsen fühlte, die veranlassten die Unterbringung.

Als Paula das Haus gemietet hatte, holte sie ihn sofort zu sich, auch der Zweitälteste zog bald ein, nur der Jüngste konnte den Vater nicht alleine lassen. Vielleicht scheiterte daran das Vorhaben, alle 3 bei sich zu haben, jedenfalls sehnten sich die anderen beiden auch bald zurück.

Die erneute Ablehnung vom Vater kränkte Carlos, weil er sich als Sündenbock empfand und die beiden anderen auch nicht besser funktionierten. Stabilisierend auf sein angeschlagenes Selbstwertgefühl wirkte seine Freundin, mit der er schon vor dem Einzug bei uns zusammen war und die ganz in der Nähe wohnte. Sie wurde ein zusätzlicher Gast, oft auch über Nacht.

Carlos schaffte die mittlere Reife nicht, er hatte mehr als 50 Prozent unentschuldigte Fehlzeiten.

# 5

Im Februar 2016 wurden am Freitagnachmittag die beiden anderen Söhne vom Vater gebracht. Paula sollte eigentlich von der Arbeit zu Hause sein, kam aber zu spät. Ich kannte die beiden kaum und spürte etwas Misstrauisches mir gegenüber. Alle 3 zogen sich dann ins Zimmer von Carlos zurück und spielten an seiner Playstation.

Endlich, nach fast einer Stunde Verspätung, rief Paula an, sie werde im Geschäft festgehalten und des Diebstahls beschuldigt, sie komme, so schnell sie könne, musste dann das Telefonat beenden. Aufgeregt berichtete ich den Söhnen, was passiert war, sie wären am liebsten gleich losmarschiert, um die Mutter zu befreien. Ich konnte sie überzeugen, dass sie bald kommt und nach einer halben Stunde gespanntem Warten erlöste uns das Geräusch des Schlüssels. Sie stand mit Rucksack und 2 großen Taschen in der Tür, erklärte gleich, dass sie ihren Schrank räumen musste. Danach erzählte sie, dass sie sich wie gewohnt an den Getränken bediente und es nach Dienstschluss zahlen wollte. Doch dieses Mal wurde sie vorher ins Büro geholt und des Diebstahls beschuldigt. Sie drohten ihr mit der Polizei, boten ihr alternativ an, einen Auflösungsvertrag zu unterschreiben. Eingeschüchtert unterschrieb sie, wollte am Ende nur noch raus, fühlte sich auch persönlich von den Kollegen gekränkt. Eine musste sie verraten haben und die Chefin schien nur auf eine Gelegenheit gewartet zu haben, sie loszuwerden. Später ärgerte sie sich, hätten sie die Polizei holen sollen, wahrscheinlich hatten sie sowieso nur geblufft, die Anschuldigung war lächerlich.

So stand sie nach über 20 Jahren Betriebszugehörigkeit ohne Abfindung da und wurde zudem vom Arbeitslosengeld für 3 Monate gesperrt.

Mit Abstand betrachtet wurde klar, dass sie es selbst provoziert hatte. Sie verhielt sich im Haifischbecken Einzelhandel allzu sorglos, kiffte meistens vor der Arbeit. Sie merkte nicht, dass sie unter Beobachtung stand.

# 6

Paula genoss ihre Auszeit, kiffte den ganzen Tag und war manchmal schon nachmittags betrunken, wenn ich nach Hause kam. Kritik an ihrem Verhalten wehrte sie aggressiv ab oder lief davon. Ich war froh, dass Carlos bei uns wohnte, er verhinderte, dass unsere Streitigkeiten ausuferten, wir hielten uns beide zurück.

Nach 3 Monaten bekam sie Arbeitslosengeld und das Arbeitsamt begann auch bald, sie mit Auflagen zu nerven. Sie musste an einem Bewerbungstraining teilnehmen, das 3 Monate dauerte. Sie wollte nicht mehr in den Einzelhandel, wusste, dass sie etwas Soziales machen will. Sie machte ein Praktikum im Kindergarten und eines im Altenheim. Am Ende des Bewerbungstrainings stand fest, dass sie im Herbst eine Schulung zum Alltagsbegleiter machen wird.

Im August machten wir zuvor Urlaub in meinem Ort in Spanien. Schon auf der Hinfahrt dachte ich, dass wir ein gutes Team sind, wir wechselten uns ab beim Fahren und hatten Spaß beim Mitsingen von Liedern aus dem CD-Player.

Ich hatte ein Hotelzimmer mit großer Terrasse direkt am Plaza reserviert, es kostete zwar 70 Euro, doch der Komfort war es wert. Der Ausblick bis zum Meer und der Überblick über den Plaza, zudem war die Terrasse meines Stammlokals direkt vor dem Hotel. Wir fühlten uns wie die Könige, wenn wir gegen Mittag auf unserer Terrasse frühstückten.

# 7

Meine deutschen Freunde hatten sich halbiert, Bernd saß in München im Gefängnis und Tommy hatte seine italienische Lebensgefährtin und Mutter seiner Tochter mit einer Heilbronnerin betrogen und lebte nun bei ihr. Pit und Rainer waren aber zur Stelle, kannten den Hotelbesitzer gut und besuchten uns bald nach unserer Ankunft auf der Terrasse. Paula verstand sich sofort mit den beiden, sie hatten einen ähnlichen Humor und liebten es, über andere zu lästern.

Tagsüber waren wir nach dem Frühstück zu zweit unterwegs, ich zeigte ihr verschiedene Plätze am Meer, zweimal fuhren wir zum Cap. Abends gingen wir in verschiedenen Restaurants essen, danach trafen wir uns mit Freunden im Stammlokal, später gab es oft Livemusik, meistens in der neuen Cocktailbar. Paula litt manchmal, weil sie kaum Englisch sprach, ich kannte einige Engländer und andere Europäer, mit denen ich nur Englisch redete. Dann langweilte sie sich bald und ging lieber alleine bummeln.

Rainer lud uns zum Grillen ein, wir erreichten sein Gelände am späten Nachmittag. Paula war begeistert von seiner alternativen Lebensweise, obwohl sie sich anfangs wegen seiner Nacktheit unwohl fühlte, er zog sich aber bald eine kurze Hose an. Bevor noch andere Gäste kamen, fragte uns Rainer, ob wir einen LSD-Trip wollen, wir schauten uns an und nickten gleichzeitig. Wir nahmen wie gewohnt nur einen halben, Rainer wollte aber keinen.

Wir saßen vor der Hütte, in der sich seine Küche befand, ich spürte die Wirkung des Trips durch ein typisches Ziehen im Hals, als würde die Droge ins Gehirn aufsteigen. Als ich zum Boden blickte, wurde ich überrascht von einer veränderten Optik, überall sah ich Insekten herumkrabbeln. Sie waren vollkommen real und Paula nahm es genauso wahr. Wir hatten es vorher ausgeblendet, es war wie ein großes Erwachen.

Als noch 3 Gäste eintrafen, setzten wir uns an einen anderen Platz, den Rainer fürs Grillen vorbereitet hatte. Paula und ich strahlten vor Lebensfreude, jedes Mal, wenn wir uns anschauten, mussten wir Tränen lachen. Die Freunde von Rainer, eine Schwedin, ein Franzose und ein Spanier, sprachen kein Deutsch und nur der Franzose gutes Englisch. Richtige Gespräche fanden deshalb kaum statt, uns störte das nicht, weil wir das Gefühl hatten, wir verstehen sowieso alles.

Unser Sexleben blühte in diesem Urlaub richtig auf, wir fanden fast täglich zueinander. Zuvor hatte es sich, auch durch die Anwesenheit von Carlos, sehr reduziert.

Ich wollte Carlos nicht alleine in der Wohnung lassen, sein Vater verstand mich und ließ ihn wieder bei sich wohnen, er blieb dann nach dem Urlaub dort.

## 8

Paula hatte sich mit dem Nachbarn über uns angefreundet; nachdem wir von Spanien zurück waren, fragte er sie, ob sie sich vorstellen könnte, mit ihm zu arbeiten. Er betreute zwei schwerst beeinträchtigte junge Erwachsene im Privathaushalt der Eltern und seine Kollegin hatte gekündigt. Nach einem Tag Probearbeiten stellte sie die Mutter ein.

Die beiden über20-jährigen Söhne hatten spastische Lähmungen, konnten nicht alleine gehen und kaum sprechen. Ihre geistigen Interessen waren auf dem Stand eines 3-jährigen. Paula half bei der Betreuung, musste aber auch viel im Haushalt helfen. Schon bald begann sie, sich über die Ansprüche der Mutter zu beklagen; wenn der Nachbar zu Besuch war, steigerten sie sich gegenseitig noch mehr hinein.

Da die Bezahlung ausreichend war und sie froh war, dem Arbeitsamt nicht mehr ausgeliefert zu sein, hielt sie für 9 Monate durch, bis die Konflikte mit der Mutter eskalierten und sie eine Kündigung provozierte. Der befreundete Nachbar arbeitete noch 3 Monate weiter, bis er die Launen der Mutter auch nicht mehr aushielt.

Im Oktober 2017 begann dann der halbjährige Kurs zum Alltagsbegleiter. Sie genoss die neuen Kontakte, die meisten der Teilnehmer waren in ihrem Alter und hatten ähnliche Verläufe im Arbeitsleben hinter sich. Das lange Sitzen in der Schule fiel

ihr von Natur aus schwer, doch die Lerninhalte waren praxis-
bezogen und leicht verständlich.

# 9

Im November machten wir, weil das Wetter nochmal sommer-
lich wurde, eine kleine Radtour. Meine linke Wade begann nach
etwa 3 Kilometern zu schmerzen und zu verkrampfen. Ich musste absteigen und stehen bleiben; nach einer Weile löste sich der
Krampf, doch als wir weiterfuhren, kam er bald wieder. In den
nächsten Tagen trat dieser Schmerz auch bei längeren Gehstre-
cken auf. Beim Arzt sagte ich, ich glaube, ich habe die Schaufens-
terkrankheit, Raucherbein. Die Untersuchung bestätigte meine
Diagnose, periphere arterielle Verschlusskrankheit. Nach einem
weiteren Befund durch ein MRT mit Kontrastmittel bekam ich
eine Einweisung in die Gefäßchirurgie.

An beiden Beinen gab es oberhalb des Knies eine Verengung
der Beinarterie, doch weil ich nur links Beschwerden hatte, wurde mir dort unter Narkose ein Stent eingesetzt.

Die Ärzte wollten mich überzeugen, auch meine Halsschlag-
ader operieren zu lassen, sie wäre zu 90 Prozent verschlossen.
Da ich aber zuvor durch Ultraschall und MRT einen Befund zu
70 Prozent hatte, glaubte ich, sie wollen mir etwas verkaufen
und lehnte die OP ab. Beim Entlassungsgespräch nach 3 Tagen
Aufenthalt wurde die Ärztin, nachdem ich ihr meine Ablehnung
einer weiteren OP gesagt hatte, ärgerlich und verabschiedete
sich mit den verletzenden Worten: „So, jetzt sind Sie plötzlich
ein alter Mann, auf Wiedersehen."

Ich hatte mich schon vor der OP im Fitnessstudio angemeldet
und begann nach einer Woche zweimal wöchentlich zu trainie-
ren. 20 Minuten Aufwärmen auf dem Laufband, dann 1 Stunde
Krafttraining an verschiedenen Geräten, zum Abschluss eine

halbe Stunde Radfahren. Danach genoss ich noch 2 Saunagänge. Wenn ich danach die Treppe zu meiner Wohnung hochstieg, fühlten sich meine Beine kraftlos an und die Muskeln brannten, aber die Schmerzen und Krämpfe wie bei der Durchblutungsstörung traten nicht mehr auf.

Den Rat der Ärzte, auf das Rauchen zu verzichten, konnte oder wollte ich nicht umsetzen. Ich glaubte, durch mehr Sport würde mein Körper das Laster aushalten. Außerdem hatte ich Angst, dass mich der Verzicht zu sehr stressen würde und mein Immunsystem stören könnte, sodass andere Krankheiten auftreten würden.

# 10

Paula fand nach ihrer Schulung eine Stelle bei einer Institution, die körperlich oder geistig Beeinträchtigte betreut. Sie wurde in Privathaushalten eingesetzt, unterstützte altersbedingt Erkrankte oder meistens durch Unfälle dauerhaft Beeinträchtigte. Es machte ihr Freude, den dankbaren Klienten zu helfen, nervig war nur die viele Fahrerei in dem heutigen Verkehr.

Nach ihrer Probezeit flogen wir im Oktober nach Teneriffa und weiter mit der Fähre nach Gomera. Wir hatten uns ein Appartement mit Pool und Mietwagen gebucht, das 2 Kilometer oberhalb von Playa de Ingles lag. Die Appartementanlage hatte wenig Gäste, wir hatten den Pool für uns allein und genossen es, draußen zu frühstücken und den Tag entspannt mit einem Sonnenbad zu beginnen. In den ersten Tagen liefen wir am Nachmittag hinunter zum Strand. Wir hatten keine Probleme, am Plaza etwas zu rauchen zu bekommen, aber im Vergleich zu meiner ersten Reise im Dezember war wenig los. Das Trommeln fand noch nicht statt, angeblich startete es erst im Winter. Die einzige Kneipe, in der gute Musik aufgelegt wurde oder Livemusik war, hatte geschlossen. Ein Nachtleben fand nicht statt, gegen 23 Uhr schlossen die Cafés.

Die Highlights in diesem Urlaub wurden die Besuche im Restaurant, wir liebten vor allem die frischen Fischplatten mit Weißwein. Danach waren wir zu träge, um die 2 Kilometer bergauf zu laufen, bestellten uns deshalb ein Taxi.

Später erkundeten wir mit dem Mietwagen die Insel, es gab tolle Aussichtspunkte. Die Straßen waren sehr kurvig, deshalb übernahm ich das Fahren und wollte gegen 17 Uhr zurück, ich brauchte Bier. Paula trank unregelmäßiger als ich, war deshalb flexibler und genervt, wenn ich unruhig und hektisch wurde.

Insgesamt war der Urlaub trotzdem sehr entspannt und erholsam, wir flogen gut genährt und braungebrannt zurück, aber ich würde zumindest in dieser Jahreszeit nicht nochmal hinwollen.

# 11

Im April 2019 kam Paula von der Arbeit nach Hause und wirkte bedrückt, sie sagte aber, alles sei gut, sie habe nur Kopfschmerzen. Als ich nach einer Dusche aus dem Bad kam, lag sie weinend im Bett. Ich setzte mich zu ihr, streichelte sie und bat sie, mir zu erzählen, was passiert war. Sie schluchzte ein paar Mal laut, bevor sie unter Tränen sagte: „Der hat versucht, mich zu vergewaltigen."

Sie hatte bei einer 30-jährigen Klientin aus Libyen, die durch einen Autounfall als Kleinkind schwer gehbehindert war, im Haushalt geholfen. Die Klientin selbst war unterwegs beim Arzt, als ihr syrischer Freund in seiner Mittagspause nach Hause kam. Sie hatte zuvor zu den beiden ein fast freundschaftliches Verhältnis und dachte erst, er mache Spaß, als er sie mit Worten umschmeichelte, schöne Frau usw.

Als er näherkam und sie sah, dass etwas Bedrohliches in seinem Blick war, sagte sie noch: „Was willst du von mir, ich bin eine alte Frau." Im nächsten Moment packte er sie und zog sie mit sich auf den Boden. Sie war zu überrascht, hatte damit nicht gerechnet, dass ein zuvor immer freundlicher junger Mann die Situation so ausnutzt. Sie fiel in eine Schockstarre, konnte kaum Widerstand leisten, spürte nur seine große Kraft, als er ihr die Hose herabriss und versuchte, in sie einzudringen. In diesem Moment hörten beide, dass die Wohnungstür aufgeschlossen wird, er ließ sofort von ihr ab. Durch ihre Gehbehinderung dauerte es einige Minuten bis die Klientin das Wohnzimmer betrat, er verschwand im Schlafzimmer und Paula hatte sich schon zurechtgemacht und wieder ihrer Arbeit zugewandt.

Die Klientin tat ihr leid, sie wollte deren schweres Schicksal nicht noch mehr belasten. Wir redeten lange und mehrmals darüber, aber ihr Entschluss stand fest, den Vorfall nicht zu melden, aber bei der nächsten Gelegenheit den Freund zur Rede zu stellen und ihn zu warnen, dass wenn sowas nochmal passiert, sie zur Polizei gehen wird.

Nach dem Gespräch sah sie ihn nicht mehr, er vermied scheinbar, ihr zu begegnen. Trotzdem ging sie danach voller Angst und Anspannung in diese Wohnung.

Das Schlimmste aber war, dass sie immer wieder emotionale Einbrüche mit Weinkrämpfen hatte, wenn sie sich daran erinnerte. Meistens folgten Gewaltfantasien, sie hätte ihn am liebsten mit einem Baseballschläger zusammengeschlagen. Ich konnte ihr nur tröstend beistehen und ihre Aggressionen aushalten.

## 12

Ende Juni machten wir nochmal Urlaub in Spanien. Wir wohnten im gleichen Hotel wie 3 Jahre zuvor und hatten unbeschwerte 3 Wochen. Der Vorfall rückte durch die örtliche Distanz in den

Hintergrund und Paula hatte keine emotionalen Einbrüche, sie thematisierte ihn auch nicht bei unseren deutschen Freunden.

Bernd hatte seine Haftstrafe verbüßt und war öfters mit uns unterwegs. Wir mochten die gelassene Art des Münchners, ihn schien nichts aus der Ruhe bringen zu können, obwohl er noch weitere Schicksalsschläge verkraften musste. Er hatte in einer Diskothek ein Pulver für die Nase angeboten bekommen und war danach ins Koma gefallen, Überdosis MDMA. Die Ärzte wollten die Beatmungsmaschine schon abstellen, was sein angereister Sohn verhinderte. Er wachte dann bald auf, war aber noch Wochen in einem Durchgangssyndrom. Als ihn Pit besuchte, konnte er sich nicht an seinen Namen erinnern, nannte ihn Schweinebraten, wozu ihn Pit oft eingeladen hatte. Ein paar Monate später, als er sich erholt hatte, wurde ein Krebsgeschwulst am Gaumen festgestellt, vielleicht durch den Tubus von der Beatmung verursacht. Auch das überstand er mit Bestrahlungen. Bernd fuhr einen dicken Volvo, lud uns und Pit ein, Rainer zu besuchen, dem sein Grundstück gekündigt worden war und der jetzt 25 km landeinwärts ein anderes gepachtet hatte. Er hatte mit Hilfe von Freunden seine Hütten abgebaut und auf dem neuen Gelände wieder aufgebaut. In einem Wald mit kleinen Lichtungen stand seine Hütte, es war nicht zu vergleichen mit dem wenig bewachsenen Grundstück vorher, zudem fehlte der Ausblick aufs Meer. Rainer hatte nur ein Moped und ich spürte, dass er hier unter der Isolation litt.

Er hatte Psylos, magische Pilze, gezüchtet und lud uns dazu ein; „Nur eine kleine Dosis", sagte er, aber als wir zu einem Stausee fuhren, fühlten wir uns wie in einem magischen Gefährt und hatten mehrere Lachflashs. Der Stausee war auch ein optischer Traum, als die 3 nackt baden gingen, merkte ich, dass Paula sich dafür schämte, weil sie ihren Blick abwandte.

Zum Abschluss des Ausflugs fuhr Bernd in ein Restaurant, wo wir billig Muscheln aßen. Es war ein schöner und lustiger Tag; wäre ich in Deutschland mit 3 Dealern unterwegs gewesen, hätte mich meine Angst vor der Polizei blockiert. Hier war alles easy going und die 3 schienen über dem Gesetz zu stehen, machten noch ihre Späße über die spießige Gesellschaft.

## 13

Schon auf der Heimfahrt begann Paula, wieder über ihre Angst und Wut zu klagen, denn sie musste schon Übermorgen zu der Klientin, bei der die Schandtat passiert war. Sie hielt trotz ihres großen Unbehagens weiter durch, versteckte bei der Arbeit ihre Emotionen, die dafür umso heftiger zu Hause ausbrachen. Ich fühlte mich wie ein Blitzableiter, musste sie oft tröstend umarmen, was, solange sie nicht getrunken hatte, meistens schnell half. Betrunken geriet sie in Ausnahmezustände voller Aggressionen, die mir richtig Angst machten, vor allem, wenn sie gegen sich selbst gerichtet waren. Ich hielt sie in diesen Zuständen für suizidgefährdet und konnte sie nicht alleine lassen. Nachdem sie sich einmal im Bad eingeschlossen hatte, versteckte ich alle Schlüssel.

Im September wurde sie unangenehm überrascht, weil der Freund der Klientin zu Hause war. Er hatte eine Nasenoperation gehabt und war deshalb krankgeschrieben. Als die Klientin duschen ging, was bei ihr lange dauerte, nutzte er die Situation sofort aus, kam in der Unterhose in das Zimmer, wo sie Wäsche aufhing. Er entblößte sich und begann, vor ihr zu onanieren, „Komm", sagte er und machte mit der Zunge schleckende Bewegungen. Sie schaute weg und sagte, er solle sofort rausgehen, als er nicht wich, verließ sie das Zimmer. Sie wartete, bis die Klientin aus der Dusche kam und beendete erst dann ihre Arbeit. Danach musste sie zur Geschäftsstelle, war aber zu aufgeregt, um gleich hineinzugehen, setzte sich deshalb draußen auf eine Bank und wollte eine rauchen. Ein heftiger Weinkrampf überkam sie, eine Mitarbeiterin kam zufällig vorbei, bemerkte es und fragte, was los sei. Unter Schluchzen erzählte sie ihr teilweise, was passiert war. Die Mitarbeiterin sagte gleich: „Das müssen wir der Chefin sagen, du kannst dort nicht mehr hingehen." Die Chefin wollte, dass sie eine Anzeige macht und versetzte sie in die Betreuung von Wohngemeinschaften, in denen mehrere Klienten und andere Mitarbeiter waren.

Sie machte voller peinlicher Gefühle ihre Aussage bei der Polizei, doch die Beamten waren sehr verständnisvoll und sie fühlte sich danach erleichtert. Sie holte sich zusätzliche Hilfe beim Weißen Ring, dort wurde ihr geraten, sich eine Anwältin zu nehmen, die Kosten für das erste Gespräch wurden von der Opferhilfe übernommen.

Als sich der Vorfall unter den Mitarbeitern herumgesprochen hatte, erinnerte sich eine Kollegin, dass eine ehemalige Mitarbeiterin ihr auch von einem Übergriff des Syrers erzählt hatte. Die ehemalige Kollegin bestätigte, dass er sie am Busen begrapscht hat und sie war auch bereit, bei der Polizei ihre Aussage zu machen.

Der Syrer stritt bei der Polizei alles ab und seine Lebensgefährtin behauptete, sie wäre beim ersten Vorfall nicht außer Haus gewesen und beim zweiten nicht unter der Dusche. Bei der Gerichtsverhandlung versuchte der Anwalt des Angeklagten, die Glaubwürdigkeit von Paula zu untergraben, doch auch mit Hilfe der Aussagen ihrer Kolleginnen und der Ehemaligen wurde er zu einer Geld- und Bewährungsstrafe verurteilt. Er nahm sich einen anderen Anwalt und legte Widerspruch ein.

Die Anwältin fragte mich, ob ich zu einer Aussage bereit wäre. Erst Anfang 2021 war die zweite Verhandlung, ich machte meine Aussage und klagte darüber, wie belastend die Länge des Verfahrens für uns ist. Ich sagte, ich wünsche mir, dass die Sache ein Ende hat.

Die Lebensgefährtin wurde der Falschaussage anhand ihrer Handydaten überführt, sie war zu der ersten Tatzeit nicht online, was sie hätte sein müssen, wenn sie zu Hause gewesen wäre. Das Urteil wurde bestätigt, er legte erneut Widerspruch ein, der abgelehnt wurde.

# 14

Im Oktober 2019 nahm uns ein befreundetes Paar mit in eine Disco, wo ein DJ die Musik aus unserer früheren Kultdisco auflegte. Paula war gut gelaunt, trank aber im Laufe des Abends zu viel, vor allem Wodka Energy. Wir tanzten ausgelassen, wie wir es schon lange nicht mehr getan hatten. Als wir wieder zu Hause waren, steigerte sie sich in ihre Wut über den Vorfall derartig hinein, dass ich sie nicht mehr erreichen konnte. Plötzlich riss sie das Fenster auf und versuchte, auf die Fensterbank zu steigen. Ich konnte sie noch rechtzeitig erreichen, packte sie von hinten und zog sie zurück. Sie wehrte sich und schrie: „Lass mich in Ruh', ich will sterben." Ich versuchte, sie umzudrehen, um sie zu umarmen. Dabei verloren wir das Gleichgewicht und stürzten. Ich knallte, mit dem Gewicht von ihr über mir, auf eine Ecke des Wohnzimmertischs. Mir stockte der Atem, dann lag ich stöhnend mit einem brennenden Schmerz an meinen Rippen auf dem Boden. Ich dachte, hoffentlich nur geprellt. Paula erwachte durch den Schock aus ihrem Ausnahmezustand und verhielt sich fürsorglich, sagte, dass es ihr leidtue. Da wir beide betrunken waren, wollte ich nur noch ins Bett und schlief auch sofort ein, aber nur für wenige Stunden.

Als ich mit großen Schmerzen erwachte, wusste ich, dass meine Rippen gebrochen sind. Ich kannte den Schmerz beim Atmen von meinem früheren Klippensturz. Paula fuhr mich, weil es Sonntag war, zur Notfallzentrale, im Krankenhaus nebenan wurde ich geröntgt. Drei Rippen komplett durch, dazwischen klaffte eine größere Lücke. Der Arzt fragte mich, ob ich eine Nacht zur Beobachtung stationär bleiben will, was ich für unnötig hielt. Er gab mir Tabletten gegen die Schmerzen mit und ermahnte mich, sie wirklich zu nehmen, sonst würde ich zu flach atmen und riskieren, eine Lungenentzündung zu bekommen.

Am nächsten Tag schrieb mich mein Hausarzt gleich für 4 Wochen krank. Ich war total ausgebremst, konnte nichts tun außer Lesen und Fernsehen. Die erste Woche saß ich auch nachts im Wohnzimmer, weil die Schmerzen im Liegen zu groß waren. Ich schlief etappenweise im Sitzen.

Nach einer Woche begann ich aus Langeweile, diese Memoiren zu schreiben. Ich war erstaunt, wie leicht es mir fiel, meine Erinnerungen aufs Papier zu bringen, oft wurde mir der Text durch eine innere Stimme diktiert. Nach 4 Wochen wurde ich nochmal geröntgt, die Rippen waren noch nicht zusammengewachsen und ich wurde noch 3 Wochen krankgeschrieben. Am Ende der Krankschreibung beendete ich das Schreiben, fasste aber den festen Entschluss, wenn ich nicht mehr arbeiten muss, fortzufahren.

# Corona

## 1

Als ich im Dezember wieder anfing zu arbeiten, hatte ich an beiden Beinen die Schmerzen und Krämpfe wie vor der OP 2017. Die 7 Wochen nur Sitzen und vermehrt Rauchen hatten meine Durchblutung deutlich verschlechtert.

Das Fitnessstudio hatte ich schon vor dem Unfall gekündigt, es war mir zunehmend schwergefallen, mich zu der Quälerei zu zwingen. Außerdem entwickelte ich eine Abneigung gegen die Atmosphäre in der Muckibude. Die meisten Trainierenden hatten etwas Verbissenes und die Eitelkeit der Bodybuilder war mir schon immer zuwider.

Ich versuchte, mein eigenes Trainingsprogramm wieder zu beginnen, aber meine Rippen waren für die Belastung durch 5 Tibeter usw. noch zu instabil und zudem provozierte ich dadurch ein vermehrtes Zwicken an meinem Leistenbruch. Ich verschob erstmal den Trainingsbeginn, quälte mich radelnd zur Arbeit und schleppte mich in der Tagesklinik die Treppen des vierstöckigen Hauses hinauf. Meine einzige sportliche Betätigung war noch Qi Gong, das ich zweimal pro Woche den Patienten anbot. Da die Übungen im Stehen gemacht werden, war ich dabei weitgehend beschwerdefrei.

# 2

Anfang 2020 erreichten uns die ersten Nachrichten der Corona-Epidemie in China. Ich hatte die Fernsehbilder mit den Mundschutzträgern belächelt, dachte, was ist das für eine Hysterie. Als die Zahlen der Todesopfer bekannt wurden, machte es mich nachdenklich und besorgt, aber China war überbevölkert und weit weg.

Anfang März feierte Mike seinen Geburtstag, er lud alle alten Freunde ein, hatte eine große Hütte gemietet und machte davor ein Lagerfeuer. Es war für lange Zeit das letzte Fest.

Der nie für möglich gehaltene Lockdown Ende März fühlte sich an, wie in einem schlechten Science-Fiction-Film gelandet zu sein. Die Tagesklinik wurde geschlossen, alle Patienten wurden nur noch ambulant behandelt und in der Regel telefonisch versorgt.

Meine Kollegin Tanja saß nach einem Urlaub in Vietnam fest, die andere ließ sich wegen ihres Asthma und der Angst vor Ansteckung für 4 Wochen krankschreiben. Der Kollege, der einmal in der Woche die über 100 ambulanten Patienten versorgt hatte, musste im Mutterhaus bleiben. Ich war für 4 Wochen die einzige Pflegekraft, saß die meiste Zeit am Telefon, dokumentierte und verschickte Rezepte. Die Isolation tat unseren depressiven Patienten gar nicht gut, ich fühlte mich wie ein Telefonseelsorger. Den schizophrenen Psychotikern machte es weniger aus, einer sagte: „Für mich hat sich nichts geändert, ich war vorher genauso isoliert."

Das Schlimmste war für mich die Behinderung durch den Mundschutz und weil das Haus geschlossen war, musste ich bei jedem Klingeln an der Tür die Treppe runter und wieder rauf. Abends wollte ich nur noch meine Beine auf der Couch ausstrecken, für sportliche Betätigungen hatte ich keine Kraft mehr.

Zum Glück hatten wir in der Tagesklinik eine große Terrasse, wenn das Wetter es zuließ, machte ich dort meine Telefonate und konnte dabei rauchen. Ich fing an, die Ruhe durch die

Kontaktsperre zu genießen, die leeren Straßen und die wenigen Kollegen. Vorher war ich oft durch das viele und unnötige Gerede genervt.

Im Mai kamen meine pflegerischen Kollegen zurück; weil die Fallzahlen der Coronaerkrankten abnahmen, wurde der harte Lockdown beendet. Wir sollten halbtags zweimal 10 Patienten betreuen und unser Team wurde auch geteilt. Die Patienten kamen im Wechsel, vormittags und nachmittags, die beiden Gruppen sollten sich nicht begegnen. Die Klinik erlaubte uns, halbtags zu arbeiten, die Minusstunden würden am Ende gestrichen.

Wir bereiteten das Haus mit Hinweisschildern vor, Mundschutz tragen, Abstand halten und wie viele Personen pro Raum erlaubt sind. Die neuen Therapiepläne wurden auf das Wichtigste reduziert und die Gruppe nochmal geteilt, so bestand jede nur aus 5 Teilnehmern. Die Arbeit mit den Kleingruppen war für die Patienten intensiver, weil sich keiner in seinem Schneckenhaus verstecken konnte und durch die Geschlossenheit der Gruppe entstand in den 8 Wochen Therapie eine größere Vertrautheit zwischen den Patienten und uns.

Belastend für die Pflege waren die vielen Abstriche, jeder musste vor der Aufnahme und während des Aufenthalts wöchentlich auf Corona getestet werden. Zudem musste bei jedem, der das Haus betrat, die Temperatur gemessen werden.

## 3

Im Mai beantragte ich Altersteilzeit und es wurde problemlos genehmigt. Ab 01.07.2020 begann meine aktive Phase, ich arbeitete genauso viel, verdiente aber netto über 500 Euro weniger.

Am 01.09.2022 würde dann die passive Phase beginnen, in der ich nicht mehr arbeiten musste, aber noch 2 Jahre und 2 Monate den gleichen Gehalt bekam. Ein gutes Gefühl, das Ende in Sicht.

In den Sommermonaten wurde das Tragen der Maske noch beschwerlicher, sie war schon nach Minuten schweißdurchtränkt. Die meisten nutzten jede Gelegenheit, ins Freie zu gehen, um sie abzunehmen, einige Patienten, vor allem die Raucher, erfanden irgendwelche Ausreden, um draußen zu bleiben und nicht an den Gruppen teilzunehmen. Wenn es nicht regnete, verlegte ich meine Gruppen auf die Terrasse, auch Qi Gong, was im Freien durch die vermehrte Sauerstoffaufnahme eine viel vitalisierendere Wirkung hatte als im Gymnastikraum des Kellers.

Als wir wieder Vollzeit arbeiten mussten und trotzdem zu der anderen Gruppe Abstand halten sollten, zog ich mich in ein unbesetztes Büro zurück und verfasste eine Übungsanleitung der 18 Bewegungen des Qi Gong für die Patienten.

Meine beiden Kolleginnen aus der Pflege betreuten die andere Gruppe und ich war froh, mehr Abstand zu haben. Die schwäbische Kollegin in meinem Alter hatte auch Altersteilzeit beantragt, haderte aber ständig mit ihrer Entscheidung, vor allem wegen dem finanziellen Verlust, wobei sie andere Gründe vorschob. Sie fragte öfters: „Was wirst du den ganzen Tag machen, wenn du nicht mehr arbeiten musst?" Ich lachte und sagte, ich freue mich darauf, dass ich nichts mehr muss.

Sie hatte mich schon immer genervt, wenn sie laut darüber nachdachte, was sie noch zu erledigen hat, das steigerte sich durch Corona. Sie hatte wegen dem geringeren Arbeitsaufwand ein schlechtes Gewissen und war sich ständig am Rechtfertigen.

Mit der anderen Kollegin hatte ich schon vor Corona immer wieder Konflikte. Sie warf mir vor, ich würde sie für dumm halten, weil ich am PC den größeren Durchblick hatte und das meiste schon erledigt war, bevor sie es tun wollte. Die Wahrheit war, dass sie ein miserables visuelles Gedächtnis hatte, was ich nach einer Erklärung konnte, konnte sie nach mehrmaligen nicht.

Ich verhielt mich schon immer wie das Heinzelmännchen, erledigte vieles, ohne darüber zu reden und abgesehen von den neidischen Attacken der einen Kollegin wurde ich dafür geschätzt.

Mit Corona sank aber die Arbeitsmoral im gesamten Team, jeder klagte über zunehmende Unlust.

# 4

Mein Leistenbruch zeigte sich beim Husten durch eine hühner-
eigroße Beule. Ich hatte beim Gehen zunehmend Schmerzen und
entschloss mich zu einer Operation, die im November durchge-
führt wurde. Der Arzt erklärte mir, dass sie den Riss im Bindegewebe zunähen und dann noch ein Netz darüberlegen, das mit
dem Bindegewebe verwachsen wird. Ich war nur für eine Nacht
stationär und war froh, danach eine zusätzliche Auszeit zu haben. Die Ärztin, die meinen Hausarzt vertrat, schrieb mich für
10 Tage krank. Die Beule und der Schmerz waren weg, aber ich
fühlte mich in meiner Beweglichkeit sehr eingeschränkt, meine
rechte Leiste fühlte sich zusammengeschnürt an. Am Ende der
Krankschreibung ging ich nochmal zur Ärztin und bat um eine
Verlängerung. Sie sträubte sich und ich musste fast betteln, um
noch eine Woche zu bekommen.

An dem Tag, als ich vom Krankenhaus nach Hause kam, rief
der Exmann von Paula an, er würde Carlos rausschmeißen, er
ertrage seine Frechheiten und Faulheit nicht mehr. Paula war
natürlich sofort bereit, ihn abzuholen und wieder bei uns aufzunehmen. Sie litt sowieso unter der Isolation durch Corona
und war froh, wenigstens einen ihrer Söhne bei sich zu haben.

Carlos war 20 Jahre alt, wusste noch nicht, wohin sein Weg
im Arbeitsleben gehen soll, konnte sich für keine Ausbildung
entscheiden, aber er hatte viele Bekannte und fand dadurch einen Job im Altenheim, wo er unter der Woche täglich 4 Stunden Wäsche ausfuhr. Da ich weder Miete noch Haushaltsgeld
von ihm verlangte, konnte er mit dem geringen Verdienst gut
leben und pflegte sein Image als Beau und Gesundheitsaposto-
tel. Fast wöchentlich kamen Päckchen mit Markenklamotten
und Nahrungsergänzungsmitteln. Er schien auf einem besseren Weg, hatte er doch zuvor vielerlei Drogen genommen und
war mehrmals polizeilich aufgefallen, zweimal wegen Sachbe-
schädigung und einmal wegen Beamtenbeleidigung, wobei der
Alkohol der Hauptverursacher war. Die Geldstrafen zahlte er

jetzt in Raten selbst ab, zuvor hatten seine Mutter und teilweise ich ausgeholfen.

Er lernte bei der Arbeit eine Altenpflegerin kennen, die auch bei uns übernachtete, aber sie vermied den Kontakt zu uns. Beim Sex hörten wir sie übertrieben laut stöhnen, sodass einmal die Nachbarn unter uns an die Tür klopften und sich beschwerten.

Das Jahr 2021 verlief Corona-bedingt sehr ereignislos, ich schleppte mich zur Arbeit und fieberte dem Ende meiner Arbeitszeit entgegen. Im Team verhielt ich mich bei konzeptionellen Entscheidungen zurückhaltend, ich war innerlich schon ausgestiegen.

Ich versuchte, wenigstens am Wochenende wieder Tibeter und Tai Chi zu machen, aber ich hatte danach Schmerzen in der Leiste, die sich ins rechte Bein zogen und beschloss, erst nach dem Arbeitsende vorsichtig damit zu beginnen.

# Vom Wecker befreit

## 1

Am 11.08.2022 war mein letzter Arbeitstag, den restlichen August baute ich meine Überstunden ab und hatte noch 2 Wochen Urlaub. Als ich am nächsten Tag nach 8 Uhr aufwachte mit dem Gefühl, alle Zeit der Welt zu haben, nie mehr vom Wecker gestört zu werden und den morgendlichen Druck los zu sein, spürte ich erst die große Befreiung. Ich dachte kurz an meine Kollegen, die jetzt zu arbeiten begannen und bis 17 Uhr in der Mühle gefangen waren.

Carlos hatte im Juni eine Ausbildung zum Pflegehelfer begonnen und sich gleichzeitig eine kleine Wohnung in der Nähe des Krankenhauses gemietet. Ich genoss die Ruhe am Vormittag, wenn die Sonne schien, saß oder lag ich am geöffneten Fenster nackt im Bett. Die ersten 3 Tage feierte ich meine Freiheit, kiffte den ganzen Tag und trank das erste Bier, wenn ich Lust hatte, schon um 13 Uhr. Meine Beine, die schon von dem wenigen Hin und Her in der Wohnung wehtaten, verlangten aber nach mehr Bewegung.

Am vierten Tag fing ich mit meinem Trainingsprogramm an und machte dabei für über 2 Stunden eine Rauchpause. Nach einem hart gekochten Ei, einem starken Kaffee und einem großen Glas Apfelsaft mit stillem Wasser ging ich erst ins Bad. Nach dem Zähneputzen musste ich heftig Abhusten, davor hatte ich das Gefühl, nicht durchatmen zu können.

Mein Übungsprogramm begann ich mit den 5 Tibetern, ich startete aber nur mit 7 Wiederholungen, anstatt gleich 21 zu machen, wie ich es zuletzt an den Wochenenden versucht hatte. Danach probierte ich den Kopfstand auf den Ellenbogen, wie ich ihn jahrelang praktiziert hatte. Er gelang fast mühelos, nur meine Atmung hatte nicht die gewohnte Tiefe und Langsamkeit. Ich atmete 21-mal und stoppte die Zeit, 4 Minuten, wollte wissen, ob ich Fortschritte mache, früher waren es über 5 Minuten. Zwischen den einzelnen Übungen machte ich Dehnübungen, spürte vor allem bei der Embryostellung, wie eingeschränkt meine Beweglichkeit nach der Leistenoperation war.

Nach den Übungen aus dem Yoga jonglierte ich mit 3 Bällen. Mike hatte mir vor 10 Jahren die Bälle geschenkt und die Schritte, es zu lernen, erklärt. Anfangs dachte ich, das werde ich nie schaffen, mein linker Arm stellte sich ungeschickt an, vielleicht weil ich mit 9 Jahren den Armbruch erlitten hatte.

Ich begann mit 2 Bällen und erst als ich 100 Würfe schaffte, traute ich mich, es mit 3 Bällen zu versuchen. Ich warf links – rechts – links und fing sie wieder auf, als ich dies 20-mal konnte, steigerte ich mich von Woche zu Woche, am Ende war mein Rekord 17 Minuten. Ich hatte gelesen, dass man mit 5 Minuten täglich mehr Verknüpfungen von linker und rechter Gehirnhälfte erreiche.

Es war anfangs die absolute Achtsamkeits- oder Konzentrationsübung, bei jedem Gedanken, der mir dazwischenfuhr, fielen die Bälle. Was mich zusätzlich faszinierte, war die Entwicklung meiner Reflexe, wenn irgendwas umkippte oder fiel, meine Hand war da. Ich nahm mir deshalb vor, das Jonglieren für 5 Minuten einzubauen, um die Fähigkeit nicht zu verlieren.

Danach lockerte ich meine Schultern mit kreisenden Bewegungen und wärmte mich fürs Tai Chi mit den 3 Schwungübungen auf. Meine Beine brauchten dann eine Pause, sie fühlten sich taub und verkrampft an. Zum Abschluss beim Tai Chi hatten meine Beine die gleichen Probleme und ich musste zweimal pausieren, setzte mich auf einen Stuhl und streckte sie lang aus, bis ich spürte, dass sie wieder durchblutet sind.

Anfangs waren diese 90 Minuten eine Quälerei, aber meine Beweglichkeit steigerte sich und die Beinschmerzen wurden weniger, was mich zuversichtlich stimmte und weiter motivierte, außerdem hatte ich große Angst vor einer drohenden Amputation.

# 2

Ich versuchte, meinen Tag stressfrei zu gestalten, immer wenn ich in den hektischen Arbeitsmodus zurückfiel, bremste ich mich und sagte mir, du hast alle Zeit der Welt.

Nach meinen Körperübungen, die ich auch gemütlich anging, machte ich das Nötigste im Haushalt, Geschirr, Wäsche, Aufräumen, Einkaufen und Kochen. Das Letztere hatte mir an den Wochenenden schon immer Spaß gemacht. Zu größeren Putzaktionen oder Renovierungsarbeiten hatte ich noch keine Lust, obwohl es nötig gewesen wäre; das Zimmer, in dem Carlos gelebt hatte, war das reinste Chaos. Ich hatte mich ein Leben lang zu so vielen Tätigkeiten zwingen müssen, dass eine starke Abneigung gegenüber diesem Druckgefühl mich davon abhielt.

Ich hielt mich noch an die Regel, erst 2 Liter Wasser zu trinken, bevor ich das erste Bier öffnete, rauchte aber von früh bis spät kleine, zigarettenförmige Joints. Wenn ich meine Pflichten beendet hatte, setzte ich mich mit ausgestreckten Beinen auf die ausgezogene Couch, schaute fern, viel Netflix oder Prime und drehte so viele Joints, dass sie bis zum nächsten Tag reichten.

Paula entwickelte erst subtil, dann zunehmend offener Neid auf mein Lotterleben. „Da sitzt er den ganzen Tag in seiner Ecke und dreht Joints", sagte sie zu Freunden, die vorbeikamen. Sie rauchte aber, wenn sie nicht arbeiten musste, mindestens genauso viel von meinen Gedrehten wie ich und hätte eigentlich zufrieden sein können, weil ich ihr auch das meiste im Haushalt abnahm, dachte ich.

Ihre Arbeit in den Wohngemeinschaften beinhaltete viele Haushaltstätigkeiten, deshalb hatte sie zu Hause wenig Lust dazu. Ihre Unzufriedenheit bezog sich aber vor allem auf unsere Wohnsituation, 50 qm mitten in der Stadt ohne Balkon; „Nicht mal ein Freisitz", sagte sie.

Oft drohte sie, auszuziehen; da ich dies schon 7 Jahre lang hörte, war ich müde von dem leeren Gerede. „Such dir einen reicheren Mann", entgegnete ich trotzig. Alleine hätte sie sich keine Wohnung leisten können, meistens war sie Mitte des Monats auf meine finanzielle Hilfe angewiesen, hauptsächlich, weil sie ihrem jüngeren Sohn Rudi und Carlos Geld zusteckte. Nur der mittlere Sohn Leo arbeitete und sorgte für sich selbst, hatte Führerschein und Auto, rauchte und trank nicht.

Rudi, der 19-Jährige, träumte von einer Karriere als Musiker. Gitarrist in einer Rockband wollte er werden, hatte zwar als einziger mittlere Reife, war aber sehr arbeitsscheu, hatte einen einzigen Job nur 4 Tage durchgehalten. Carlos konnte sich seine Wohnung mit dem geringen Ausbildungsgehalt nicht leisten, dreimal überwies ich für ihn die Miete und zahlte einige seiner Raten für die Strafen, wenn Inhaftierung drohte.

Mein einziger Stressor war noch Paula; wenn sie nicht arbeiten musste und die Sonne schien, machte sie schon am Vormittag eine unnötige Hektik, schnellstens ins Freie zu kommen. Sie verdarb uns beiden damit die Stimmung und ich hatte zusätzlich ein schlechtes Gewissen, weil ich mein Übungsprogramm vernachlässigte.

# 3

Meine sexuelle Aktivität war während der letzten Arbeitsjahre sehr reduziert. Stressbegingt durch Corona oder wegen dem schlechten Zustand meiner Blutgefäße. Jedenfalls hatte ich gehofft, dass wenn ich ausschlafen kann, sich meine Potenz wieder steigern würde.

Als ich noch arbeiten musste, wachte ich am Wochenende wie gewohnt um 6 Uhr auf, konnte danach aber nochmal 2 Stunden schlafen und fühlte mich dann richtig erholt. Durch das Dauerkiffen in den ersten Wochen meines Ruhestands waren meine Bronchien morgens so verschleimt, dass mich Atemnot zwang, früh aufzustehen. Die Beschwerden wurden bald schlimmer, ich erwachte meistens schon zwischen 4 und 5 Uhr mit einem Panikgefühl und musste sofort aufstehen. Abends war ich schon um 9 Uhr todmüde, auch weil ich zu früh mit dem Biertrinken begann. Meine Lust auf Sex war auf dem Nullpunkt, die nächtlichen Erektionen fanden nicht mehr statt. Die Hoden sind die Kinder der Lungen, las ich bei den Taoisten.

Paula litt verständlicherweise unter diesem Mangel, befriedigte sich selbst und schmierte es mir aufs Brot, sowie meine Unfähigkeit. Wenn sie besoffen war, öffnete sie die unterste Schublade und wurde derb beleidigend. Wir beendeten unsere Beziehung im Streit wöchentlich, versöhnten uns zwar wieder, aber innerlich rückte ich immer weiter von ihr ab. Ich wusste, dass ich auf meine Gedanken aufpassen musste, denn es schlichen sich Gewaltphantasien ein, wenn sie nicht aufhörte, mich zu provozieren.

Es war nicht nur die Angst vor dem Alleinsein, die mich zurückhielt, die Beziehung zu beenden. In guten Zeiten liebte ich das Gefühl ihrer Nähe, wenn es auch asexuell blieb. Außerdem glaubte ich an eine bessere Zukunft, wusste, dass wir ein gutes Team sein konnten.

# 4

Nach 4 Wochen Freiheit, in denen der Fernseher von morgens bis abends lief, auch wenn ich meine Übungen machte, wurde ich langsam dieser Lebensweise überdrüssig. Ich befürchtete zu verblöden, wenn ich mein Gehirn nur mit alltäglicher Routine beschäftige.

Meine begonnenen Memoiren waren zwar im Hinterkopf, aber ich spürte diesen Widerstand, mich an meine eigene Geschichte zu erinnern, wie er auch meistens in der Psychoanalyse auftaucht. Außerdem wertete ich das bisher Geschriebene ab, ohne es nochmal gelesen zu haben.

An einem sonnigen Vormittag setzte ich mich mit den ausgedruckten 20 DIN-A4-Seiten nackt ins Bett und überwand meine Abneigung. Ich fand das Gelesene interessanter und unterhaltsamer, als ich es mir vorgestellt hatte und ab dem nächsten Tag schrieb ich jeden Morgen für um die 2 Stunden. Ich wollte jeden Tag eine halbe Seite im Durchschnitt schaffen, rechnete mir aus, dass ich in einem Jahr mit Überarbeitung damit fertig werden würde.

Wie vorausgesehen lösten manche Erinnerungen unangenehme Gefühle aus, die manchmal den restlichen Tag und die Nacht überschatteten. Das Schreiben gestaltete sich dementsprechend manchmal zäh und ich musste mir jedes Wort abringen. An anderen Stellen lief es wie von selbst, die Sätze sprudelten aus mir heraus.

Es gibt den Satz von Karl Kraus „Die Psychoanalyse ist die Krankheit, für deren Heilung sie sich hält." Ich hoffte trotzdem, in meinem Unterbewusstsein aufzuräumen und vielleicht irgendjemandem damit helfen zu können.

## 5

Alt zu werden ist nichts für Feiglinge, sagt man; womit ich aber nicht gerechnet hatte ist, wie Krankheiten und Tod im Bekanntenkreis mich belasten würden.

Unser 71-jähriger Freund Helmut hatte Anfang des Jahres eine schwere Herzoperation, notfallmäßig kurz vor dem Infarkt, wie sein Internist sagte. Er war danach nicht mehr derselbe, bewegte sich wie in Zeitlupe. Sein bester Freund starb Ende des Jahres an Lungenkrebs. Ein 56-jähriger guter Bekannter, bei dem wir öfter im Garten waren, soff sich mit billigem Rotwein zu Tode.

Pit rief an, dass Werner an Kehlkopfkrebs verstorben sei. Er sei auch ein körperliches Wrack und seine französische Lebensgefährtin hätte ihn vor die Tür gesetzt. Er lebe jetzt bei seinem Bruder im Schwarzwald.

Das Schlimmste für mich war die Krankheitsgeschichte meiner jüngeren Schwester. Sie hatte nur nachts gearbeitet, zu 50 Prozent als Krankenschwester im Altenheim. Schon während ihrer Ausbildung begann sie, täglich Bier zu trinken, mit ihrem ersten Mann kiffte sie zusätzlich, was sich mit der Geburt ihrer Tochter mäßigte. Die Beziehung hielt nur 4 Jahre, weil sie sexuell unzufrieden war und wiederholt fremdgegangen war. Der nächste Partner, bei dem sie dann einzog, brachte sie zu Kokain und Speed. Sie verhielt sich damit so großspurig und aggressiv, dass sich alle Freundinnen von ihr abwandten. Auch in der Beziehung wurde sie zunehmend handgreiflich, was ihren neuen Ehemann dazu brachte, kein weißes Pulver mehr zu besorgen. Sie trank weiterhin 4 bis 5 Bier und rauchte maßlos Zigaretten. Als ihre Tochter 2006 auszog, steigerte sich ihr Bierkonsum und nachdem unsere Mutter 2013 verstorben war, ließ sie sich noch mehr gehen.

Anfang 2015 hatte sie eine Blasenentzündung, die Schmerzen beim Wasserlassen waren so heftig, dass sie für 2 Tage kein Bier trank. Ihre Tochter brachte sie am Wochenende zur Notfallzentrale, sie zitterte am ganzen Körper und bekam dort, während sie beim Arzt war, einen epileptischen Anfall, der zum Herzstillstand führte. Nach der Wiederbelebung war sie für 5 Tage im Delirium.

Ich machte ihr später Vorwürfe: „Du bist Krankenschwester und weißt nicht, dass man von täglichen 7 Bier nicht auf null springen kann, ohne einen lebensgefährlichen Entzug zu riskieren?"

Bei meinem ersten Besuch war sie völlig verwirrt und ich weiß nicht, ob sie mich erkannte, konnte sich später an nichts erinnern. Nach 6 Tagen war sie wieder ansprechbar, ging sogar mit nach draußen, um zu rauchen, wirkte aber kritikschwach, belächelte das Geschehene, vielleicht auch durch die sedierende Wirkung der verordneten Medikamente. Sie war aber damit einverstanden, eine weitere Entgiftung in der Klinik zu machen, wo ich arbeitete. Ich war froh, dass sie einen anderen Nachnamen hatte.

Eine Langzeitentwöhnung hielt sie nicht für nötig, ging nach einer kurzen Krankschreibung wieder arbeiten, jetzt im Tagdienst wegen der Gefahr eines erneuten Anfalls. Sie arbeitete nur wenige Wochen, machte dann einen geplanten Urlaub in Kroatien. Dort rief ihre Chefin sie an, ihre Kollegen hätten sich beschwert, sie würde viel zu langsam arbeiten und wenn sie zurückkäme, müsste sie wieder in den Nachtdienst. Sie reagierte mit Panikattacken, die so heftig wurden, dass sie den Urlaub abbrachen.

Der Hausarzt schrieb sie krank und verordnete Lorazepam, was unter den Benzodiazepinen das größte Suchtpotential hat und bei trockenen Alkoholikern kontraindiziert das verkehrteste ist, was man geben kann. Zudem war ihr Blutdruck durch die ständige Panik viel zu hoch, die Blutdrucksenker führten zu einem Kreislaufkollaps, bei dem sie stürzte und sich die Schulter brach. Sie jammerte danach ständig und solange über Schmerzen, bis ein anderer Arzt ihr Oxycodon verschrieb, das nächste Suchtmittel aus dem Spektrum der Morphine.

Von da an war sie völlig fixiert auf ihre Medikamente, wenn ein Arzt nicht mehr mitspielte, ging sie zu einem anderen. Ihr Ehemann Bernd machte alles mit, weil sie ihn mit ihren Panikattacken erpresste. Mehrere Versuche, sie in der Klinik zu entziehen, brach sie ab.

Sie liegt bis heute meistens auf ihrer Couch, raucht eine nach der anderen, die Bernd für sie besorgt und stopft. Sie wiederholt stereotyp die gleichen Sätze: „Mir geht es nicht gut, ich muss zum Doktor; ich blicke nicht mehr durch, was machen wir jetzt?"

Sie könnte nie alleine leben, vielleicht konnte sie es noch nie, von Männern war sie schon früh abhängig. Ich bewundere die Geduld, mit der Bernd sie aushält und bin dankbar, dass sie noch nicht im Heim gelandet ist, andererseits frage ich mich, ob sie sich ohne ihn hätte so hängen lassen.

# 6

Mein 63-jähriger Schwager Bernd bekam ein Angebot, einen
Garten ganz in der Nähe der Stadt zu pachten. Er fragte mich,
ob wir auch Interesse hätten, wir würden uns die 300 Euro Pacht
im Jahr teilen. Alleine fühlte er sich damit überfordert, weil
meine Schwester ständig seine Aufmerksamkeit forderte und
er trotz Operation Probleme mit dem Knie hatte. Zudem war
seine Lungenfunktion eingeschränkt, er hatte oft mit giftigen
Dämpfen gearbeitet und zweimal einen Pneumothorax erlitten. Trotzdem rauchte er bis vor 3 Jahren täglich ein Päckchen
schwarzer Krauser.

Meine Schwester hatte zu ihren psychischen Problemen
schlimmere Durchblutungsstörungen als ich und hatte schon
an beiden Beinen Beipässe bekommen. Bernd trank wegen ihr
keinen Alkohol mehr und hörte auf zu rauchen, wollte sie mit-
ziehen, was beim Rauchen nicht gelang.

Als wir den Garten, besser gesagt das Gelände, besichtigten,
waren wir von den geschätzt 1500 qm begeistert. Es war von einer Hecke zum Sichtschutz umrandet, teilweise bewaldet, hatte in der Mitte einen großen freien Platz mit einer Feuerstelle,
wo den ganzen Tag die Sonne scheinen konnte. Daneben gab
es sogar einen Brunnen. Der Vorpächter hatte es nicht zur Be-
pflanzung genutzt, der hintere Teil war Wildwuchs, Dornenge-
strüpp überwucherte es.

Es gab einige Baustellen, die wir angehen mussten. Das Tor
war auf einer Seite verrostet, sodass man es nicht mehr zum
Hineinfahren öffnen konnte. Der Zaun war teilweise umgefal-
len und musste erneuert werden. Zudem gab es die Auflage, die
Hecke zum angrenzenden Weg zu schneiden. Es würde einige
Investitionen kosten. Bernd verhandelte mit dem Besitzer, dass
wir für 3 Jahre keine Pacht zahlen müssen.

Anfang März machten wir das erste Lagerfeuer, ein Freund,
Daniel, und 2 Söhne von Paula kamen dazu und als ich sah, wie
glücklich Paula dabei war, hoffte ich, dass dies die Alternative zu

einem Haus mit Garten sein konnte. Sorgen machten mir meine schwachen Beine; da das Gelände sehr uneben war, schmerzten sie schon nach wenigen Metern.

# 7

Unser Haschischkonsum hatte sich bei mehr als 100 Gramm im Monat eingependelt, was bedeutete, dass ich bei einem Preis von 10 Euro pro Gramm mehr als 1000 Euro allein dafür verbrauchte.

Mitte März war Paula am Vormittag unterwegs, um ihren jüngsten Sohn Rudi zu holen und wollte vorher noch bei unserem Dealer vorbei, um für 300 Euro einzukaufen. Gegen 10 klingelte es an der Tür, ich dachte, sie hätte vielleicht den Schlüssel vergessen und drückte den Eingangstüröffner, ohne vorher aus dem Fenster zu sehen, wie ich es normalerweise tat. Als ich die Wohnungstür aufmachte, hielt mir ein Mann ein Blatt Papier vor die Nase und drang mit den Worten, „Durchsuchungsbefehl, wir sind vom Rauschgiftdezernat", in die Wohnung ein. Es folgten noch 4 weitere Personen, eine Frau in Polizeiuniform. Der erste Beamte fragte, ob Carlos zu Hause sei. Ich sagte, er wohne seit Juni letzten Jahres nicht mehr hier, hätte eine Wohnung im Stadtzentrum. Da Carlos es versäumt hatte, sich umzumelden, bestanden sie trotzdem auf eine Durchsuchung, wollten aber wissen, wo er genau wohne. Ich wusste die genaue Adresse nicht, sagte aber, dass meine Lebensgefährtin, seine Mutter, bald zurückkommen würde und ihnen bestimmt weiterhelfen kann.

Ich bebte innerlich, verhielt mich aber äußerlich angemessen gefasst. Während ein Beamter das chaotische Zimmer, in dem Carlos gewohnt hatte, durchsuchte, konnte ich unbemerkt meine kleine Jointdose vom Wohnzimmertisch einstecken. Ich fragte den leitenden Beamten, um was es eigentlich gehe, er durfte mir keine Auskunft geben. Später erfuhr ich, dass Carlos 2019 im Darknet 200 Gramm Haschisch und 100 Gramm Amphetamine bestellt hatte.

Der durchsuchende Beamte fotografierte alles verdächtige, in Carlos Zimmer eine Wasserpfeife aus Glas, im Wohnzimmer fand er 50 Cannabissamen und eine Feinwaage, beides wurde beschlagnahmt. Dann sagte der Leiter zu seinem Kollegen: „Schau noch in den Kühlschrank." In einem Fach in der Tür waren 3 Dosen voll mit gedrehten Joints, er öffnete eine und roch daran, fragte, „Was ist das?", gedrehte Zigaretten, sagte ich und er glaubte es. Daneben stand eine kleine runde Dose mit unserem Restbestand von etwa 1,5 Gramm Haschisch; als er sie öffnete, schaute er mich an, als würde er den Fund bedauern. Als er daraufhin im Schlafzimmer den Kleiderschrank durchsuchte, schnellte mein Puls nochmal in die Höhe. Ich hatte in einer Hose mehrere Ecstasy-Tabletten und einen LSD-Trip versteckt, er schaute aber nur oberflächlich nach und fand sie nicht.

Inzwischen war Paula mit Rudi zurückgekommen. Ich war froh, dass sie keinen Drogenhund dabei hatten, glaubte nicht, dass sie in ihrer Bauchtasche nachsehen, wo ich 30 Gramm Haschisch vermutete. Der Dealer war aber glücklicherweise nicht zu Hause gewesen. Sie begleitete zwei Beamte zu Carlos Wohnung, der selbst in der Schule war und organisierte von einer Nachbarin den Wohnungsschlüssel. Sie fanden dort nichts außer einer Feinwaage, der Beutel mit Kratom interessierte sie nicht.

Der leitende Beamte gab mir einen Durchschlag des Protokolls, das er geschrieben hatte und sagte: „Machen Sie sich keine schlaflosen Nächte, es wird nicht viel passieren, vielleicht eine kleine Geldstrafe."

# 8

Am nächsten Tag besuchten wir trotzdem unseren Dealer, ein weiterer Kunde saß schon da und nachdem ich den Vorfall erzählt hatte, sagte er, dass er schon 9 Jahre keinen Führerschein habe, er sei allerdings beim Fahren erwischt worden. Er hätte fast ein Jahr nichts konsumiert und keinen Alkohol getrunken, sei trotzdem bei der MPU durchgefallen; „Die machen das in der Regel so", ergänzte er. Danach hatte er keine Lust mehr und verzichtete auf den Führerschein. Der 30-jährige Sohn des Dealers war auch zu Besuch und behauptete, dass in unserer Stadt die Staatsanwaltschaft Drogendelikte der Führerscheinstelle melden würde, was nicht überall die Regel sei. Ich sollte mich auch auf eine MPU einstellen, er würde sich gleich einen Anwalt nehmen, um dann schneller reagieren zu können.

Sehr verunsichert und sorgenvoll saß ich danach auf meiner Couch, zudem verfolgten mich die Bilder von der Polizeiaktion. Ich beschloss, wenn dieses Stück verraucht ist, eine große Pause einzulegen. Sofort aufzuhören, erschien mir wegen des jetzt schon vorhandenen Gedankenkarussells zu belastend.

Am 23.03.2023, meine Mutter wäre 96 geworden, rauchte ich kurz vor 10 Uhr den letzten Joint. Ich hatte zu dem lästigen Vorfall noch 3 Motivationshilfen, meine Bronchien, meine Beine und das Finanzielle. Meine Gelassenheit hatte ich schon wiedergefunden, es kommt, wie es kommt, es kann auch alles zu deinem Besten sein. Die anderen Freunde hatten mich alle beruhigt, sie glaubten nicht, dass mein Führerschein in Gefahr war.

Ich befürchtete, dass ich durch die nüchternere Lebensweise, ich trank noch 4 Bier jeden Abend, wieder in den Strudel von Sorgen und bedrückenden Erinnerungen geraten könnte; zu meiner Überraschung wurde die Klarheit schneller mit belastenden Gedanken fertig, als vorher im bekifften Zustand. Suchtdruck oder die Gier nach einem Joint kamen überhaupt nicht auf, im Gegenteil, ich genoss mehr körperliche Leichtigkeit und meine erwachte Wahrnehmung führte zu der Lust, in der Wohnung aufzuräumen und sie umzugestalten.

Wenn ich früher in jüngeren Jahren aufhörte zu kiffen, geriet ich in große Unruhe und war meistens bald wieder unterwegs, um etwas zu besorgen. Jetzt erlebte ich die Abstinenz als angenehmen Zuwachs an Kraft, alles fiel mir wieder leichter, vorher waren die kleinsten Erledigungen zur Last geworden, schon aufzustehen, fiel mir schwer.

Die Annahme, Haschisch mache mich kreativer, war auch ein Irrtum, meine Gedanken wurden eher beweglicher und gleichzeitig kritischer. All dies machte das Aufhören leicht und führte zu einer Abneigung gegenüber dem Kiffen. Ich war mir sicher, dass es keinen Rückfall in das alte Muster geben wird.

## 9

Paula hatte mit mir aufgehört zu Kiffen, trank aber zudem auch keinen Alkohol mehr. Vorher hatte sie tageweise, wenn sie frei hatte, exzessiv getrunken und geraucht, saß manchmal schon morgens, wenn ich aufwachte, mit einem Bier im Wohnzimmer.

Die ersten beiden abstinenten Wochen wurden für sie zu einer Achterbahn der Gefühle. Zwischen mir geht es viel besser, ich spüre mich wieder mehr, kann mich besser konzentrieren und bin weniger vergesslich, fiel sie in emotional schwarze Löcher mit Heulkrämpfen, Verzweiflung über ihre finanzielle Situation und körperliche Verfassung. Sie fühlte sich morgens erkältet und bekam einen Erguss im Mittelohr, wodurch sie befürchtete, auf einem Ohr taub zu werden. Einmal meldete sie sich für 2 Tage krank. Mehrmals sagte sie in den schlimmsten Ausnahmezuständen mit Panikattacken: „Ich schaffe das alles nicht, ich muss in die Klinik." Ich umarmte sie dann und sagte, dass es nur eine emotionale Welle sei, die bald vorübergehen würde, was meistens half, aber es wiederholte sich mehrmals am Tag. Es war gut, dass sie in der zweiten Woche wieder arbeiten ging, dadurch war sie abgelenkt und kam zufrieden nach Hause. Ihre Klienten schätzten sie sehr, was sie emotional stützte.

Ihr Mangel an Resilienz, seelischer Widerstandskraft, lag sicherlich mit an ihren großen Altlasten. Ihre Mutter war als 10-Jährige im Krieg von einem Mongolen vergewaltigt worden und als Paula 3 Jahre alt war, psychisch erkrankt. Sie verbrachte die nächsten Jahre mehr in der Psychiatrie als zu Hause und war emotional für Paula kaum noch erreichbar. Nach ihrem ersten Suizidversuch hatten die Ärzte sie mit einem Cocktail von Psychopharmaka ruhiggestellt, sie erlebte sie danach nur noch teilnahmslos. Als Paula 19 Jahre alt war, stürzte sie sich erneut aus dem Fenster im zweiten Stock und verstarb danach im Krankenhaus. Ihr schon berenteter Vater ertrank seinen Kummer, zuletzt mit einer Flasche Kognak täglich und verstarb 5 Jahre später nach mehreren Schlaganfällen im Altenheim. Zusätzlich belastete sie immer noch der Übergriff des Syrers.

# 10

Durch meine körperlichen Übungen bekam ich eine Rückmeldung, wie sehr mir das Kiffen geschadet hat. Den Kopfstand hielt ich mit der gleichen Anzahl von Atemzügen 2 Minuten länger, auch beim Jonglieren fielen die Bälle nur noch selten und beim Tai Chi hatten sich die Schmerzen in den Beinen sehr reduziert. Zudem musste ich mich nicht erst 5 Minuten hinsetzen, wenn ich mit Einkäufen beladen die Treppe hochgestiegen war, weil meine Beine brannten und ich in Atemnot geraten war. All dies verstärkte meinen Willen, nicht mehr zu Kiffen und wenn Freunde zu Besuch waren, die einen rauchen wollten, mussten sie ans offene Fenster im Zimmer nebenan. Ich wollte nicht durch passives Mitrauchen eine möglicherweise auf mich zukommende Urinprobe versauen.

Carlos hatte schon nach 3 Wochen einen Brief von der Staatsanwaltschaft erhalten, weil er dem Polizisten gesagt hatte, er wolle sich einen Anwalt nehmen und sollte dazu Stellung nehmen.

Ich hatte nach über 4 Wochen noch keine Post bekommen und hoffte, dass nach 4 Wochen Abstinenz mein Urin sauber sein würde. Ich wog nur noch 56 Kilo, hatte kaum Fettreserven, worin sich das THC einlagert und einen positiven Befund bis zu 12 Wochen verlängern kann.

Eigentlich hatte ich gedacht, dass Tabakrauchen der Hauptverursacher meiner Beschwerden war und wollte nach 2 Wochen Nicht-Kiffen versuchen, es zu lassen. Durch die psychischen Krisen von Paula verschob ich meine Absicht, auch weil ich zugeben muss, selbst oft gereizter zu reagieren, was mich aber nicht störte, sondern mir klarwurde, wie lethargisch ich vorher alles hingenommen hatte und vieles mit mir machen ließ. Auch in meinen Blutdruckwerten spiegelte sich die größere Anspannung, doch ich wollte meine Tabletten, nachdem ich sie selbst ohne Arbeitsstress halbiert hatte, nicht gleich wieder verdoppeln, wollte meinem Körper Zeit geben, um sich anzupassen.

Paula hatte bald schon das Verlangen nach der Entspannung durch einen Joint, wenn sie gestresst von der Arbeit nach Hause kam, sagte sie manchmal den Satz, „Jetzt könnte ich einen rauchen", was ich verstand, denn ich hatte selbst während der Arbeit schon danach gegiert. Nach 3 Wochen begann sie, bei Freunden mitzurauchen und kaufte sich bald selbst Cannabis. An ihrem freien Wochenende danach war sie alleine unterwegs und trank dazu Alkohol. Als sie mit einem ebenfalls betrunkenen Freund nach Hause kam, hielt ich das ununterbrochene und sich wiederholende Geschwätz kaum aus. Sie wollte den sehr besoffenen Freund fürsorglich heimbringen, ich beschleunigte die Absicht und bat sie, gleich zu gehen.

Am Sonntag trank und rauchte sie schon, als ich aufwachte. Ich lüftete und bat sie, nicht mehr im Wohnzimmer zu rauchen. Sie sagte, das war der letzte, sie hätte sowieso nichts mehr.

Am späten Nachmittag rutschte sie in ihren üblichen Negativismus, alle Freunde seien Schmarotzer und sie müsse für sie mitarbeiten. Ihre Söhne kämen nur, wenn sie Geld brauchen und ich sei ein Kontrollfreak und sexuell ein Versager. „Wo bin ich hier gelandet", jammerte sie unter Tränen. Dann bösartig: „Du bist ein verdammter Fernsehglotzer und lebst in einer Blase deinen Trott."

Sie legte sich ins Bett, pendelte aber noch einige Male zwischen Schlaf- und Wohnzimmer, dann verabschiedete sie sich. „Ich werde morgen nicht mehr leben", es tue ihr leid, dass sie ihre Schulden nicht zurückzahlen könne. Ich kannte zwar diese Androhungen in ihren Zuständen, war aber trotzdem beunruhigt, auch wegen dem Suizid ihrer Mutter und musste jedes Mal hinter ihr herrennen und mich um sie kümmern.

Nach 2 Stunden Psychodrama schlief sie endlich ein, ich wusste, dass sie morgen alles bereuen wird, wenn sie sich auch an die letzten Stunden nicht erinnern kann. Schon gegen Morgen kuschelte sie sich an mich. „Bleib bei mir." Sie musste um 5 Uhr aufstehen, ich sah sie kurz, als ich zur Toilette ging, verkatert ging sie tapfer zur Arbeit, darin hatte sie Disziplin.

Gegen Mittag rief sie während einer Arbeitspause an, um zu klagen, wie stressig ihre Arbeit momentan sei und dass sie dadurch stechende Herzschmerzen hätte. Ich sagte, das liegt an deiner Lebensweise und mir geht es nach dieser Nacht auch nicht gut. Sie legte verärgert auf.

Als sie um 16 Uhr nach Hause kam, war sie trotzdem sehr versöhnlich, umarmte mich gleich und sagte: „Ich mach das nie mehr, es tut mir so leid, ich hab' dich doch so lieb und mach' das doch nur deswegen." Nachdem ich anfangs trotzig distanziert reagierte, lies ich mich bald erweichen und wir kuschelten auf unserer Couch, bis sie verständlich schon um 19 Uhr einschlief.

Ich trank an diesem Abend seit langer Zeit das erste Mal nur 3 Bier, überlegte, ob ich zuerst den Alkohol lassen muss, bevor ich aufhören kann zu rauchen.

Im Nachhinein war die Polizeiaktion ein heilsamer Schock für mich, vielleicht das Beste, was hätte passieren können. Ich war in einen selbstzerstörerischen Strudel geraten und hatte dadurch den Willen, die Abwärtsbewegung aufzuhalten und umzukehren. Trotzdem hatte ich Angst, den Führerschein zu verlieren, es wäre durch meine schwachen Beine eine logistische Katastrophe und ich wäre abhängig von Paulas gutem Willen, mich zu fahren.

Ich hoffte, dass mit ihr wieder harmonischere oder zumindest friedliche Zeiten kommen werden, denn ich weiß, dass ich unter der Anspannung durch Konflikte das mich Betäubende und Krankmachende nicht lassen kann.

Am nächsten Tag hätte Paula kurzfristig einspringen sollen, um eine Klientin zum Arzt zu begleiten, wurde aber schon vor 8 Uhr angerufen, dass es nicht nötig sei. Anstatt sich über einen freien Tag zu freuen, hatte sie wie meistens schlechte Laune, weil die Sonne nicht schien. Ich beendete mein Schreiben vorzeitig, weil wir einiges in der Stadt erledigen wollten. Schon auf der Fahrt gab es Streit über die richtige Route, „Dann fahr das nächste Mal selbst", dazu machte sie noch einige abfällige Bemerkungen über meinen schlechten Orientierungssinn.

Zum Abschluss mussten wir noch ins Kaufland, die riesige Halle mit den verschiedensten Angeboten überforderte sie wie gewohnt durch die Reizüberflutung. Sie blieb an allem möglichen hängen und weil ihr Jüngster am nächsten Tag Geburtstag hatte und vielleicht bald eine Ausbildung beginnen wollte, wollte sie ihm einen Rucksack und eine Bauchtasche kaufen. Er hatte zuvor einige Rechnungen für Bestellungen ignoriert und sie hatte die Rechnungen und Mahngebühren für ihn bezahlt, deshalb war abgesprochen, dass er außer einem Kuchen keine Geschenke bekommt. Ich fragte sie, ob er das überhaupt braucht und in Bezug auf die Bauchtasche verwenden wird. Sie rief ihn spontan an und er sagte: „Ich habe keine Geschenke verdient, hab' dich genug gekostet und ziehe keine Bauchtasche an." Während sie telefonierte, lief sie mir unachtsam in den Einkaufswagen und ich berührte mit dem Vorderrad ihren Fuß, sie reagierte darauf hysterisch, sagte, sie bekomme eine Panikattacke, begann zu weinen und wehrte meine Versuche, sie tröstend zu berühren, ab. Sie verließ mit schnellen Schritten das Geschäft. Ich stellte den Einkaufswagen ab und folgte ihr langsam, befürchtete, dass sie in ihrer Rage davonfahren könnte, wusste, dass sie keine Zigaretten dabeihatte und jetzt eine brauche. Ich fand sie im Auto, wir rauchten und sie beruhigte sich, sagte: „So, jetzt gehen wir nur nach unserer Einkaufsliste, mit dir kann man nicht entspannt shoppen gehen."

Zu Hause lag der sehnlichst erwartete Brief vom Amtsgericht im Briefkasten, ich öffnete ihn gleich und las. Das Gericht beabsichtigte, mit Zustimmung der Staatsanwaltschaft von der Strafe abzusehen und das Verfahren einzustellen, „wenn Sie sich innerhalb von 2 Wochen ausdrücklich damit einverstanden erklären, auf die sichergestellten Betäubungsmittel und Betäubungsmittelutensilien zu verzichten." Ich war erleichtert, konnte mich aber wegen dem zuvor erlebten Stress nicht richtig freuen, unterschrieb das beiliegende Formular und brachte es gleich zur Post.

# 12

Die 8 Monate ohne die Tyrannei des Weckers waren weitgehend anders verlaufen, als ich es mir vorgestellt hatte. Die ersten 7 Monate schlitterte ich für einen fast 63-Jährigen in eine sehr ungesunde Lebensweise. Kiffen ohne Limit, dazu ab dem Nachmittag 6 bis 7 Bier, meistens noch ein dreifacher Whisky am Abend. Nicht selten, wenn Paula frei hatte, feierten wir mit Amphetaminen oder Ecstasy noch exzessiver die Nächte durch.

Die Bremse durch die Razzia war wirklich ein Segen und ich hatte wieder einmal das Gefühl, dass das Schicksal es gut mit mir meint. Jetzt, nach über 4 Wochen ohne Haschisch, fühlte ich mich geistig wacher und seelisch reagierte ich angemessener. Mein Körper hatte die bleierne Schwere überwunden. Die Lust zu Trinken und zu Rauchen hatte auch nachgelassen, ich hatte mit 3 Bier und um die 15 Zigaretten ein zumindest erträglicheres Maß gefunden. Nach den 4 bis 5 Stunden Schreiben und Körperübungen kümmerte ich mich um den Haushalt und das Zimmer von Carlos war inzwischen aufgeräumt. „Zuerst mein Tempel, dann die Wohnung", sagte ich gern, wenn Paula mich wegen der Reihenfolge kritisierte.

Mein größtes Problem schien der Umgang mit Paula zu sein, sie hatte sich nochmal für 10 Euro Haschisch besorgt und wenn es verraucht war, konnte ich mich auf erneute Stimmungseinbrüche einstellen. Sie wollte, dass ich mit ihr fahre, um ihrem Sohn zu gratulieren, es war für 15 Uhr ausgemacht. Als sie gegen 13 Uhr unvermittelt anfing, sie wolle jetzt schon fahren und mich wieder unangemessen zu attackieren begann, sagte ich: „Mit dir fahre ich in dieser Laune nirgendwo mehr hin." Als sie zurückkam, war sie einsichtig und entschuldigte sich. Ich nahm mir vor, ihr rechtzeitig die Stirn zu bieten und mich nicht zum Spielball ihrer Launen machen zu lassen. Sie hatte allerdings noch einen Rest Haschisch, den sie dann verrauchte.

Am nächsten Tag verbrachte sie den Nachmittag bei einer 70-jährigen Freundin und kam mit gereizter Stimmung zurück. Lästerte über die kleinbürgerliche Art der Freundin und deren Besserwisserei, „Wie du", schwenkte sie auf mich. Ich hasste diese Falschheit an ihr, vorne rum die gute, nette Freundin und hinten rum ließ sie kein gutes Haar an ihren Freunden. Die weiteren Gespräche an diesem Abend verliefen frustrierend, wie gewohnt, wenn sie diese Laune hatte. Alles, was ich sagte, war falsch und obwohl sie ununterbrochen keifte und ich meistens stumm war, weil ich die Sinnlosigkeit, etwas zu sagen, erkannt hatte, warf sie mir vor, immer das letzte Wort haben zu müssen. Sie verdrehte alles, redete eigentlich über sich selbst, projizierte es aber auf mich.

Am nächsten, heutigen Vormittag musste sie zu einer Fortbildung, es herrschte Waffenruhe, sie verabschiedete sich mit, „Tschüss mein Schatz", und drückte mich, ich verharrte reserviert.

Im Hier und Jetzt mit dem Schreiben angekommen, will ich morgen mit der Überarbeitung beginnen. Einiges werde ich verwerfen, anderes ergänzen.

# Ultimar

## 1

Freitag, den 18.08.2023, habe nach der Überarbeitung des bisher Geschriebenen eine Sommerpause eingelegt, auch Paula zuliebe, die es bei gutem Wetter in der Wohnung nicht aushält.

In den letzten 7 Wochen hat es nach der Siebenschläfer-Bauernregel fast täglich geregnet und in mir wuchs die Unzufriedenheit mit meiner sinnlosen Existenz. Ich weiß, dass Schreiben mir das Gefühl gibt, etwas Sinnvolles und vielleicht Bleibendes getan zu haben. Zudem verhindert die Reflexion des Erlebten, im Sumpf der stumpfsinnigen Routine zu versinken.

Bis vor einem Jahr war ich nicht frei und selbstbestimmt, wurde von der beruflichen Verpflichtung angetrieben, eingegrenzt und auch in der Freizeit ausgebremst. Jetzt, mit 63 Jahren, ist mein alternder Körper der Kerkermeister, der mir unüberwindliche Grenzen setzt und meinen Unternehmungsgeist zunehmend schrumpfen lässt.

Ich bin dankbar, Paula an meiner Seite zu haben, die mich trotz meiner Bedenken immer wieder mitzieht, etwas zu tun und ich fühle mich geliebt, weil ich spüre, dass sie mich dabeihaben will.

## 2

Mitte Mai kam ein zweiter Brief vom Gericht, auch die Richterin sehe kein öffentliches Interesse an der Strafverfolgung und das Verfahren wird eingestellt, die Kosten übernimmt die Staatskasse. Ich hatte mit einem zweiten Brief gar nicht gerechnet, doch er beruhigte meine Angst vor dem Führerscheinverlust, sodass ich am Nachmittag nach 7 Wochen den ersten Joint rauchte.

Mein inzwischen ruheloser Körper, der ständig etwas tun musste, entspannte sich und ich genoss seine bequeme Weichheit. Gleichzeitig stiegen ängstliche Gefühle in mir auf, die zu den Erinnerungen an den Überfall der Polizei führten, dies war kein sicherer Ort mehr. Beim Autofahren war mir diese Polizeiparanoia sehr gut bekannt. Diese anfängliche Verunsicherung war meistens bei Rauchbeginn, ich fühlte mich wie in einem anderen Film und musste mich neu orientieren.

Nach dem zweiten Joint kam die mir bekannte gelassene Zuversicht und Selbstsicherheit zurück, es brauchte nur ein paar starke Gedanken. Die Nüchternheit ist der Weg ins Bürgertum, ein klarer Verstand, der ruhelos Werten wie Sauberkeit, Schönheit, Ansehen und Reichtum hinterherrennt. Der Haschischrausch ist der Weg des Schamanen, eine konzentrierte Aufmerksamkeit, die tiefere Einsichten und Gefühle erfährt.

Ich bin ein Sklave meiner strengen Vernunft und sie ist das Kind meines katholischen Gewissens.

Seit über 50 Jahren versuche ich, meinem tyrannischen Über-Ich zu trotzen und es auszutricksen. Mein Gehorsam ist verknüpft mit frühkindlichen Ängsten. „Der liebe Gott wird dich strafen."

Der Kampf gegen den Tyrannen brauchte Verbündete – Nikotin, Alkohol und Cannabis. Doch am Ende versklavten sie mich zusätzlich. Mein Leben ein Hin- und Her-Gezerre zwischen Vernunft und Sucht.

## 3

Am 22.05. waren Paula und ich 8 Jahre zusammen und ich wusste nur zu gut, dass sie ohne Cannabis emotional instabil wird; in den letzten zwei Monaten war das zweimal wöchentlich der

Fall. Nachdem ich den üblichen Haschischvorrat gekauft hatte, verschwanden die seelischen Turbulenzen. In der ersten Woche versuchte ich mich noch zu mäßigen, rauchte erst zum Bier am Nachmittag, doch schon bald verfiel ich wieder dem Dauerkiffen, als hätte es keine Pause gegeben.

Der Juni wurde heiß, zu heiß für den Garten, ich genoss es, im abgedunkelten Wohnzimmer vom Ventilator gekühlt zu werden und nicht hinauszumüssen. Paula fieberte ihrem 3-wöchigen Urlaub Ende Juni entgegen und jammerte jeden Morgen mehr. „Warum erlöst du mich nicht?"

Da sie zwei Söhne finanziell unterstützen musste oder wollte, war sie sehr ambivalent, ob sie mit mir, auf meine Kosten, nach Spanien fahren will.

Carlos hatte seine Prüfung zum Pflegehelfer bestanden, doch die Behörde verweigerte, ihm die Urkunde auszuhändigen wegen seiner 2 Einträge im Führungszeugnis. Er wollte eigentlich die dreijährige Ausbildung nahtlos dranhängen, fühlte sich wieder mal ausgebremst. Erfreulich war, dass Rudi sich auch als Krankenpfleger beworben hatte und von seinem Praktikum begeistert war.

Am 11.06., einen Tag nach meinem 63. Geburtstag, verlangte ich von ihr eine Entscheidung und rief danach gleich im Hotel an. Wir hatten Glück, wieder ein Zimmer mit großer Terrasse.

# 4

Am Sonntag, den 25.06., startete ich schon um 7 Uhr den Toyota Yaris, wir hatten über 1100 km vor uns und diese Vorstellung ängstigte mich mehr als je zuvor. Einerseits durch die 4 Jahre Corona-bedingte Pause, andererseits waren es meine altersbedingten Einschränkungen, die mir Sorgen machten. Werden meine durchblutungsgestörten Beine die lange Fahrt beschwerdefrei durchhalten?

Auch Paula geriet, wenn ich etwas schneller fuhr, schnell in Panik, sagte selbst: „Früher hat mir das nichts ausgemacht." Sie forderte auch mehr Pausen ein und litt unter der Hitze, schimpfte wie meine Mutter. „Warum hast du keine Klimaanlage."

Nach 13 Stunden erreichten wir unser Hotel. Nachdem wir ausgepackt hatten, fuhr ich den Wagen auf einen Parkplatz etwas außerhalb. Ich hob meinen E-Scooter aus dem Kofferraum und balancierte auf ihm zurück zum Hotel. Ich war die letzten Monate mit ihm zur Arbeit gefahren, weil Fahrradfahren mir zu beschwerlich wurde, hatte ihn aber seitdem nicht mehr benutzt.

Zufrieden saß ich danach mit einem Bier auf der Terrasse, jetzt fehlte nur noch ein Joint. Wir hatten mit Rainer telefoniert, seine Mutter war gestorben und er saß wegen Erbschaftsangelegenheiten in Stuttgart fest. Pit war wieder hier, aber als er sein Telefon seiner Exfreundin übergab, jammerte sie über seinen desolaten Zustand und dass er schon oft von der Polizei oder dem Krankenwagen besoffen aufgefunden wurde.

Bevor ich duschen gehen wollte, warf ich noch einen Blick über die Terrasse meines Stammlokals, die direkt vor unserem Hotel lag. Tatsächlich saß da Pit mit 2 Bekannten. Ich sagte Paula, dass ich die Drei begrüßen gehe und vielleicht was zu Rauchen bekomme. Als die Drei mich sahen, standen alle auf und begrüßten mich mit einer Umarmung, immer noch ungewohnt herzlich für mich. Ich wunderte mich, dass ich keine der Bedienungen kannte und sie erklärten mir, dass die Vorbesitzer sich getrennt hätten und während Corona verkauft haben. Ich war mit den Eheleuten seit Jahrzehnten bekannt, wusste sogar, dass er mit einer bolivianischen Bedienung fremdging. Wieder war ein Stück Vertrautheit weggebrochen.

Pit berichtete gleich, dass sein Bruder ihn in einen Bus nach Montpellier gesetzt hätte, nachdem er wieder mit Wodka angefangen hatte. Er könne nicht mehr zurück. Er beziehe noch Bürgergeld, finde aber seit letzter Nacht seine Bankkarte nicht mehr. Er habe die letzten Wochen eine Flasche Wodka zu den unzähligen Bier getrunken, er bekomme in keiner der umliegenden Kneipen noch Alkohol. In seinem aufgedunsenen Gesicht spiegelten todmüde, traurige Augen seine Heimatlosigkeit.

Ihm fehlten seine verstorbenen oder verreisten Freunde, vor allem Bernd und er versuchte, ihm mutwillig zu folgen.

Ich entschuldigte mich, dass wir Hunger hätten und ich noch duschen wollte, Haschisch gab es nicht. Einen momentlang hatte ich überlegt, ob ich Pit einen Geldschein zustecke, verwarf dies mit dem Gedanken, dass es gut ist, wenn er sich keinen Wodka besorgen kann. Am nächsten Tag trafen wir ihn zum letzten Mal, danach wussten wir von seiner Exfreundin, dass sie ihn unter bestimmten Bedingungen wieder aufgenommen hat und auch dafür sorgte, dass er eine neue Bankkarte bekam. Er durfte bis zu 5 Bier trinken und sie hatte ihm aus Frankreich Lorazepam besorgt. Sie kannte einen Arzt in Perpignan, der für 10 Euro ein Rezept ausstellte. Als er nach einer Woche seine neue Bankkarte erhielt, wurde er gleich rückfällig und sie warf ihn nachts um 2 Uhr aus der Wohnung, weil er sie nicht schlafen ließ. Am nächsten Morgen fuhr gegen 11 Uhr ein Rettungswagen an unserer Terrasse vorbei. Als wir das Hotel verließen, informierte mich der Hotelbesitzer, sie wären wegen Pit gekommen, er wurde mit Platzwunden im Gesicht aufgefunden. Sie hätten ihn aber nur vor Ort versorgt und nicht mitgenommen. Wir versuchten, ihn telefonisch zu erreichen, am Tag vor unserer Abreise rief er zurück, er sei bei einem Freund untergekommen und hätte die letzten Tage fast nur geschlafen.

# 5

Wir aßen im Restaurant gleich um die Ecke, auch weil in dieser Gasse früher viel gedealt wurde. Die Qualität des Essens hatte stark nachgelassen und die Auswahl war geschrumpft, wir speisten in Zukunft woanders. Am anderen Ende der Gasse lag die Cocktailbar, der Besitzer begrüßte uns und Paula besonders herzlich. Als wir später bei ihm über unseren Rauchmangel klagten, schenkte er uns ein Tütchen mit ein wenig Cannabis, das er beim Aufräumen gefunden hatte. Wir verrauchten es gleich zu unseren Mojitos auf der Terrasse. Um 10 Uhr begann in den Innenräumen Livemusik zu spielen, weil Paula zu müde war und draußen sitzen bleiben wollte, ging ich alleine hinein. Gleich rechts am Tisch saßen zwei gute Bekannte, ich holte mir noch ein Bier und setzte mich zu ihnen. Rosa kannte ich schon aus den Achtzigern, als sie noch besoffen in den Kneipen von Tisch zu Tisch tanzte. Dann bekam sie zwei Söhne und wurde ruhiger, weniger auffällig. Sie war eine schwedische Gypsy, inzwischen 65 Jahre alt und mit einem Maler aus Österreich verheiratet, lebte hier schon seit den Siebzigern. Sie hatte eine kleine Galerie, die sie dreimal die Woche für 4 Stunden öffnete und die Bilder von ihrem Mann und Zeichnungen von ihrem Sohn ausstellte und verkaufte. Ihr Sohn hatte sich auch schon einen Namen gemacht und als wir die Galerie besuchten, kauften wir einen Druck von ihm. Die kleine untergewichtige Frau wirkte agil wie zuvor, beklagte aber auch den Verlust von verstorbenen Freunden.

Jamie war eine 61-jährige kanadische Malerin, die, wie sie sagte, 2009 hier hängengeblieben war. Sie hatte eine kleine Galerie für ihre Bilder, lebte aber von einer Erbschaft. Ich mochte ihr überlautes möwenhaftes Lachen nicht, das in den Cafés über alle Tische hallte, sodass jeder bemerken musste, sie ist da. Als ich ihr sagte, „Du lachst wie eine Möwe", sagte sie, „Ich lache, weil ich sonst weinen müsste", und bekam gleich Tränen in die Augen. „Dieser Ort ist ein anderer als vor Corona." Ich spürte ihre Einsamkeit.

Ich unterhielt mich nur kurz mit den beiden, wollte Paula nicht zu lange alleine lassen. Sie war froh, dass ich kam, wollte nur noch ins Bett und ich stimmte zu.

# 6

Am nächsten Morgen schliefen wir bis 11 Uhr, wachten erholt auf und Paula bemerkte, dass ihre Nasennebenhöhlen freier wären und ihre Hörprobleme im linken Ohr verschwunden seien. Auch meine Bronchien waren weniger belegt.

Sie schwärmte, wie schön es hier sei und ich war froh, dass sie noch ohne Haschisch genießen konnte. Nach einem wegen der brennenden spanischen Sonne nur kurzen Ausflug zum Meer aßen wir um 16 Uhr in einer Pizzeria, die durchgehend offen hatte. Nach einem kühlen Fassbier Gazpacho, dann Lasagne mit Vino Tinto und stillem Wasser, zum Abschluss meinen geliebten Carajillo – Espresso mit Kognak.

Wir fielen danach in die Betten im Hotel, sie schlief bald ein, ich ruhte eine halbe Stunde und ging dann duschen. Danach trank ich ein Bier auf der Terrasse und hielt Ausschau nach Haschisch.

Als sie erwachte, sagte ich ihr, dass ich schon rausgehe und wo sie mich finden kann. In meinem Stammlokal kannte ich niemanden, in der Gasse zur Cocktailbar saßen Rosa und Jamie am letzten Tisch des Restaurants, sie boten mir den freien Stuhl an und nachdem ich mein Bier bekommen hatte, begann Jamie einen Grasjoint zu bauen. Sie wusste auch nicht, wo ich momentan was bekommen könnte, hatte sich bei Rainer vor seiner Abreise eingedeckt. Wir setzten uns ein paar Meter weiter auf die nächsten Eingangsstufen und rauchten, Rosa hatte kopfschüttelnd abgelehnt.

Ein mir bekanntes Gesicht kam die Gasse herauf, ich nickte ihm zu und er setzte sich neben mich. „Ich kenne dich schon aus den Achtzigern", sagte er, er sei 1982 von Marokko hier hergekommen, genau in dem Jahr, als ich das erste Mal hier war. Er kannte alle meine Freunde, spottete über den Zustand von Pit, betrauerte aber den Tod von Bernd, mit dem er viele Geschäfte nach Deutschland abgewickelt hatte. Ich fragte nach Haschisch; „Wie viel?", fragte er; „Für 100", er nickte zufrieden; „10 Minuten", und lief davon.

Es waren gute 10 Gramm und es roch vielversprechend, er öffnete seine Bauchtasche, zeigte mir den Inhalt und fragte: „Kokain?" Es waren mehrere Plastikkugeln darin, „1 Gramm 50 Euro", sagte er. Ich dachte, Paula wird sich freuen und nickte.

Zurück im Hotel zeigte ich ihr gleich meine Ausbeute. Sie war wie meistens zuerst am Zweifeln, ob es nicht besser gewesen wäre, eine Drogenpause einzulegen. Hier wäre es ihr leichtgefallen, behauptete sie. Ich hatte mit Kokain wenig Erfahrung, übergab ihr die Kugel und fragte: „Was hältst du davon?" Sie öffnete die Kugel und machte den Geschmackstest, sagte: „Ich glaube, es ist gutes und in Deutschland hätten wir mindestens 80 Euro bezahlt."

Nachdem wir die ersten beiden Lines in der Nase hatten, fühlten wir deutlich die Doppelwirkung der Droge, wir waren hellwach, aber zugleich gelassen entspannt. Ich setzte mich zum Joints Drehen auf die Terrasse, während Paula sich zum Ausgehen im Bad fertigmachte. Bald rief jemand von der Straße unten meinen Namen, es war Frederik, er fragte, ob er hochkommen kann. Wir hatten ihn gestern kurz vorm Hotel getroffen, deshalb wusste er, wo wir wohnen. Frederik war ein 72-jähriger Franzose, der in Duisburg aufgewachsen war und jetzt in Straßburg wohnt. Er war jedes Jahr von Mai bis Oktober hier, spielte als Straßenmusiker jeden Nachmittag vor der Kirche klassische Gitarre, die hatte er in Sevilla studiert. Ich hatte in den Urlauben vor Paula in der gleichen Pension wie er gewohnt, wir kannten uns schon mehr als 20 Jahre.

Wir saßen zu dritt auf der Terrasse und er erzählte ununterbrochen von den Ereignissen der letzten Jahre, sein Mitteilungsdrang war so dominant, dass wir kaum zu Wort kamen und ich fragte mich, ob er auch Kokain oder was anderes intus hatte. Er bekannte sich offen zu seinen Süchten, neben Alkohol und Nikotin waren Opiate sein Hauptproblem. Außer den Taubheitsgefühlen in seinen Beinen durch die Polyneuritis fühle er sich fit. Nach etwa einer Stunde hatte ich von dem Monolog genug und sagte, dass ich gerne rausgehen würde. Frederik verstand und verabschiedete sich. Wir nahmen noch die beiden Lines, die Paula schon ausgelegt hatte und folgten ihm.

Ich wusste, dass ab 22 Uhr die lokale Band im Restaurant um die Ecke spielen wird, schon auf dem Weg spürte ich, dass mein Kiefer verkrampft und ich einen unangenehmen Beissdrang entwickelte, in einem unwillkürlichen Rhythmus pressten sich meine Zähne aufeinander. Ich kannte diese Nebenwirkung von Amphetaminen. Paula hatte diese Probleme nicht und amüsierte sich später beim Tanzen. Ich fühlte mich gehemmt, auch wegen meiner schwachen Beine, aber ich vermied auch, aufzufallen oder war es nicht mehr gewohnt, gedankenlos der Musik zu folgen. Gefühlt hatte ich die letzten 4 Jahre nicht mehr öffentlich getanzt und ich fand auch in diesem Urlaub mein befreites Tanzen nicht.

Unsere nächtliche Kondition hatte auch stark nachgelassen, wir hielten höchstens bis Mitternacht durch. Trotzdem schien Paula fast glücklich durch den Ausbruch aus dem Alltagstrott und die Nähe zum Meer. Jenseits von Fernsehen, Haushalt und sportlichen Tugenden fühlte ich mich auch befreit, aber die energetische Wirkung des Klimas, auch auf meine sexuelle Potenz, war weniger spürbar als früher. Wir hatten dreimal Sex in den 2 Wochen, zumindest mehr als zu Hause.

# 7

Nach einer Woche war unser Drogenvorrat verbraucht, ich wusste, dass der Marokkaner ganz in der Nähe wohnt und hatte ihn täglich gesehen, doch nun hielt ich vergeblich Ausschau.

Paulas Stimmung kippte, zuerst haderte sie wegen ihrer finanziellen Situation, dann beschwerte sie sich, dass ich zu viel geflirtet hätte und Rosas Hand viel zu lange gehalten habe. „Du musst mir Geld geben, damit ich mit dem nächsten Zug nach Hause fahren kann", forderte sie. „Ich kann mir das alles gar nicht leisten und du kannst dann machen, was du willst."

Ich konnte diesen Entschluss nicht ernstnehmen, zu krass war der Umbruch ihrer Gedanken, irgendwo musste doch noch die Paula stecken, die gerade noch geschwärmt hat und für immer hierbleiben wollte. Ich sagte nur: „Das kannst du dir und mir nicht antun, wir fahren zusammen nach Hause und außerdem redet aus dir nur der Entzug."

Wir überstanden die Nacht mit viel Bier, wenn sie auch auf die Sauferei dabei schimpfte und überhaupt seien alle Drogen schlecht. Sie schlief schneller ein und länger als ich, konnte am Morgen einsehen, dass sie übertrieben reagiert hatte und verstand sich manchmal selbst nicht mehr.

Am Nachmittag lief der Marokkaner an unserer Terrasse vorbei, ich lief schnell hinunter und ihm hinterher. Er freute sich, mich zu sehen: „Zehn Minuten ..."

Der restliche Urlaub verlief entspannt und auch die Heimfahrt schafften wir mit vielen Pausen und Gestöhne von Paula wegen der Hitze.

# 8

Paula hatte Rudi einen Schlüssel zu unserer Wohnung gegeben, damit er, solange sein Praktikum lief, bei uns übernachten konnte und Carlos hatte schon seit er bei uns gewohnt hatte seinen eigenen. Als wir ankamen, war niemand zu Hause, doch wir sahen, dass Carlos sich ausgebreitet hatte, er besuchte gerade einen Freund, kam dann bald zurück. Rudi sagte später, er hätte 2 Nächte hier geschlafen, dann wäre Carlos gekommen und er hätte sich nicht mehr wohlgefühlt, weil er zu viele Dinge herumstehen ließ.

Es begann die lange Regenphase und weil Paula noch eine Woche Urlaub hatte, kauften wir den überfälligen neuen Kühlschrank. Als ich mit Rudi die alten Geräte abbaute und heraushob, überforderte ich meine operierte Leiste. Am nächsten Tag konnte ich nicht schmerzfrei gehen, es fühlte sich an wie eine Adduktorenzerrung, doch ich vermutete, das künstliche Netz in der Leiste könnte gerissen sein. Ich hatte gerade mein Sportprogramm wieder begonnen, musste einsehen, dass es die Beschwerden verschlimmert. Frustriert von meinem schnell verletzlichen Körper nahm ich meine Schonhaltung auf der Couch ein und Paula konnte mich nur schwer zu Unternehmungen überreden. Nach 4 Wochen ließen die Schmerzen beim Gehen nach und ich begann vorsichtig wieder mit Tai Chi. Ich vermied es, mein rechtes Bein zu stark zu dehnen, machte nur kniehohe Kicks und ging bei der gehockten Peitsche weniger tief. Es war gut, dass man die Belastung so fein dosieren konnte und ich blieb schmerzfrei. Ich beschloss, auf riskantere Übungen wegen meiner Leiste erstmal zu verzichten, fügte aber andere Aufwärmübungen hinzu. Mein Fitnessprogramm dauerte etwa 1 Stunde und ich hatte das Gefühl, eine wohltuende Zusammenstellung gefunden zu haben, auf die ich auch Lust hatte.

Ich weiß, dass in meinem Alter der Trainingseffekt minimal sein kann und es mehr um die Erhaltung der Form geht, doch nach 3 Wochen Tai Chi hat sich meine Beweglichkeit deutlich gesteigert. Meine Kraft und Kondition hängen mehr von der Lebensweise am Vortag ab. Die Lust, mich geistig beim Schreiben zu bewegen, folgte bald auf die körperliche.

# 9

Die nächsten Wochen waren für Paula sehr anstrengend, weil sie nun andere Kolleginnen vertreten musste, die in Urlaub waren. Zudem belastete sie die Arbeitslosigkeit von Carlos und dass er sich bei seinem Vater nicht wohlfühlte, weil der mit ihm nicht redete, aber bei seinen Brüdern drohte, ihn rauszuschmeißen, was er schon zweimal getan hatte.

Auch Rudi vermied öfter die angespannte Atmosphäre zu Hause, blieb häufiger über Nacht zu Besuch. Er war sichtlich bemüht, keine Unordnung zu machen, bot sich immer wieder zur Hilfe an und erledigte Dinge wie Spülmaschine ausräumen und Müll rausbringen ungefragt.

Wir hatten kein zweites Bett mehr, weil Carlos die Matratze beim Auszug mitgenommen hatte, deshalb mussten sie im Wohnzimmer auf der Couch schlafen. Wenn Carlos hier übernachtete, fühlte ich mich belagert. Ess- und Wohnzimmertisch standen voll mit seinen Utensilien und auf den meisten Stühlen lagen seine Klamotten. Zwischen 8 und 9 stand ich meistens morgens auf und während ich mir am Esstisch Platz für den Laptop machte, wechselte Carlos ins Bett im Schlafzimmer. Ich beschwerte mich bei Paula, dass mir das so zu eng wird, wenn, dann vielleicht einmal pro Woche und nicht viermal. Das dritte Zimmer, in dem Carlos gewohnt hatte, war voll von Büchern, Schallplatten, Paulas Papierkram, Schuhen, Klamotten und allem, was man selten braucht. Ich hatte es zuletzt gegen Ende des letzten Jahrtausends gestrichen, dementsprechend sah es aus. Carlos bat darum, wieder bei uns einziehen zu dürfen und Paula antwortete: „Dann müssen wir erstmal das Zimmer renovieren und du musst helfen." Ich drängte mich nicht vor und übernahm auch keine Initiative, hatte keine Lust auf Carlos erneut als Mitbewohner. Zu viel hatte mich seine Nachlässigkeit geärgert, vergeblich hatte ich versucht, ihm beizubringen, mit dem Strom sorgfältiger umzugehen; nach 2 Tagen waren seine Geräte wieder eingeschaltet und er war unterwegs.

Ich glaube, Kratom, dieses opiatähnliche Pulver, hat ihn fest im Griff, entweder er ist betäubt, oder entzügig, selten erlebe ich ihn wach und fit.

Ich kenne das Gefühl nicht, wenn man sich nirgends zu Hause fühlt, aber ich spüre, dass er darunter leidet und deshalb würde ich versuchen, ihm vorübergehend wieder ein zu Hause zu geben, auch, um seine Ausbildung nicht zu gefährden. Carlos hatte ein Bewerbungsgespräch zum Krankenpfleger in der Klinik, in der ich gearbeitet hatte und bekam danach gleich die Zusage, dass er eingestellt wird, wenn er die Urkunde zum Pflegehelfer vom Landesamt erhält; er hat dazu in Koblenz eine Anhörung.

# 10

Mein Leben gleicht momentan einem Kammerspiel und wenn ich mein erstes freies Jahr betrachte, nicht nur momentan. Wenn ich gesunde Beine hätte, würde der Wald mich vielleicht zum Wandern locken und die Nacht meine Seele hinauszerren, beides erscheint mir zu schmerzhaft und außerdem gibt es keine Stammkneipe mehr und auch keinen Ort, an dem ich mir vorstellen könnte, zu tanzen. Alle Sehnsuchtsorte sind verschwunden, die Nacht lässt mich kalt und reizt nicht mehr.

Seit ich in der Stadt wohne, bin ich Fußgänger, vor allem wegen meines Drogenkonsums und lasse mich lieber besuchen. Die meisten alten Kumpels habe ich selbst vergrault, andere kamen mit der Anwesenheit von Paula schlecht zurecht. Heute besuchen uns am häufigsten ihre Söhne, gefolgt von ihren Freunden, selten kommen meine Schwester oder eine ehemalige Kollegin. Ich leide nicht unter dem Mangel an menschlichen Kontakten, meistens genieße ich das Alleinsein und die Zweisamkeit mehr, nur gegen Abend denke ich manchmal, jetzt könnte jemand vorbeikommen.

Wenn ich zurück an meine Arbeit denke, frage ich mich, wie ich dieses Übermaß an menschlichen Kontakten aushalten konnte. Ich spüre einen noch vorhandenen Überdruss gegenüber jeder erzwungenen Zuwendung. Deshalb vermeide ich den Kontakt zu meiner Schwester, die mich zornig macht, wenn sie mit Gejammer nach Mitgefühl zu fischen versucht.

Mein derzeitiger Tagesablauf, Schreiben, Sport, Haushalt, Kochen, Essen, Siesta und Duschen endet zu früh zwischen 4 und 5 Uhr auf der Couch, beim Fernsehen, Bier trinken, Rauchen und Joints Drehen. Wenn Paula frei hat, lasse ich mich meistens zu Ausflügen überreden und bin im Nachhinein dankbar für die Abwechslung.

## 11

Carlos besuchte uns nach seinem Gespräch beim Landesamt. Sie hätten Einsicht in alle seine Polizeieinträge gehabt und weil wiederholt Alkohol bei seinen Straftaten eine Rolle gespielt hat, verlangen sie, dass er ein Jahr durch Urinkontrollen Abstinenz nachweist. Sie würden mit der Klinik wegen seiner Ausbildungsstelle telefonieren und er wird dann benachrichtigt.

Er nahm den erneuten Felsbrocken, den sie ihm vor die Füße warfen, erstaunlich gelassen hin und wenn nicht, dann fange er nächstes Jahr an, er lasse sich nicht von seinem Weg abbringen.

Paula ärgerte es umso mehr, dass der Staat ihren Sohn ausbremst, während sie nach Kräften im Ausland werben. Am nächsten Tag hatte sie frei; als sie nach dem Aufstehen eine Sprachnachricht von Carlos abhörte, dass er eine Stromrechnung über 480 Euro für seine ehemalige Wohnung erhalten hat, war ihre Stimmung nur noch gereizt. Sie redete aber nur auf Ansprache und nannte es verallgemeinernd den Herbstblues. Es war aber traumhaftes Spätsommerwetter und wir hatten gestern geplant, nach Frankreich zu fahren, um uns ein Kajak auszuleihen.

Sie konnte sich zu nichts entscheiden, provozierte mich, weil sie fragte, ob sie ihre ältere Freundin anrufen und fragen solle, ob sie etwas Altersentsprechendes mit mir machen würde. Dann fiel ihr ein, dass sie mit Leo was machen wollte, der heute auch frei hat. Ich kapitulierte: „Mach' du mit Leo, ich komme allein gut zurecht." Jetzt schwenkte sie wieder um und weil es schon nach Mittag war und wir Hunger bekamen, entschieden wir, draußen essen zu gehen und danach an einen See zu fahren.

Die Stimmung blieb trotzdem den ganzen Tag schlecht und in gewohnter Manier projizierte sie alles auf mich. „Mit dir macht nichts mehr Spaß."

Zu Hause öffnete sie die Flasche Rotwein und bald begann das höhnische bis bösartige Gebrabbel voller Abwertungen meiner Person. „Warum tue ich mir das an?", fragte ich mich.

Ich war froh, dass es klingelte und Daniel mit seiner Hündin zu Besuch kam, aber ihre Schimpftiraden milderten sich nicht ab, wechselten zeitweise ins Sozialpolitische, weil Daniel Bürgergeld erhielt.

Als Carlos noch dazukam, wurde sie noch aggressiver wegen der Ungerechtigkeit gegen ihn, glitt ab in rassistische Äußerungen, wogegen beide gleich protestierten. Ich wollte nicht mehr in ihre Schussrichtung geraten, hielt mich weitgehend zurück. Dann fing sie an, lange und heftig zu weinen, als sie das Zimmer verließ, folgte ihr Carlos. Sie kamen nach 10 Minuten zurück, Paula aß noch Brot und legte sich danach ins Bett. Carlos blieb noch kurz bei mir sitzen, ich war aber inzwischen selbst zu betrunken, um darüber sprechen zu können.

## 12

Paula hatte Anfang September nochmal eine Woche Urlaub, auch weil Carlos am 07.09. 25 Jahre alt wurde. Wir wollten eigentlich auf unserem gepachteten Grundstück grillen, überraschend fragte sein Vater Karl, ob wir nicht alle bei ihm im Garten feiern wollten.

Wir hatten vor 7 Jahren zweimal zusammen gefeiert und es nicht mehr gewagt, weil es beide Male in einem unschönen Disput zwischen den Exeheleuten endete, sodass die Söhne davonliefen, weil alte Wunden aufgerissen wurden. Carlos äußerte seine Bedenken, doch Paula und Karl konnten ihn scheinbar beruhigen, glaubten nicht, dass es sich wiederholen könnte. Es blieb auch friedlich und respektvoll, trotzdem wirkte Carlos den ganzen Abend angespannt und redete kaum.

Leo hatte angeblich Migräne und war nur kurz zu sehen. Nur Rudi genoss die Gesellschaft und spielte nach dem Essen lange Gitarre, erfand sogar einen Liedtext über den letzten Streit mit seinem Vater wegen eines dreckigen Backblechs. Karl war begeistert vom Spiel seines Sohnes, hatte ihm wahrscheinlich noch nie so lange und intensiv zugehört. Er ermutigte ihn, sagte: „Jetzt hast du mich überzeugt, ich lass dich in Zukunft in Ruhe, wenn du beim Üben bist und das Lied mit dem Backblech war die Krönung."

Die Gespräche zwischen uns drehten sich wie meistens um Krankheiten und deren Belastungen. Karl war 57 Jahre alt, hatte eine seltene Autoimmunkrankheit, bei der es chronisch zu offenen Hautstellen kam, musste deshalb vom Maurer zum Heilerziehungspfleger umschulen. Sein Arbeitsplatz im Behindertenheim war weniger sein Problem, doch die zusätzliche Belastung eines großen Hauses mit vielen Baustellen und die 3 Söhne, die jetzt erst zu einer Ausbildung bereit waren, erschöpften ihn. In den ersten Jahren nach der Trennung von Paula vor 10 Jahren verzweifelte er am Chaos, dass die Söhne im Haushalt anrichteten. Inzwischen hatte Rudi, der am längsten ohne Beschäftigung war, die Rolle des Hausmannes übernommen; weil er beim Putzen noch Defizite hatte, half ihm Paula manchmal, wenn Karl nicht zu Hause war.

Der Abend verlief kurzweilig, weil die Gespräche lebhaft blieben. Auf spätere Nachfrage sagte Carlos, er wäre nicht angespannt oder bedrückt gewesen, er wäre einfach nicht zu Wort gekommen.

Paula war auf der Geburtstagsfeier nüchtern geblieben, deshalb wollte sie am nächsten Tag den Beginn ihres Urlaubs feiern. Wir wagten es, ein Viertel einer MDMA-Tablette zu nehmen. Anfangs waren wir beide voller guter Gefühle, nur das Gefühl der

Verbundenheit und Nähe vermisste ich. Dann hatte sie, wie bei früheren Erfahrungen, Kreislaufprobleme, konnte kaum noch den Kopf gerade halten. Einmal war sie durch eine halbe Tablette kollabiert und ich musste sie mit Ohrfeigen zurückholen. Wir waren dadurch vorsichtiger geworden und deshalb wurde es diesmal nicht ganz so schlimm, aber danach sagte sie: „Ich will das nicht mehr." Ihr sowieso niedriger Blutdruck sackte durch die Pille zu weit ab.

An den folgenden Tagen versuchte ich, ihre Urlaubswünsche zu erfüllen, wir machten mehrere Tagesausflüge, aßen im Restaurant oder in einer Waldhütte und beendeten den Tag am See oder im Schwimmbad. Trotzdem kam gegen Abend ihre Unzufriedenheit durch, denn mit mir gehbehindertem, altem Mann konnte man nicht viel machen. Ich ermutigte sie, mit Freunden, ihren Söhnen oder alleine was zu unternehmen, was sie dann auch tat und ihre Laune besserte sich. Ihr fehlte Bewegung und Gehen tat angeblich ihrem Rücken gut.

Mein Fahrrad hatte sich Carlos ausgeliehen, nachdem er alle anderen plattgefahren hatte und nicht auf die Idee kam, sie zu reparieren. Paula beklagte oft, dass sie kein Fahrrad mehr habe, machte Termine mit Carlos zur Reparatur, die sie dann selbst nicht einhielt. Ich hielt mich in handwerklichen Dingen vornehm zurück.

## 13

Meine 82-jährige Tante aus den USA war zu Besuch bei ihrer 84-jährigen Schwester. Mein Cousin, mit dem ich sie vor 47 Jahren besucht hatte, wohnte etwa 300 Meter entfernt von uns in einem Haus mit großem Garten. Er lud zum Familientreffen ein, womit meine Schwestern, deren Anhang und 3 meiner Tanten gemeint waren. Das letzte Treffen war 2019, vor Corona, und ich hatte mich sofort daheim gefühlt, obwohl ich die meisten jahrelang nicht gesehen hatte.

Ich fieberte dem Treffen entgegen, bekam in den letzten Stunden davor leichtes Bauchweh vor Aufregung. Paula war mehrmals mit dem Pudel einer Freundin unterwegs, deshalb gut gelaunt, zwischendurch backte sie noch eine Quiche für den Abend.

Um 17 Uhr erreichten wir den Garten mit dem Pudel, den die Freundin erst um 20 Uhr abholen wollte. Er hatte ein menschenfreundliches, verschmustes Gemüt und die 4 Enkelkinder meiner Schwester umringten ihn gleich, um sein flauschiges Fell zu streicheln. Bei der Begrüßung der Anwesenden erfuhr ich von meiner Patentante, dass die beiden anderen Tanten an Corona erkrankt seien. Sie hätten sich bei der Geburtstagsfeier meiner ältesten 98-jährigen Tante angesteckt, auch die hätte es schlimm erwischt und sie bangten anfangs um ihr Leben.

Ich hatte schon lange nichts mehr von Corona gehört und dachte: „Was für ein Pech, fliegt von den USA für 3 Wochen nach Hause und ist dann 2 Wochen isoliert." Dies war vielleicht die letzte Gelegenheit, sie zu sehen. Ich setzte mich zu meiner 80-jährigen Patentante, aus ihren Fältchen im Gesicht waren tiefe Furchen geworden. Sie hatte bis vor 2 Jahren geraucht, durch eine Grippe war sie zur Nichtraucherin geworden. Bestärkt in dem Verzicht hatte sie ihr zuvor erlittener dritter Herzinfarkt. Sie erzählte so lebendig wie früher und ihre Krankheiten betrachtete sie mit Galgenhumor.

Die Unterhaltung mit dem Teil meiner Verwandtschaft war wie immer sehr offen und nach einigen Bier erzählte ich die Geschichte mit der Polizei, noch später beleidigte ich meine Nichte, weil ich sie wegen ihrer bläulich-roten Nase Schnapsnase nannte. Am nächsten Tag bereute ich meine besoffene, lose Zunge. Die Stimmung blieb trotzdem gut, auch weil meine Nichte mein böses Mundwerk kannte.

Bedrückend wurde es nur, als meine jüngere Schwester zum Thema wurde. Mein Cousin wollte anfangen zu grillen, er fragte mich, ob sie noch kommen. Ich rief gleich meinen Schwager an.

Sie seien schon lange in den Startlöchern, meine Schwester hätte aber den ganzen Nachmittag Panikattacken, er hätte ihr schon Tavor, Diazepam und Zopiclon gegeben, sie werde jetzt erst ruhiger. Er fragte sie, während ich zuhörte, ob sie fahren kann und sie bejahte. 20 Minuten später schwebte ein Zombie mit dem Aussehen meiner Schwester in den Garten. Sie sagte keinen einzigen Satz, nur „Hallo" und „Ja" und „Nein". Nach dem Essen fragte sie bald: „Fahren wir?" Sie blieben nicht lange und danach wurde viel über ihren Zustand spekuliert.

Da einige der Anwesenden nur Bruchteile ihrer Vorgeschichte wussten, erzählte ich kurz ihre Krankheitsgeschichte, angefangen mit dem epileptischen Anfall und dem Delirium. Ich erwähnte, dass meine ehemalige Oberärztin sagte, dass sie einige Frauen kenne, die danach starke Wesensveränderungen hatten. Dazu kämen verantwortungslose Ärzte, die sie in die Tablettensucht führten und ein Vater-Kind-Verhältnis zwischen Bernd und ihr, das sie immer weiter in die Unselbstständigkeit trieb. Eine gewisse Abhängigkeit von Männern habe sie schon immer gehabt, ich weiß nicht, ob sie jemals alleine einkaufen war.

Paula schlug zuvor Bernd auf die Hand, weil er meiner Schwester beim Essen helfen wollte, hatte jetzt ein schlechtes Gewissen, aber sie halte diesen Umgang wie mit einem Kleinkind nicht aus.

Sonst fühlte sie sich gleich sehr wohl, hatte gedacht, dass wir vielleicht gegen 22 Uhr noch zu einem Konzert gehen, am Ende saßen wir noch bis 2 Uhr und meine Patentante fuhr uns nach Hause.

# 14

Carlos hatte sich erst 2 Wochen nach dem Gespräch beim Landesamt getraut, in der Klinik nachzufragen, ob er die Ausbildung im Oktober beginnen kann. Die Antwort war positiv, sie hätten sich seine Polizeiakte angeschaut und würden ihn trotz der Auflagen einstellen.

Für Paula und Karl war damit ein Meilenstein erreicht, endlich waren alle 3 Söhne in Lohn und Brot. Die Lücke zwischen Schule und Beruf drohte zum Höllenschlund zu werden, in dem sie resigniert und voller Ängste vor der Welt festsaßen. Corona hatte den Übergang zusätzlich erschwert.

Carlos verbrauchte den Rest seines Kratoms und hatte den festen Willen, sich nichts mehr zu besorgen. Es waren nur noch 12 Tage bis zu seinem Arbeitsbeginn. Anfangs schien der Entzug problemlos, aber nach 3 Tagen klagte er, es gehe ihm immer schlechter, er sei erschöpft und gleichzeitig unruhig, könne nur etappenweise schlafen und eine leichte Übelkeit mache ihn appetitlos. Er fragte, ob wir ihn nach Hause fahren können, weil er Angst habe, es mit dem Fahrrad nicht zu schaffen. Zwei Tage später ging es ihm körperlich besser, dafür klagte er über psychische Probleme, Kopfkino nannte er es, nur schlechte Gedanken. Zukunftsängste mischten sich mit Erinnerungen an belastende Erlebnisse. „Ich sollte vielleicht zuerst als Patient in die Klinik gehen", sagte er halb im Spaß, ergänzte aber, „So fühle ich mich", um seine Not zu beschreiben.

Paula versuchte, ihn zu beruhigen: „Das geht bald vorbei, du musst aber trotzdem durchhalten." Ich erklärte ihm, dass es logisch ist, dass betäubte Ängste bedrohlich auftauchen können und der Mist, den man erlebt hat, wird auch neu betrachtet und dies kann sehr bedrückend sein. Er müsse sich jetzt seinem Unterbewusstsein stellen, er wolle doch nicht sein Leben in Trance verbringen. Wir sehen bei meiner Schwester, wo dies endet.

# 15

Bernd rief an, um zu fragen, ob ich was dagegen hätte, wenn ein
Freund seiner Tochter in unserem gepachteten Grundstück mit-
einsteige. Wir hatten es total vernachlässigt, waren das letzte
Mal im Juni vor unserem Urlaub dort. Klar war ich einverstanden, ich hatte Bernd schon erklärt, dass ich die Gartenarbeit
nicht schaffe, deshalb aussteigen muss. Er beruhigte mich, ich
könne es trotzdem zum Grillen nutzen. Der Bekannte sei erst
Anfang 40, arbeitslos, hätte schon effektivere Gartengeräte und
einige Ideen, wie er den Garten gestalten will.

Ich fragte nach meiner Schwester, sie wären gestern bei ihrer
Psychiaterin gewesen und die hätte eine Untersuchung in der
Geriatrie auf Demenz angeordnet. Es sei die letzten Wochen
sehr anstrengend, weil sie täglich ihre panischen Zustände hat
und er sie nicht alleine lassen kann.

Als er ihr das Telefon übergab, antwortete sie verzögert und
sprach sehr langsam, fragte aber, wann ich wieder vorbeikommen würde.

Am 21.09. wurde meine Tochter 39 Jahre alt, ich überlegte, ob ich
doch nochmal versuchen sollte, sie telefonisch zu erreichen, auch,
weil meine Patentante nach ihr gefragt hatte. Ich überlege noch.

# 16

Gestern war Sonntag, der 24.09.2023, die Nächte wurden unter
einem sternenklaren Himmel kühl, dafür strahlte den ganzen
Tag die Sonne. Paula hatte frei und ich wollte mit ihr was unternehmen, aber alle meine Vorschläge lehnte sie ab. „Immer
das Gleiche", sagte sie, „du kannst alleine was machen, ich bleib
heute auf der Couch, morgen muss ich wieder arbeiten." Bald

darauf öffnete sie gegen 13 Uhr das erste Bier. Ich kochte Kürbis-Kartoffelsuppe; sie wollte erst nichts essen, dann probierte sie doch einen halben Teller. Ich war froh, dass sie sich einen zweiten Teller holte, weil es so gut schmeckte.

Trotzdem steuerte sie weiter in den Vollrausch, nach weiteren 2 Bier öffnete sie den Rotwein.

Sie fing an zu schimpfen und zu jammern, über das kalte Loch, das meine Wohnung war und mich, den Versager, mit dem man nichts erleben konnte und der auch kalt, ohne Liebe war.

Wie könnte ich jemanden lieben, der mich immer wieder mit Abwertungen bombardiert, obwohl sie hier umsonst wohnt und ich fast alles andere finanziere, dazu mache ich fast alles im Haushalt. Ihre Undankbarkeit schreit zum Himmel. Wenn ich Joints vordrehe, lästert sie über mich, immer das gleiche Bild und wenn keine mehr da sind, bettelt sie darum, dass ich es tue. Ich mache mich zum Trottel, bediene sie mit Essen und Trinken, wenn sie mit einem langgezogenen „Schatz" darum bittet und ordne jeden Morgen das Chaos, das sie hinterlässt.

Um 17 Uhr war Paula betrunken und legte sich in der Küche auf den Boden in die Abendsonne. Ich schloss die Tür zum Wohnzimmer und hoffte, ihr Gekeife loszusein, doch es dauerte nicht lange und sie streckte den Kopf herein, um irgendeine Bösartigkeit fast schon zu schreien und so ging es schlimmer werdend weiter.

Es klingelte und ich wollte aus dem Fenster in der Küche schauen, wer es ist, aber sie sagte: „Das ist Daniel, mach' auf." Sie hatten zuvor telefoniert. Als seine Hündin und er sahen, dass sie in der Küche liegt, spielte sie die Nichtansprechbare. Daniel kam besorgt zu mir, doch ich beruhigte ihn, dass sie besoffen zur hysterischen Theatralik neigt und mir gerade noch sagte, dass er käme.

Bald darauf schwankte sie mit einem Bier in der Hand ins Wohnzimmer, setzte sich zwischen uns und erklärte Daniel lautstark, was für ein Looser ich sei. Sie war schon zu besoffen, um lange aufrecht sitzen zu können, deshalb legte sie sich wieder auf die Decke in der Küche.

Ihre Wut war aber noch stärker als der Alkohol und trieb sie immer wieder zu verbalen Attacken. Am Ende beschimpfte sie uns beide. „Ihr schwulen Schweine." Es gipfelte darin, dass sie mich von hinten angriff, als ich von der Toilette kam, meine Arme nach hinten bog und mich versuchte, gegen die Wand zu drücken. Sie war über 10 Kilo schwerer und entwickelte durch ihre Aggression eine Kraft, aus der ich mich nicht befreien konnte. Mein Hinterkopf knallte gegen ihre Nasenwurzel, sie ließ sofort los. Das war mein erster Kopfstoß und ich war froh, dass sie keine Platzwunde hatte und auch kein Nasenbluten. Sie jammerte nicht mal, gab daraufhin aber Ruhe und legte sich ins Bett. Ich fragte mich, ob dieser Reflex durch zu viele Wikingerserien begünstigt war.

Daniel blieb noch ein weiteres Bier und wir redeten über unsere Erfahrungen mit Frauen. Als ich ihn zur Tür brachte, hörte ich Paula schnarchen. Ich versuchte, auf der Couch zu schlafen, wachte aber bald wieder auf und wechselte ins Bett. Paula hatte sich breit gemacht, deshalb schlief ich an sie gepresst ein. Wir wachten am Morgen gleichzeitig auf und als sie aufstand, sah ich eine große Lache von Erbrochenem auf ihrem Laken, vom Rotwein rötlich gefärbt.

Sie musste zur Arbeit, deshalb blieb es an mir hängen, die Bettwäsche und den Matratzenbezug zu waschen. Als sie nach Hause kam, sagte sie gleich: „Ich hätte meine Sauerei schon selbst weggemacht." Ich entgegnete, dass ich den Geruch von Kotze schnellstmöglich beseitigen musste.

Dann jammerte sie doch, „Ich glaube, meine Nase ist gebrochen, bin ich hingefallen?", fragte sie. Sie konnte sich an die Szene mit dem Kopfstoß nicht erinnern, konnte aber meine Reaktion verstehen. Ich versuchte, sie zu beruhigen: „Wenn was gebrochen wäre, hätte deine Nase geblutet."

Bald fing sie wieder an, alles schlechtzureden, sie rechtfertigte ihr Verhalten, weil ich lieblos meinen Alltagstrott lebe und nichts gemeinsam mit ihr mache. Sie war zu müde und verkatert, um wieder bösartig zu werden. Später kamen Carlos und Rudi vorbei und sie redete ungewöhnlich wenig. Nachdem sie gegangen waren, bedankte sie sich, dass ich ihre erneute Eskapade nicht verraten habe.

# 17

Die Beziehung zu Paula ist meine längste, engste und vielleicht letzte. Manchmal hatte ich Angst, sie könnte mich besoffen in ihrer zornigen Phase mit einem Messer im Bett überfallen. Oft droht die Rätin, das sinkende Schiff zu verlassen. Unsere Sexualität ist eingeschlafen, obwohl wir uns oft in Löffelchenstellung wärmen, verspüre ich keinen Drang. Meine sexuelle Uhr tickt noch am lautesten am späten Nachmittag bevor ich beginne, Bier zu trinken, sie würde es am liebsten am Morgen im Halbschlaf machen.

Wenn ich mir vorstelle, wieder alleine zu sein, weiß ich nicht, ob ich meinen fragilen Körper noch jemandem zumuten könnte oder wollte und wie viele Frauen würden mein Kiffen und Trinken tolerieren; dadurch wird mir klar, was Paula so sehr frustriert.

Sie versteht nicht, wie ich so zufrieden und gelassen in dieser verrauchten Wohnung leben kann und eine ewige Wiederkehr des Gleichen aushalte. Sie denkt, ich sollte das Schreiben hintanstellen und zuerst renovieren und überhaupt zusammen mit ihr Projekte starten.

Das Schreiben ist vielleicht das Einzige, was meinen nahen Zerfall überdauern könnte, alles andere ist Nebensache und außerdem wächst mein Bewusstsein an der Reflexion und ohne Zeitdruck habe ich Lust, zu formulieren.

Carlos hat seinen Entzug vom Kratom nach eigenen Angaben überstanden, doch er brauchte eine Woche, um die nötigen Papiere für seinen Arbeitsvertrag zusammenzustellen. Erst gestern, 4 Tage vor Arbeitsbeginn, hat Paula alles zur Post gebracht. Die Verschieberitis ist bei Paula und ihren Söhnen eine Untugend, die sie durch den Zeitdruck am Ende unnötig stresst. Zudem ist es ein Ärgernis für alle anderen, ich nehme ihre Zukunftspläne nicht mehr ernst, um mich vor Enttäuschung zu schützen. Trotzdem habe ich schon öfters zu viel gekocht, weil die Söhne sich am Vortag angekündigt hatten und dann keiner kam.

Gestern wurde ich wach mit einem Schmerz an meiner rechten Seite in Höhe der Brust. Ein stechender Schmerz, wenn ich mich bewege, aber auch, wenn ich tief einatme. Ich weiß nicht, ob es eine Rippenprellung durch den Kampf mit Paula ist, oder der gefürchtete Lungenkrebs. Beunruhigend ist das Gefühl, ich müsste etwas abhusten, kann es aber nicht, weil es feststeckt.

Ich trinke deshalb gerade mein Wasser mit ACC-Brausetabletten, einem Schleimlöser, hoffe, dass dieses Gefühl sich auflöst.

## 18

07.10.2023, mein Brustschmerz lässt langsam nach, ich denke inzwischen, dass es nur eine Prellung ist. Paula hat nach ihrem letzten Vollrausch fast keinen Alkohol mehr getrunken, außer einmal einen Mojito an der Strandbar in Speyer. Sie sagt, sie hätte durch das Erbrechen im Schlaf sterben können und habe dadurch wieder Respekt vor dem Alkohol bekommen, dazu habe sie einen Ekel vor Bier und Wein.

Carlos und Rudi haben die erste Woche ihrer Ausbildung zum Krankenpfleger hinter sich, sie hatten bisher nur Schule und sind begeistert von ihren Mitschülern und Lehrern. Carlos klagte nur, dass er seinen Schlafrhythmus noch nicht gefunden hat, will deshalb nachmittags auf Kaffee verzichten und sich in der Tabuzone zwischen 15 und 21 Uhr nicht mehr hinlegen. Rudi hatte schon einige Stunden Anatomie und sein wirkliches Interesse am Aufbau des Körpers ist spürbar. Ich habe bei ihm ein gutes Gefühl, auch weil er meistens heiter auf Menschen zugeht, während Carlos öfters bedrückt oder gereizt wirkt. Deutlich wird es im Umgang mit Paula, während Rudi sie reden lässt und sich seinen Teil denkt, schießt Carlos schnell dagegen.

Paula macht es stolz, dass ihre Söhne endlich ihren beruflichen Weg gefunden haben, sie erzählt es jedem im Bekanntenkreis. Ich bin auch ein wenig stolz, dass zwei meinen Fußstapfen folgen und freue mich, wenn sie mir berufliche Fragen stellen. Zudem hoffe ich, dass sie ab nächstem Monat finanziell nicht mehr auf unsere Unterstützung angewiesen sind.

Paula redete die Sorgen um ihre Söhne oft klein, wobei sie innerlich mehr litt, als sie zeigen wollte. Sie ist eine Meisterin der Übertragung und Projektion. Durch ihr schlechtes Gewissen, weil sie die Kinder früh verlassen hat, ist sie ihnen gegenüber aggressionsgehemmt. Ich bin dann meistens die Leinwand, auf die sie ihre Konflikte überträgt und ihre schlechte Stimmung projiziert. Ich habe die Hoffnung auf friedlichere Zeiten.

# 19

Heute Morgen konnte ich bis10 Uhr schlafen und hatte vor dem Aufwachen einen Traum, was durch den Konsum von Haschisch sehr selten ist. Ich träumte, ich versuche zu joggen, wundere mich, dass meine Beine schmerzfrei bleiben und ich mich leicht und kräftig fühle. Sollte ich vorsichtig anfangen zu joggen, Slow-Jogging mit Pausen?

Mein Zerfall ist unaufhaltsam, ich halte mich zurzeit auf einem niedrigen Niveau. Ich weiß, dass meine periphere arterielle Verschlusskrankheit manchmal schon den dritten Grad erreicht hatte, ich hatte, während ich im Bett lag, stechende Schmerzen im linken Fuß, wurde auch schon davon geweckt. Durch die vermehrte Bewegung in Spanien ist es wieder verschwunden und bleibt es bisher auch, wahrscheinlich hilft mein erweitertes Trainingsprogramm. Als ich 2017 den Stent in der linken Beinarterie eingesetzt bekam, hat mich keiner aufgeklärt, dass sich bei Rauchern der Stent schnell wieder verschließen kann. Ich denke an meinen damaligen über 70-jährigen Bettnachbarn, dem ein Bein abgenommen wurde. „Wie bei Ihnen", sagte er, „Erst Stent, dann zweimal Beipässe und jetzt das." Ich vermeide, mir ärztlichen Rat oder Hilfe zu holen, misstraue ihrem besorgten Getue und ihren schlimmen Prognosen.

Ich versuche, mein Rauchen und Trinken in gemäßigteren Bahnen zu halten, öffne das erste Bier nicht vor 5 Uhr und trinke nicht mehr als 5. Tagsüber, wenn ich in Bewegung bin, fällt es mir leicht, wenig zu rauchen, nur morgens zum Schreiben und abends beim Fernsehen und in Gesellschaft fällt es schwer. Ein 6. Bier würde mir den nächsten Vormittag verderben und wenn ich zu viel rauche, zwingt mich Atemnot durch meine verschleimten Bronchien morgens zu früh aus dem Bett.

Die Konsequenzen werden bedrohlicher, manchmal dachte ich beim grässlich lauten Abhusten: „Irgendwann stirbst du dabei."

# 20

Seltsamer Gedanke, dass die Welt nicht real ist, sondern alles von mir selbst auf eine unsichtbare, mich umgebende Leinwand projiziert wird, dann wahrgenommen und interpretiert wird.

Sind die Katastrophen der letzten Jahre nur die Begleitmusik zu meinem eigenen Untergang?

Sollen die nicht verständlichen, grausamen Kriege mir meine eigene Auslöschung erleichtern?

Mein 72-jähriger Freund sagte, in dem Zustand möchte er nicht alt werden. Irgendwann sind wir froh, dass der Tod uns von den Qualen der Krankheiten und des Alters erlöst.

Frei nach Nietzsche: „In der Jugend wird alles zur Tragödie, erwachsen werdend wird vieles zur Komödie und wir enden im ernsten Drama."

# Nachwort

Mein Leben war ein Pendeln zwischen der Anpassung an bürgerliche Normen und der Rebellion dagegen. Jetzt, im Ruhestand, sind die Ausschläge des Pendels minimal, es rotiert eher im Uhrzeigersinn am tiefsten Punkt.

Meine einst stürmische sexuelle Lust, die Nächte durchtanzte, ist zum lauen Lüftchen geworden, oft hängt sie sogar in totaler Flaute. Doch ich bin auch von den Qualen der Unlust befreit, ich muss mich zu kaum noch etwas zwingen und wenn, dann ohne Zeitdruck.

Glücklich war ich öfters, manchmal glückselig, heute erscheint mir beides gefährlich nahe dem Wahnsinn.

Wenn ich morgens aufwache, will ich neugierig auf den Tag bleiben und mich auf den Abend freuen, aber alles in gelassener Zufriedenheit. Mein Seelenfrieden scheint mir heute das Wertvollste.

Die Angst vorm elendig langen Sterben ist groß, ich stelle mir ein langsames Ersticken vor, über Tage oder Wochen. Ein schneller Tod wäre eine Gnade. Wenn nicht, will ich versuchen, tapfer und mit Galgenhumor mein Ende zu ertragen, aber der Suizid wäre auch eine letzte Option.

Im Film „Little Buddha" zerbricht der Mönch eine Tasse mit Tee und sagt: „Die Tasse ist keine Tasse mehr, aber der Tee ist immer noch Tee. Unser Körper ist nur das Gefäß, in dem der Geist wohnt."

Aber ein Teil vom Tee versickert, der andere verdunstet.

Durch meine katholische Kindheit habe ich in meiner Jugend viel zu viel Zeit mit der Spekulation über das Jenseits verschwendet, bis ich mir mit einem radikalen Agnostizismus jeden Gedanken darüber verbot. Ich kann nicht wissen, was nach dem Tod passiert. Letzter Satz: „Schauen wir mal oder schauen wir nichts."

# DER AUTOR

George Wind ist 1960 in einem kleinen pfälzischen Dorf geboren und aufgewachsen, das damals noch sehr von katholischen Werten geprägt war. Nach der dörflichen Volksschule wechselte er ins städtische Gymnasium und begann mit 17 Jahren die Ausbildung zum Krankenpfleger in der Psychiatrie. Nach 10 Jahren in der Geriatrie ließ er sich zum Fachkrankenpfleger in einer psychiatrischen Tagesklinik ausbilden, der er bis zu seinem Ruhestand mit 62 Jahren treu blieb.

Lesen wurde erst nach dem Gymnasium zur großen Passion des Autors, insbesondere Nietzsche und Castaneda haben ihn sehr geprägt. Gleichzeitig half das Schreiben dabei, das Gelesene zu verdauen. Durch die neue Herausforderung als Fachkrankenpfleger blieb jedoch immer weniger Zeit, um sich dem Lesen und Schreiben zu widmen – erst ein Unfall, bei dem sich der Autor mit 59 Jahren drei Rippen brach und körperlich Ruhe halten musste, brachte ihn auf die Idee, seine Autobiografie zu verfassen.

# DER VERLAG

---

## VINDOBONA
### VERLAG · SEIT 1946
### *ein Verlag mit Geschichte*

Bereits seit 1946 steht der Vindobona Verlag im Dienst seiner Bücher und Autoren. Ursprünglich im Bereich periodisch erscheinender Journale tätig, präsentiert sich der Verlag heute als kompetenter Partner für Neuautoren am deutschen, österreichischen und schweizerischen Buchmarkt. Engagement, Verlässlichkeit und Sachverstand – das sind die Grundpfeiler, auf denen der Verlag seit jeher sicher steht.

Sie möchten mit Ihrem Werk das vielseitige Verlagsprogramm bereichern? Der Vindobona Verlag garantiert Ihnen eine professionelle Prüfung Ihres Manuskriptes durch das Lektorat sowie eine zeitnahe Rückmeldung.

Genauere Informationen zum Verlag
finden Sie im Internet unter:

www.vindobonaverlag.com